빅 데이터로 유권자의 감성을 흔들어라

이기는 선거

Winning
Election

빅 데이터로 유권자의 감성을 흔들어라

이기는 선거

최광웅 | 데이터 정치평론가

아카넷

이기는 유권자가 되는 비결

최광웅 데이터정경연구원 원장은 2015년 1월에 펴낸 첫 번째 저서인 『바보선거』에서 '국내 1호 데이터 정치평론가'임을 입증했다. 그가 젊은 시절부터 정치 일선에서 축적한 선거 관련 '빅 데이터'를 바탕으로 집필한 『바보선거』는 정치와 선거에 대한 통념과 편견을 파괴한 문제작으로 평가를 받았다.

가령 "이 책의 가장 큰 장점은 청와대, 국회, 정당에서 풍부한 국정 경험을 쌓은 저자가 그 특유의 성실함과 꼼꼼함으로 오랫동안 정치현장을 누비며 체득한 생생한 체험이 녹아 있는 '선거 이야기'를 쉽게 풀어놓은 데 있다. 막연한 정치학 교재보다는 정치현장의 살아있는 이야기가 눈에 쏙쏙 들어와 책 읽는 재미를 선사한다"는 정치인(김부겸 국회의원)의 호평은 물론 "한국선거와 관련된 서적이 대부분 여론조사 통계와 그래프로 가득 차 있는 것과 달리, 이 책은 선거에 출마했던 사람의 이야기가 있다. 이 때문에 정치학을 전공하는 학자는 물론 정치 지망생 그리고 일반 독자에게도 선거 현장에 대해 좋은 길라잡이가 될 것이다"는 정치학자(김민전 경희대 후마니타스 칼리지 교수)의 추천도 받을 만큼 최광웅 원장이 처음으로 개념을 제안한 데이터 정치평론은 생뚱맞은 논리를 펼치기 일쑤인 국내 정치평론 분야에 새로운 지평을 연 것으로 여겨지고 있다.

『바보선거』출간 이후 5년 만에 내놓는 이 책『이기는 선거』역시 최광웅 원장 특유의 데이터 정치평론이 빛을 발하는 역작임에 틀림없는 것 같다.

우선 정치와 선거에 관련된 '빅 데이터'를 미국, 영국, 독일, 프랑스, 일본 등에서 채집하여 한국의 정치와 선거를 분석하는 데 활용하는 솜씨가 데이터 정치평론의 진수를 유감없이 보여주고 있다. 이를테면 "데이터정경연구원은 2018년 미국 중간선거가 끝난 후 50명 주지사 전원과 바로 직전 50명 등 총 100명 대상으로 정치 성향을 조사하여" 국내 유권자의 표심에 유전적 요인이 미치는 영향을 분석한다.

『이기는 선거』에는 뇌과학, 행동경제학, 인지언어학, 분자유전학 등 첨단 학문이 유권자의 정치적 뇌와 정치적 마음을 분석한 연구 성과도 상세히 소개되어 있어 눈길을 끈다. 이 책의 부제가 '빅 데이터로 유권자의 감성을 흔들어라'인 것도, 1장의 제목이 '유권자의 정서를 공략하라'인 것도 최광웅 원장이 얼마나 열심히 현대과학이 밝혀낸 '마음의 지도'를 탐색하고 인간의 정치적 마음을 헤아리고 있는지 여실히 보여주는 증거가 아닐 수 없다.

아마도 정치평론가의 글에서 더글러스 호프스태터, 드루 웨스턴, 조지 레이코프와 같은 '마음의 지도' 연구자들의 이름과 이론을 만나게 되는 것은 『이기는 선거』가 유일무이하지 않을까 싶다. 그만큼 최광웅 원장은 데이터 정치평론의 진면목을 보여주기 위해 치열하게 융합적인 공부를 하고 있음에 틀림없다.

『이기는 선거』의 진정한 미덕은 데이터 정치평론의 접근방법으로 정치와 선거에 대한 한국사회의 고정관념을 바로잡으려고 전력투구하는 데 있다. 2장에서 여론조사의 허실을 통렬히 파헤치고, 3장에서는 '미국에도 지역주의 몰표는 있다'든가 '독일에도 전국 정당은 없다'면서 지역주의를 맹목적으로 비판만 하는 것이 능사가 아님을 보여준다.

　책의 마지막 5장에서는 '문제는 먹고사니즘이다'는 주장을 펼치면서 그가 『이기는 선거』를 집필한 궁극적인 동기가 무엇인지 넌지시 암시하고 있다. 그는 22절에서 '모든 정권 교체는 경제로 통한다'면서 "안정된 성장과 공평한 분배가 이루어져야 집권 연장도 가능하다"고 역설한다. 24절에서는 '경제를 아는 지도자가 승리를 이끈다'면서 프랑스, 독일, 김대중 정부의 사례에 견주어 우리나라의 정치 현실을 날카롭게 비판한다. 먼저 "공무원 감축을 통한 공공부문 개혁은 최고의 경제 살리기 정책이다. 박근혜 탄핵의 숨은 이유가 공공부문 팽창이다"고 주의를 환기시킨 다음에 "40만 명 이상이 고시촌에 틀어박혀 있고 취업준비생의 51% 이상이 공무원 시험을 준비하는 나라에는 미래가 없다"고 우리 사회의 치부를 고발한다.

　그렇다. 그의 지적이 맞다면 우리는 미래가 없는 나라에 살고 있는 불행한 유권자들인 셈이다. 이런 엄중한 현실을 통렬히 비판하기 위해 최광웅 원장이 『이기는 선거』를 집필했을지 모른다는 개인적 확신을 포기하고 싶지는 않다.

　『이기는 선거』의 끄트머리에 나오는, "공무원 감축이야말로 최고의 규제 개혁이다"는 발언에 공감하는 유권자가 선출한 정치인들이 승리하는 세상이 오길 바라는 마음 간절하다.

이인식
지식융합연구소장
『마음의 지도』저자

데이터로 유권자의 심리를 꿰뚫다

데이터의 놀라운 상상력, 데이터가 미지의 세계로 뻗어가는 출발점임을 확인하면서 읽는 내내 쉬어가기를 할 수 없었다. 무엇보다 데이터에 충실한, 데이터의 위력을 유감없이 보여주는 『이기는 선거』는 지금까지 접해 왔던 '데이터'를 가지고 할 수 있는 영역의 범위를 모범적으로 뛰어넘고 있다.

선거는 힘없는 대중에게 '한 표'를 가지고 세를 과시해 볼 수 있는 무기이다. 선거가 갖는 의미는 새삼 강조하지 않더라도 우리 사회가 돌아갈 수 있게 해주는 원동력임에는 틀림없다. 선거를 연구하는 정치학 분야에서 선거 분석과 전략을 제시하는 전문 서적들의 출판이 이어지고 있다. 선거 때마다 시각을 달리하는 다양한 해석들이 유권자들의 눈과 귀를 사로잡는다. 『이기는 선거』는 그야말로 기존의 선거 전략을 도출하는 방식에서 벗어나 유권자의 다양한 심리를 데이터를 활용하여 접근하고 있다.

'유권자의 감성적 뇌에 호소하라'에서는 한국의 대선과 미국의 대선 사례를 분석하면서 감성 분석까지 맛깔나게 제시하고 있다. 그동안 우리가 믿었던 여론조사의 비과학성이 얼마나 자주 있었는지를 조목조목 여러 경험을 통해 보여주고 있다. 저자는 여기서 그치지 않고 이를 극복할 수 있는 대안과 방법을 진지하게 또 친절하게 알려준다. 『이기는 선거』의 강점이 바로 여기 있다.

최광웅 데이터정경연구원장은 선거와 데이터 분야의 최고 전문가이다. 저자와 함께 공공데이터 활성화를 위한 전략회의를 수행하면서 그의 해박한 지식과 직설적인 정공법, 문제 해결의 혁신적 접근방법은 늘 감탄스러웠다. 청와대와 국회, 정당 활동을 통해 다져진 현장의 경험이 데이터와 결합되어 과학적이고 또 인간적인 분석을 분출하고 있다.

선거를 준비하는 많은 후보자와 유권자는 물론이고 정치학을 공부하는 학도, 일반 독자들 모두에게 이 책은 기존의 접근법을 넘어선 신선함을 안겨준다. 방대한 자료와 섬세한 구조적 디자인, 지역과 연령을 뛰어넘는 선거심리를 명쾌하게 분석함으로써 독자의 대상과 영역의 벽을 넘어설 수 있게 한다. 이 책이 갖고 있는 매력이다.

지능정보기술의 빠른 발전에 힘입어 사회변화의 정도와 속도도 '혁명'이라 할 정도로 새로운 환경으로 전이하고 있다. 신기술 사회패러다임은 지금까지 지속해 왔던 생활의 방식과 제도의 변화도 수반하고 있다. 초연결사회는 네트워킹을 기반으로 인간의 생활양식과 가치관에 거대한 변화를 일으키는 사회적 패러다임의 진화를 의미한다. '기기간 네트워킹'의 기술적 연결을 바탕으로 '사람-사물-정보의 실시간 상호작용', 즉 사회적 연결이 극대화되고 있다. 선거도 이러한 환경변화와 무관하지 않으며, 선거공약을 통해 다양한 이해관계가 함축적으로 반영된다. 저자는 이를 간과하지 않고 선거공약에서 나타난 현상들을 중심으로 그 숨겨진 의미를 파헤치고 있다. 우리가 그동안 알고 있던 고정관념에서 벗어나 새로운 선거의 양식과 방향까지도 헤아려볼 수 있게 해준다.

무엇보다 인공지능의 기초인 데이터에 주목하고, 유권자의 감정과 상황을 중심으로 이길 수 있는 선거 전략을 찾는 데 어렵지 않도록 알려준다. 어떤 유형의 선거든지 선거에 출마한다면 당연히 이긴다고 생각하고, 또 이겨야 하는 목표를 갖고 시작할 것이다. 새로운 도전을 향해 뛰는 독자에게 일독을 권하고 싶다.

김영미
상명대학교 교수
공공데이터전략위원회 위원

차례

3장   우리 편을 최대한 동원하라

선거는 바람이다

順天者興 逆天者亡(순천자흥 역천자망). 『맹자』「이루상편離婁上篇」에 나오는 글로 "민심을 따르면 성공하고 거역하면 실패한다"는 뜻이다. 많은 정치평론가들이 이구동성으로 선거는 구도 > 인물 > 이슈 순이라고 말하지만 민심을 역행하면 정작 선거에서 승리할 수 없음은 분명하다. 민심을 다르게 표현하면 '바람'이다. 누구도 거스를 수 없는 거대한 바람, 눈에 보이지 않지만 그 어떤 큰 흐름이 있다는 의미다. 대통령제 국가에서 중간선거는 야당의 시간이다. 대통령과 동일체인 정부여당이 임기 중반까지 펼친 국정에 대한 신임을 묻는다는 측면에서 중간 평가적인 성격을 띤다. 당연히 공격수는 야당이다. 이와 반대로 대통령 임기초반 선거는 대선 연장전 성격을 갖는다. 대통령 취임 직후 선거에서는 이미 한 차례 심판받은 야당이 아닌 대통령 당이 국정안정을 위해 과반의석을 호소하는 일은 지극히 자연스럽다.

프랑스는 2000년 9월 대통령과 하원의원 임기를 5년으로 일치시키는 헌법 개정안을 통과시켰다. 1995년 5월 대선에서 승리한 자크 시라크Jacques Chirac는 2년 후 총선에서 사회당 리오넬 조스팽Lionel Jospin이 이끄는 좌파연합에게 패배하자 조스팽을 실세총리로 임명해야 했다. 프랑스 정계는 또 다시 동거정부*가 들어서자 7년이던 대통령 임기를 2년 단축해 하원의원 임기와 통일하자는 의견이 제기되었다. 여기에 좌·우파 양 진영이 동의했고, 2000년 대통령 임기단축을 골자로 하는 개헌안을 국민 투표로 가결하였다. 이어서 총선 시기도 대선 6주 후에 치르도록 하는 방식으로 변경하였다.

1986년, 1993년, 1997년 등 총 세 차례나 대통령과 총리의 이중권력을 경험한 프랑스는 국정 비효율을 해소하기 위해 개헌을 실시했으나 그 후폭풍은 거셌다. 총선은 자동적으로 대선 연장전 성격을 띠고 진행돼 대통령을 배출한 여당선거연합이 무조건 과반수를 차지하게 되었다.

〈표 1〉 2002년 이후 프랑스총선 여당연합 성적표 (단위 : 석, %)

연도	대통령	선거연합	의석수	의석률	2차투표 투표율
2002	자크 시라크	우파연합	397	68.8	60.32
2007	니콜라 사르코지	우파연합	355	54.2	59.98
2012	프랑수아 올랑드	좌파연합	331	57.3	55.40
2017	에마뉘엘 마크롱	중도연합	350	60.6	42.64

※ 데이터정경연구원(2020)/단, 의원정수는 577석임

위 표와 같이 2002년 이후 네 차례 실시된 대선 직후 총선은 대통령선거 연합의 압승이었다. 특히 여당연합의 의석률은 과반수를 넘어서서 평균 60% 가 넘는다. 또한 여당에서 야당으로 밀려날 경우, 제 아무리 좋은 후보를 내놓고, 국정운영 반성을 토대로 새로운 정책을 선보여도 유권자들은 아예 거들떠보질 않는다. 이는 새롭게 뽑힌 대통령이 추진할 개혁정책을 입법을 통

---

* 이원집정부제 정치체제에서 대통령과 내각의 정파가 달라 좌·우 동거정부가 탄생할 때 쓰는 말이다. 프랑스어로 cohabitation(코아비타시옹, 즉 동거)이라고 한다.

해 강력하게 뒷받침해줘야 한다는 사회적 공감대가 널리 형성되기 때문이며, 이제 하나의 관행으로 정착돼버렸다.

2012년 사회당 출신 프랑수아 올랑드Francois Hollande 대통령으로 정권이 교체됐다. 곧바로 실시된 총선 1차 투표에서 좌파연합과 우파는 득표율 격차가 5.2%에 불과했으나, 여당이 된 좌파선거연합은 331석으로 압승했다. 그리고 야당으로 밀려난 대중운동연합(UMP)은 119석이나 잃고 말았다. 다시 5년 후 이번엔 정권을 빼앗긴 올랑드의 좌파연합은 314석*에서 269석을 몰살당하며 궤멸 직전까지 갔다.

1차 투표를 기준으로 보면 2002년 대선에서 시라크 후보는 2위인 장-마리 르펜Jean-Marie Le Pen에게 겨우 3.03%를 앞섰다. 2012년 프랑수아 올랑드는 니콜라 사르코지Nicolas Sarkozy를 상대로 간발의 차이인 겨우 1.45%를 앞섰을 뿐이다. 하지만 대선 직후 실시된 총선에서 이들이 소속된 선거연합은 각각 222석과 102석의 우위를 달렸다. 의석률로는 38.4%와 17.6%이다. 이제 결과가 빤히 예상되는 총선, 더구나 일요일에 치러지는 투표에 바쁜 시간을 들여 투표장까지 가지 않겠다는 유권자가 점점 더 늘어나고 있다. 1차 투표를 기준으로 보면 64.4% → 60.42% → 57.23% → 48.7% 등으로 총선 투표율은 갈수록 저조해지며 평균이 57.4%이다. 결선투표 평균은 이보다 더 낮아서 평균 53.8%이고, 지난 2017년에는 대표성에도 심각한 문제가 생길 정도로 사상 최저인 42.6%이다.

미국은 중간선거가 고정된 국가다. 합리성을 추구하는 미국인이 고안한 2년 간격의 선거는 지혜롭기까지 하다. 임기 4년인 대통령 선거 중간에 임기 2년짜리 하원의원 선거를 배치했으며, 이때 6년 임기의 상원의원도 3분의 1씩 개선한다. 이는 특정 정당이 행정부(대통령)와 의회(상·하원)를 독식할 수

---

* 녹색당의 좌파연합 이탈로 의석계산이 2012년과 다르다.

없도록 한다는 점에서 미국 민주주의가 갖는 독특한 시스템이다. 통상 중간선거는 현직 대통령의 신뢰 여부를 판단하는 중요한 기준이다. 즉 지난 2년 동안 행정부의 잘잘못에 대한 여론을 묻는다는 측면에서 중간고사라고 할 수 있다.

미국 선거역사를 보면 중간선거에서 공화당과 민주당 구분할 것 없이 대통령이 속한 정당이 승리한 경우는 찾기가 매우 드물다. 20세기 이후 지난 2018년까지 총 30차례 실시된 중간선거에서 여당이 하원 의석비율을 늘린 건 1934년, 1998년, 2002년 단 세 차례뿐이다. 그나마 1934년과 1998년에는 여당 득표율은 감소했으나 소선거구제 특성에 따라 의석이 각각 9석과 5석 등 약간 증가했을 뿐이다. 따라서 실질적인 여당 승리는 2002년 조지 W. 부시George W. Bush 시절 단 한 차례밖에 없다.

한편 16차례 방어에 나선 공화당이 평균 27.4석, 14차례의 민주당은 29.6석 등 중간선거는 민주당이 2석 이상 더 많이 패배했다. 심지어 뉴딜정책을 추진하며 12년간 집권한 프랭클린 루스벨트Franklin Roosevelt도 1934년 1승 이후 나머지는 각각 72석과 45석을 잃는 대패를 당했다. 이렇듯 중간선거는 기본적으로 여당에 대한 심판프레임이 작동한다. 유권자들은 변화를 갈망하며 최소 2년을 참고 기다리지만 고대하던 변화가 없으면 지지층부터 실망해 투표장에 나오지 않기 때문에 대통령 당의 성적표가 부진하기 마련이다.

중간선거에서 여당 성적표가 좋지 않은 건 우리나라라고 예외는 아니다. 외환위기를 조기 극복해 세계인으로부터 주목을 받은 김대중金大中 전 대통령조차 임기 개시 2년 3개월 후 실시된 16대 총선 파고를 넘지 못하고 115석 대 133석으로 패배했다. 당시 1999~2000년 평균 성장률은 10%를 상회하고 투표일 직전 최초의 남북정상회담 개최 발표까지 했지만, IMF의 요구에 따른 구조조정으로 일자리를 잃은 중산층과 서민들의 기대는 더 빠른 경기회복 및 더 많은 고용에 있었기 때문이다.

이명박李明博 전 대통령 역시 세계 금융위기를 잘 수습하고 보금자리 주택 보급 등 부동산가격 안정 등으로 2010년 6.8%라는 놀라운 성장률을 기록했으나, 취임 2년 4개월 차에 실시한 그해 6월 지방선거에서 시·도지사 6 대 10석으로 완패했다.

이처럼 우리나라도 미국과 비슷하게 대통령 취임 2년 이전에 실시하는 선거에서는 여당이 승리하거나 선방하는 경우가 대부분이었다. 유권자들이 2년 정도는 참고 기다려준다는 얘기다. 하지만 2년이 넘어가는 선거에서는 여당 성적표가 썩 좋지 않았다. 단 한 번, 2012년 19대 총선은 중간선거 성격을 띠고 있었지만 당시 새누리당 비대위원장을 맡은 박근혜朴槿惠 의원이 이명박 정권 아래에서 사실상 여당 속 야당으로 활동해왔기 때문에 여당심판 프레임은 잘 작동돼지 않았다. 그 반대로 2010년 지방선거에서는 역시 박근혜 의원이 세종시 원안사수 편에 서서 야당과 의견을 함께함으로써 충청권 4개 시·도지사를 야당이 석권한 계기가 되었다.

〈표 2-1〉 대선 연장전으로 규정할 수 있는 선거현황

선거명	대통령 취임일	선거일	선거구도	선거결과	비고
13대 총선	1988년 2월 25일	1988년 4월 26일	안정 대 견제론	여소야대	4당체제
제2회 지선	1998년 2월 25일	1998년 6월 4일	국난극복 선거	여 압승	DJP 연합공천
17대 총선	2003년 2월 25일	2004년 4월 15일	탄핵 대 反탄핵	여 과반	탄핵역풍
18대 총선	2008년 2월 25일	2008년 4월 9일	정권안정론 대 巨與견제론	여 과반	취임 후 111일
제6회 지선	2013년 2월 25일	2014년 6월 4일	정권심판 (세월호)	여 우세	광역長만 野승리
제7회 지선	2017년 5월 10일	2018년 6월 13일	지방권력교체론	여 압승	압승 신기록

※ 데이터정경연구원(2020)

이처럼 선거는 기본적으로 대통령 당에게 힘을 실어줄 것인지 아니면 심판할 것인지를 가르는 것이 우선이다. 따라서 대선 직후에 치른 2008년 총선과 1998년 지방선거, 그리고 2018년 지방선거는 국정안정론이 힘을 발휘해 여당이 압승했다. 하지만 그 외의 선거에서는 상당한 성과를 거둔 정부여당이라 할지라도 맥없이 무너졌다.

'운7기3'이라는 우스갯소리가 있다. 제 아무리 실력(氣)을 닦아도 운(運·바람)이 따르지 않으면 당선과는 거리가 멀다는 얘기일 것이다. 프랑스 총선 사례를 보면 대통령 선거연합으로 출전할 경우 승률은 무조건 60% 이상이다. 에마뉘엘 마크롱Emmanuel Macron 대통령 당의 초선의원비율이 90%

〈표 2–2〉 중간선거로 규정할 수 있는 선거현황

선거명	선거일 (대통령 취임 후)	선거프레임	결과	비고
14대 총선	1992년 3월 24일 (4년 1개월)	3당합당 심판	여소야대	3당체제 성립
1회 지선	1995년 6월 27일 (2년 4개월)	지역등권론	여당 참패	광역長·의원, 기초長 전패
15대 총선	1996년 4월 11일 (3년 2개월)	新3김구도 (대선 전초전)	여소야대	TK, 野·無 18석
16대 총선	2000년 4월 13일 (2년 2개월)	개혁 대 反개혁	여소야대	1기 총선연대활동
3회 지선	2002년 6월 13일 (4년 3개월)	부패정권심판	여당 참패	광역長·의원, 기초長, 정당투표 전패
4회 지선	2006년 5월 31일 (3년 3개월)	무능정부심판	여당 참패	부동산폭등, 세금폭탄론
5회 지선	2010년 6월 2일 (2년 2개월)	MB정권심판	여당 참패	정운찬 총리, 세종시수정안
19대 총선	2012년 4월 11일 (4년 1개월)	이명박근혜심판	여당 과반수	1 대 1 구도
20대 총선	2016년 4월 13일 (3년 1개월)	박근혜정권 경제실정심판	여소야대	16년만의 多당체제 성립

※ 데이터정경연구원(2020)

이상이었다는 사실은 매우 충격적이기까지 하다. 이는 '선거는 바람이다'라는 명제를 충분히 입증하고 남지 않을까? 하지만 그래도 선거현장에서는 3~5% 차이로 적지 않은 승패와 희비가 엇갈린다. 따라서 '선거는 바람이다'라고만 단정할 수는 없는 노릇이다. 그렇기 때문에 과거의 선거데이터를 차곡차곡 모으면 거대한 민심의 흐름을 읽어낼 수 있다. 이는 그 어떤 여론조사들보다 값진 빅 데이터이다. 여기에 유권자들이 가장 중요하게 여기는 먹고 사는 문제—사회경제적 지표들을 결합시키면 선진 각국의 모든 선거까지도 읽어낼 수 있다. 미국 《퓨리서치센터Pew Research Center》를 비롯한 국제적인 여론조사기관들도 더 이상은 여론조사수치에만 매달리지 않는다. 이제 우리도 빅 데이터를 활용해 유권자의 감성을 흔들어보자.

『바보선거』 후속편이 너무 늦게 나왔다. 2019년 연말 뜻하지 않은 위암 판정과 수술 등으로 출간 작업이 몇 달 또 늦어버렸다. 원고를 준비하는 동안 2019년 봄, 운명을 달리한 어머니 영전에 이 책을 바친다.

2020년 3월
서울 회현동에서
최 광웅

1장

유권자의 정서를
공략하라

1

마음 내키는 대로 찍는 유권자들

2017년 대선을 한 달여 앞둔 4월 7일 밤 MBC TV가 진행하는 100분 토론이 열렸다. 출연한 네 명의 패널은 김만흠金萬欽 한국정치아카데미 원장(정치학 박사), 김태일金台鎰 영남대 교수(정치학 박사), 박형준朴亨埈 전 국회의원(사회학 박사), 홍성걸洪性傑 국민대 교수(정치학 박사) 등 4명이다. 이들은 정치학을 전공했거나 또는 정치 현장에 몸담았던, 퍽이나 알아주는 전문가들이다. 지루한 토론이 이어지는 가운데 "이번 대선에서 호남지역 유권자들은 안철수 후보의 상승세 때문에 선호투표(찍고 싶은 후보를 찍는다)를 하고, 영남지역 또는 보수 성향 유권자들은 보수 성향의 홍준표洪準杓－유승민劉承旼 두 후보가 지지율이 낮기 때문에 전략투표를 할 것"이라고 예측하면서 공통된 의견을 내놨다.

내로라하는 이들 네 명 전문가들의 예측은 과연 적중했을까? 우선 호남지역 유권자들은 문재인文在寅 후보 62% 대 안철수安哲秀 후보 20.5%를 지지함으로써 전국 득표율인 41.1% 대 21.4%와 큰 차이를 보였다. 즉 문재인 후보에 대한 표 쏠림이 심했다. 또한 보수 성향 유권자들은 홍준표 후보

24% 대 유승민 후보 6.8%를 지지함으로써 집권당인 홍준표 후보를 선택했다. 이러한 선택을 오직 전략투표의 결과로 볼 수 있을까? 반대로 해석하면 호남지역에서 문재인 후보가 안철수 후보에 비해 3배 이상 많은 득표를 했는데, 그 까닭은 혹시라도 전략투표 때문이 아닐까?

최근 인공지능, AI가 화두로 뜨고 있지만 40년 전인 1979년에 『괴델, 에셔, 바흐』라는 명저를 펴내며 인공지능의 무한한 가능성을 지지한 미국 인지과학자가 있었다. 바로 더글러스 호프스태터Douglas Hofstadter이다. 그의 예측에 의하면 AI로 말미암아 웬만한 과학기술, 의학, 산업 등이 대체될 날은 그리 오래 걸리지 않을 터였다. 실제 2016년 3월, 세기의 대결로 관심을 모은, 세계 최고의 바둑기사 이세돌李世乭 대 인공지능프로그램 알파고(AlphaGo)의 5차례 바둑대국은 최종 결과, 알파고가 4승 1패 전적으로 승리했다.

AI 프로그램이 인류를 상대로 승리하자 사람들은 한 걸음 더 나가 "알파고와 이세돌의 바둑 대결처럼 정치와 선거에서도 인공지능을 활용하면 사람보다 수읽기가 훨씬 더 빠를 수 있지 않을까?"라는 질문을 던졌다. 그러나 결론부터 얘기하면 현재로서는 불가능하다. 바둑은 아무리 그 가짓수가 많아도 경우의 수 자체가 무한대일 수는 없다. 그렇지만 정치는 사회갈등을 조정하는 사회과학의 영역이고 인간의 정치적 뇌는 감정에 좌우된다는 연구결과가 수도 없이 나와 있다. 정치의 연장선인 선거 역시 마찬가지이다. 그렇기 때문에 알파고와 같은 인공지능이 사람의 '정서적인 영역'까지 쉽사리 따라오지는 못할 것이다. 이인식李仁植 지식융합연구소장의 말에 귀를 기울여보자.

이인식 소장이 2019년에 펴낸 책 『마음의 지도』에는 유권자의 정치성향에 관한 미국 학자들의 다양한 연구결과가 소개되어 있다. 가령 2007년 8월 캘리포니아대의 정치학자 제임스 파울러James Fowler는 《미국정치학회지

(APSA)》에 귀중한 연구 결과를 보고했는데, 선거일에 투표하러 갈지 아니면 기권할지를 결정하는 문제는 몇몇 유전자와 관련이 있다는 내용이다. 파울러는 522쌍 쌍둥이의 투표기록을 분석해 유전적 요인이 투표 행위에 미치는 영향은 53%이며 환경적 요인은 47%임을 확인했다. 또한 그는 투표 행위와 관련된 2개의 유전자를 찾아내 공개했다. 사회적 상호작용과 관련된 뇌 영역에 영향을 미치는 세로토닌이라는 유전자를 가진 사람은 더욱 더 사교적인 성향을 띤다는 결과가 나왔다.

파울러가 분석한 바에 따르면, 이와 같은 사람들은 선거일에 집에서 빈둥거리지 않고 투표장에 나갈 가능성이 보통 유전자를 가진 사람들보다 1.3배 높은 것으로 나타났다. 한 달 후 뉴욕대 심리학자 데이비드 아모디오David Amodio는 《네이처 신경과학Nature Neuroscience》에 이와 비슷한 논문을 발표했다. 사람들마다 정치성향이 다른 까닭은 뇌 안에서 정보가 처리되는 방식이 근본적으로 다르기 때문이라는 주장이다. 아모디오는 43명에게 자신이 보수주의자 또는 자유주의자인지를 묻고 두개골에 삽입한 전극으로 전두대상피질(ACC, anterior cingulate cortex)의 활동을 측정했다. 전두대상피질은 의견이나 이해관계의 충돌을 해결하는 기능을 가진 뇌의 중요한 부위다. 그런데 자유주의자의 뇌에서 이 부위는 보수주의자보다 2.5배 더 활성화되는 것으로 나타났다. 아모디오는 이를 "좌파 성향의 사람들이 우파들보다 변화의 요구에 민감하고 새로운 생각을 더 잘 수용하기 때문에 그러한 반응이 나타나는 것"이라고 풀이했다.

⠿ 이성이 아닌 정서를 자극해야

한편 인지과학자들은 효과적인 득표 활동을 위해서 이성보다 정서에 호소하는 선거 전략을 구사하라고 조언한다. 대표적인 인물이 바로 에머리대

임상심리학자 드루 웨스턴Drew Westen과 캘리포니아대 인지언어학자 조지 레이코프 George Lakoff다. 2004년 미국 대통령 선거를 앞두고 3개월간 웨스턴은 골수 공화-민주당원을 자처하는 15명을 각각 실험 대상으로 골랐다. 이어서 그들의 뇌를 기능성자기공명영상(fMRI) 장치로 들여다보면서 조지 W. 부시 공화당 후보와 존 케리John Kerry

조지 레이코프

민주당 후보, 그리고 중립 성향인 톰 크루즈Thomas Cruise 배우의 연설 내용을 평가해 달라고 주문했다. 결과는 당초 예상대로 나왔다. 공화당원들은 케리에게, 민주당원들은 부시에게 일방적인 혹평을 가한 것으로 확인되었다. 실험 참여자들은 예외 없이 확증편향(confirmation bias)에 사로잡혀 있음이 분명했다.

확증편향은 자신이 믿고 싶은 정보만을 찾아서 받아들이려는 성향을 의미한다. 확증편향을 극복하지 못하면 누구라도 엉뚱한 판단을 내릴 가능성이 높다. 웨스턴은 뇌 영상 자료를 보면서 확증편향이 발생했을 때 전두엽에서 이성과 관련된 영역은 침묵을 지킨 반면에 감정을 처리하는 영역은 눈에 띄게 활동이 증가했음을 확인했다. 침묵을 지킨 부위는 배외측전전두피질(DLPFC, dorsolateral prefrontal cortex)이다. 이 부위는 사람들이 사고와 판단을 할 때 반드시 활성화된다. 반면에 활동이 증가된 부위는 복내측전전두피질(VMPFC, ventromedial prefrontal cortex)이다. 이 부위는 공감, 동정, 수치, 죄책감 같은 사회적 정서반응과 관련된다.

그런데 실험 참여자들은 공화·민주당원들 모두 예외 없이 중립 성향인 톰 크루즈 배우의 연설(물론 영화에서의 가상 연설이다)을 듣고 아주 객관적인 반응을 보였고 평가 점수도 엇비슷하게 나왔다. 특히 이성과 관련된 영역인

DLPFC의 경우 톰 크루즈의 연설 때 양당 당원들에게서 공통적으로 활성화되었다. 웨스턴은 이 실험결과를 토대로 "미국 유권자들의 정치성향이 무의식적인 확증편향에서 비롯되며, 확증편향은 정서의 지배를 받는다"는 사실을 밝혀냈고, 이를 2006년 미국심리학회 총회에 발표했다.

웨스턴은 2007년 6월 "이성보다 감정이 정치에 미치는 영향이 더 강력하다"는 주장을 펼친 책 『정치적인 뇌 The Political Brain』를 출간했다. 부제는 '국가의 운명을 결정함에 있어 정서의 역할'이며 국내에 번역본(『감성의 정치학』)도 나와 있다. 그는 머리말에서 "정치적 뇌는 감정적이다. 결코 냉정하게 계산하거나 합리적 결정을 내리겠다며 정확한 사실이나 숫자, 정책을 객관적으로 찾아가는 기계가 아니다"라고 전제한 뒤 "유권자들이 합리적으로 어떤 결론에 이르리라는 생각으로 선거 전략을 짜면 그 후보자는 백전백패한다"고 주장했다.

1992년 빌 클린턴Bill Clinton이 대선에서 승리하기까지 미국 백악관은 지미 카터Jimmy Carter(1977~81년) 재임 4년을 제외하고 약 20년 동안 공화당이 장악했다. 이렇듯 민주당이 정치적 좌절을 겪을 때 애정 어린 충고를 아끼지 않았던 대표적 인물 조지 레이코프는 인지언어학의 창시자로 유명하다. 그가 쓴 책 『코끼리는 생각하지 마 Don't Think of An Elephant』는 2004년 출간 이후 민주당 안에서 마오쩌둥毛澤東 어록에 비견될 만큼 널리 읽혔다고 한다. 물론 우리나라에서도 꽤 많이 팔린 책이다.

레이코프는 2008년 5월 『정치적 마음 The Political Mind』이라는 책을 펴냈다. 부제는 '왜 당신은 18세기 뇌로 21세기 미국 정치를 이해할 수 없는가'이다. 그는 "우리가 모든 행동에서 합리적인 행위자인 것은 아니다"라고 주장하며 "21세기의 뇌 연구 성과에 바탕을 둔 새로운 계몽주의(New Enlightenment)가 필요하다"고 역설했다. 새로운 계몽운동은 무엇보다 이성이 감정을 필요로 한다고 주장하는 레이코프는 특히 감정이입(empathy), 곧

다른 사람의 입장이 되어 그 사람의 눈으로 세상을 바라보는 능력이 미국 민주주의의 핵심이라고 강조한다. 감정이입 능력을 2008년 대선에서 오바마가 승리한 요인의 하나라고 여기는 레이코프는 '정치적 마음'이 감정적이므로 진보 진영이 선거에서 이기려면 유권자의 이성보다 정서를 자극할 것을 주문한다.

2

전략투표는 없다

이제 우리나라 정치로 다시 돌아와 보자. 2016년 20대 총선 당시 대부분의 여론조사기관은 "새누리당 160~180석" 운운하며 엄포를 놓고 있었다. 총선 70일 전(2월 2일) 국민의당이 출범하면서 야권분열은 현실화됐으며, 웬만한 사람들은 새누리당의 압승을 점쳤다. 이 때문에 당시 유력 대선주자였던 문재인 전 새정치연합 대표가 영입한 김종인金鍾仁 더불어민주당 비상대책위원회 대표조차 비상수단으로 국민의당 창당 4주 만인 3월 2일 야권통합 카드를 던진다. 그러자 다음 날 《경향신문》은 사설을 통해 "민주주의를 후퇴시키고, 역사의 시계를 30~40년 전으로 되돌린 집권세력에 대한 심판론이 밀릴 판이라며 통합이나 연대를 강력하게 희망한다"고 주장하면서 "역대 선거에서 5% 이내로 당락이 갈리는 곳이 상당수이며 '수도권연대'조차 하지 않는다면 새누리당 어부지리는 필연"이라고 안철수 대표를 비판했다. 그럼에도 불구하고 국민의당 측이 끝내 거부함에 따라 선거운동 개시일인 3월 31일 김종인 대표는 "투표용지가 4월 4일 찍혀진다고 그러니까 단일화가 그전까지 이뤄지면 좋겠지요. 지역구마다 각자 후보들 의견 일치만 보면요…"

라며 마지막으로 후보자간 단일화를 희망했다. 제1야당 당대표의 초라한 야권연대 읍소였다.

한편 문재인 전 당대표는 20대 총선 선거운동 기간 14일 가운데 호남지역 유세를 1박2일로 두 번씩이나 다녀갔다. 그만큼 호남 내 반문 정서를 다독이는 게 중요했다. 광주민주화운동의 상징인 충장로를 찾아 "호남이 저에 대한 지지를 거두면 미련 없이 정치 일선에서 물러나고 대선에도 도전하지 않겠다"고 배수진을 쳤다. 4월 8월 망월동 국립묘지 참배현장에서는 "당의 분열을 막지 못했고, 후보 단일화도 이루지 못했다. 반드시 이겨야 할 국면에서 분열로 인한 패배를 걱정하게 만들었다"며 더불어민주당과 국민의당의 야권분열을 안타까워했고 "아무리 부족하고 서운한 점이 많아도, 그래도 새누리당과 맞서 정권교체를 해낼 정당은 우리 더불어민주당 밖에 없다"고 절절히 호소했다.

이튿날 오전 무등산 유세에서는 "지금 국민의당이 걷고 있는 길은 제1당에게 어부지리를 줘서 여당 의석을 늘려주는 것이고 양당 구도를 깨는" 일이라고 비판하면서 결국 "1당 구도를 만들어 주는 것"이라고 목소리를 높였다. 또한 "국민의당이 다당제를 얘기하는 것도 이해는 가지만, 다당제는 제

국민의당 창당대회에서 공동 당대표로 선출된 안철수 천정배 의원

1당이 과반수가 되지 않는 것이 전제다. 그래야 2당, 3당이 연정을 통해 제1당의 폭정을 막을 수 있다"고 언급했다. 또 오후에는 전북지역 유세장으로 자리를 이동해가며 노골적인 전략투표를 호소했다. "국민의당은 교섭단체가 될까 말까 하는 군소정당으로 정권교체를 해낼 수 없다. 3당 구도를 만들겠다고 하지만, 1당인 새누리당의 과반의석을 저지해야만 3당구도의 의미가 있다. 수도권에 국민의당 후보가 많이 나왔는데 당선될 분이 아무도 없다. 더불어민주당 후보를 떨어뜨릴 역할만 해서 새누리당에 어부지리를 주게 된다. 호남은 또 다른 전략적 투표가 필요하다"고 주장했다.

그런데 같은 날인 4월 9일 안철수 국민의당 공동대표는 국민의당이 새누리당에 어부지리를 준다는 비판에 대한 반박으로 "그러면 왜 19대 총선에서 후보단일화로 새누리당 과반수를 만들어줬나? 1번을 그대로 놔두고 2~8번까지 다 합쳐도 못 이긴다. 문제는 현재 합리적이고 개혁적인 새누리당 지지자들이 이탈하고 있다는 점이며, 그 이탈자들을 담아내는 그릇을 저희 국민의당이 담당하겠다"고 언급했다.

이상과 같이 제1야당 대표와 야권의 유력 대선주자, 그리고 진보 시민사회단체 및 진보 언론매체까지 총 출동해서 야권연대가 없으면 필패라고 절절히 호소했으나 개표 결과는 독자 여러분도 잘 아는 바와 같이 16년 만에 여소야대 재현이었다. 특히 수도권은 122석 가운데 85석을 야당이 석권함으로써 69.7%라는 매우 높은 의석점유율을 보였다. 이는 노무현 대통령에 대한 탄핵역풍으로 열린우리당이 과반수를 차지한 17대 총선 당시 의석점유율과 똑같을 만큼 엄청난 기록이다.

그런데 과연 수도권에서 야권성향 유권자들은 합리적 선택으로 이른바 '당가야(당선 가능한 야당후보 찍기)' 운동방식의 전략투표를 했는가? 개표 데이터를 살펴보면, '전혀 아니다'이다. 20대 총선 당시 야권분열로 인해 새누리당-더불어민주당-국민의당 등 주요 3당 후보가 동시에 출마한 선거구는 전국적으로 총 165곳이다. 이 가운데 각각 여야 텃밭인 대구·경북과 호남지역을 제외하면 132곳이다. 그중에서 야당 후보가 승리한 곳은 85곳으로 승률은 64.3%이다. 이는 야권 전체 지역구 당선인 승률(55.7%)보다 훨씬 더 높았다.

〈표 3〉 20대 총선 새누리·민주·국민의당 후보가 동시 출마한 선거구 개표결과(단위: 곳, %)

	새누리당 승리	민주당 승리	국민의당 승리	무소속 승리	합계
승리한 선거구	46	82	2	2	132
전체승률	34.9	62.1	1.5	1.5	100
2위와 격차 5% 미만	16	21	1	–	38
5% 미만 격차 승률	42.1	55.3	2.6		100

※ 출처 : 데이터정경연구원(2020)/단, 대구·경북 및 호남은 제외/무소속은 이해찬, 강길부

"5% 이내로 상당수가 당락이 갈리고 특히 (의석이 절반이나 집중돼 있는) 수도권 야권 분열은 여당에게 어부지리를 안겨준다"고 엄포를 놓은 《경향신문》의 예측 역시 검증 결과 엉터리였음이 확인되었다. 새누리당-민주당-국민의당 후보가 동시에 출마한 수도권 5% 이내 격전지는 총 28곳이다. 이 가운데 민주당 17곳, 국민의당 1곳, 새누리당 10곳이 각각 의석을 나눠 가져갔다. 야권후보의 당선비율 또한 비교적 높은 64.3%이다. 특히 민주당 후보가 3위로 한참 처지면서 새누리당 후보에게 어부지리를 안겨준 곳도 서울 중구·성동구을과 인천 부평구갑 등 두 곳이나 된다. 더구나 인천 부평구갑은 단 23표 차이로 국민의당 문병호文炳浩 후보가 낙선했으니 민주당 성향 유권자들의 전략투표는 전혀 아니었다. 이 선거구에서 당선가능성이 거의 없는 민주당 이성만李成萬 후보의 득표율은 26.7%, 득표수는 3만 2천989표이다. 정말 아깝게 2위로 낙선한 국민의당 문병호 후보의 득표율(34.19%) 및 득표수(4만 2천245표)와 비교하면 각각 7.49% 및 9천256표로 적잖은 차이가 난다.

서울 관악갑과 경기 안산 상록구을은 각각 새누리당 후보를 3위로 저만

치 따돌리고 민주당과 국민의당 후보 간 당선 경쟁이었다. 따라서 유권자들은 결코 합리적인 결정을 하고 그에 따른 이성투표, 즉 전략투표를 하지 않았다. 그냥 마음 가는 대로 찍고 싶은 후보(정당)를 찍었고 그 결과가 우연히 여소야대가 된 것뿐이며, 여러 가지 선거환경이 당시 야권에게 유리하게 작용했기 때문에 야권이 승리했을 따름이다. 미국 정치학자들은 뇌 연구와 행동유전학 등 다양한 연구를 통해 이러한 투표행위를 '정서투표'라고 부른다.

:::: 무턱대고 찍고 보니 여소여대

헌정 사상 최초의 여소야대를 만든 제13대 총선 결과로 민주정의당(민정당)-평화민주당(평민당)-통일민주당(민주당)-신민주공화당(공화당) 등 4개 원내교섭단체가 출현했다. 서울 지역은 42개 선거구 가운데 종로를 제외한 41곳에서 4개 정당이 모두 후보자를 낸 가운데 한 치의 양보 없이 팽팽하게 맞섰다. 이 선거는 1987년 민주화 이후 총선 역사상 지역주의가 가장 극심한 선거로 기록됐는데, '당 총재의 출신 고향 따라 찍기' 그 이상도 이하도 아니었다. 즉 민정당은 대구경북(노태우盧泰愚), 평민당은 호남(김대중), 민주당은 부산경남(김영삼金泳三), 공화당은 충청(김종필金鍾泌) 등 이런 식이었다. 그 결과 무려 11개 선거구에서 불과 20%대의 아주 저조한 득표율로 당선인이 결정되었다.

또한 3분의 1 미만 득표율 당선인으로 확대해 계산하면 무려 28명이다. 이는 서울 전체 국회의원 가운데 66.7%가 대표성을 의심 받을 정도의 득표율로 선출되었다는 뜻이다. 한마디로 유권자들의 투표 성향은 명명백백한 '묻지 마' 정서투표 광풍이었다. 한편 40% 이상 득표율은 성동구을(41.45%)과 동작구을(40.81%) 등 단 두 곳뿐이다. 이 때문에 오히려 지역구 의석 224석 가운데 여당인 민정당이 겨우 87석(의석점유율 38.8%)으로 참패했다.

이상에서 살펴볼 때 기계적인 선거연대가 곧 필승구도가 아니며 정책연합 또는 연정을 전제로 해야 그나마 승률이 높아진다. 이는 2015년 필자가 출간한 『바보선거』에서 여러 사례를 통해 제시했다.

〈표 4〉 20대 총선 수도권 새누리당-민주당-국민의당 후보 간 5% 이내 격전지 (단위 : %)

연번	선거구	민주당	새누리당	국민의당	비고
1	서울 중·성동을	이지수(24.33)	지상욱(38.03)	정호준(36.27)	새누리당 1위
2	용산	진 영(42.77)	황춘자(39.91)	곽태원(13.80)	
3	광진갑	전혜숙(40.67)	정송학(37.94)	임동순(19.93)	
4	동대문갑	안규백(42.76)	허용범(38.31)	김 윤(15.79)	
5	강북갑	천준호(34.68)	정양석(39.52)	김기옥(25.78)	새누리당 1위
6	노원갑	고용진(41.79)	이노근(39.37)	이형남(18.82)	
7	양천을	이용선(39.92)	김용태(41.97)	김현배(18.10)	새누리당 1위
8	금천	이 훈(38.05)	한인수(34.56)	정두환(24.05)	
9	영등포을	신경민(41.05)	권영세(37.69)	김종구(18.72)	
10	동작갑	김병기(36.53)	이상휘(34.71)	장환진(24.74)	
11	관악갑	유기홍(37.55)	원영섭(20.08)	김성식(38.43)	국민의당 1위
12	관악을	정태호(36.35)	오신환(37.05)	이행자(23.47)	새누리당 1위
13	송파갑	박성수(41.66)	박인숙(43.98)	김창남(14.34)	새누리당 1위
14	강동갑	진선미(43.79)	신동우(40.98)	신동만(12.82)	
15	강동을	심재권(41.15)	이재영(37.96)	강연재(20.88)	
16	인천 연수갑	박찬대(40.57)	정승연(40.28)	진의범(19.14)	
17	부평갑	이성만(26.70)	정유섭(34.21)	문병호(34.19)	새누리당 1위
18	경기 성남중원	은수미(38.89)	신상진(43.41)	정환석(17.68)	새누리당 1위
19	의정부갑	문희상(42.84)	강세창(38.07)	김경호(19.08)	
20	안산상록을	김철민(34.03)	홍장표(32.49)	김영환(33.47)	
21	안산단원갑	고영인(36.18)	김명연(39.29)	김기완(21.56)	새누리당 1위
22	안산단원을	손창완(25.34)	박순자(38.08)	부좌현(33.18)	새누리당 1위
23	고양을	정재호(42.25)	김태원(41.31)	이균철(13.41)	
24	의왕과천	신창현(41.36)	박요찬(38.03)	김도현(13.90)	
25	남양주갑	조응천(40.07)	심장수(39.77)	유영훈(16.53)	

연번	선거구	민주당	새누리당	국민의당	비고
26	남양주을	김한정(38.63)	김성태(34.16)	표철수(25.46)	
27	남양주병	최민희(38.42)	주광덕(42.48)	이진호(19.08)	새누리당 1위
28	군포갑	김정우(38.51)	심규철(37.42)	이환봉(21.40)	

※ 출처 : 데이터정경연구원(2020)/원시데이터 : 중앙선거관리위원회

〈표 5〉 13대 총선 서울지역 4당 경합선거구 20%대 득표율 현황 (단위 : %)

연번	선거구	민주정의당	통일민주당	평화민주당	신민주공화당
1	동대문갑	유종열(23.73)	노승우(23.52)	최 훈(25.12)	이인근(21.56)
2	중랑을	천명기(25.60)	박 찬(24.36)	김덕규(29.04)	강병진(18.61)
3	노원갑	안대륜(24.09)	백남치(28.46)	박병일(27.25)	성정기(11.78)
4	은평을	박완일(25.80)	김재광(26.13)	이원형(25.61)	임인채(13.10)
5	양천갑	박범진(24.17)	박수복(25.74)	양성우(28.16)	이규보(16.08)
6	강서갑	유 영(23.03)	이원종(25.75)	이원배(26.93)	고병현(21.21)
7	구로을	최백희(19.34)	김종배(12.03)	나이균(27.89)	유기수(29.59)
8	영등포을	김명섭(29.15)	이원범(28.72)	이용희(28.64)	박상웅(13.47)
9	강남갑	정희경(17.89)	황병태(27.03)	김경재(17.88)	최재구(21.41)
10	송파갑	조순환(20.02)	김우석(24.54)	남현식(19.44)	조용직(16.19)
11	송파을	박완남(22.60)	김병태(25.29)	김종완(26.59)	류호필(19.33)

※ 출처 : 데이터정경연구원(2020)/원시데이터 : 중앙선거관리위원회

3

진보와 보수는 DNA가 다르다

우리 한국만큼 지역감정이 선거에 미치는 영향이 큰 나라가 없다. 일상적인 정치과정에서도 지역주의는 국민통합을 저해하는 가장 큰 요인으로 작용한다. 보수 측 미래통합당 지지집회는 대구·경북을 중심으로, 더불어민주당의 경우는 광주·전남북을 중심으로 조직을 동원한다. 이 지긋지긋한 지역주의 극복을 위해 호남지역 국회의원 후보로 영남 출신을 공천한 특이사례도 있다. 대표적 지역감정 피해자인 김대중 평민당 총재가 오죽하면 그리했겠는가?

DJ는 13대 서경원徐敬元 의원의 의원직 상실에 따른 1990년 11월 보궐선거 후보로 경북 칠곡 출생이며 현직 영남대 교수인 이수인李壽仁을 공천했다. 당내 반발을 무마하는 가운데 DJ는 "호남에 전혀 연고가 없지만 지역주의 해소와 동서화합을 위한 조치"라고 강조했다. 당시 신문기사를 보면 김대중 총재는 11월 1일 영광 우시장에 운집한 3만 명의 지구당개편대회 참석자들을 향해 열변을 토한다. "이번 선거는 지역감정을 조장하는 세력과 이를 타파하고자 하는 세력 간의 싸움이다." 그러면서 "1992년 양대 선거가 또 다시 지역

감정으로 혼탁하게 되면 안 된다. 지방색 타파의 돌파구를 마련하기 위해 이수인 후보를 내보내는 결단을 했다"고 적극적인 지지를 호소하였다.

개표결과, 75.4%의 압도적인 득표율로 민자당 조기상曺淇相 후보를 누른 이수인은 "망국적 지역감정을 해소시키려는 자랑스러운 주민들의 영웅적 결단에 감사한다"며 영광·함평 선거를 혁명으로 평가했다. 이어서 "이 고장을 제2의 고향으로 삼아 민주화와 농촌문제 해결에 이 한 몸 바칠 것을 다짐한다"고 당선 소감을 내놓았다. 한편 민자당 조기상 후보는 심지어 유세과정에서 "경상도 사람이 이 땅을 대표하는 국회의원이 되면 어떻게 될지 생각해보셨습니까?"라는 등 노골적인 지역감정 자극 발언을 했으나 그의 득표율은 고작 22.4%에 그치고 말았다. 시간이 흘러 이수인 의원은 1992년 14대 총선에서 지역주의 해소와 동서화합을 위한 대구·경북 출마 대신 서울 강남구갑으로 지역구를 옮겨 공천·신청했으나, 5선 경력의 전직 의원이자 평민당 부총재 출신 이중재李重載에게 밀리고 말았다. 그러자 그는 정계를 은퇴하고 대학으로 되돌아갔지만 1996년 총선을 앞두고 DJ의 새정치국민회의가 아니라 "3김 청산"을 내건 통합민주당에 합류하여 전국구 4번으로 재선의원이 된다.

이와 같이 지역감정이 투표행위 또는 정치성향에 미치는 영향이 엄청나기 때문에 유권자의 정치성향이란 성장 환경에 따라 형성되는 것이 아닌가 하는 의문을 갖기 쉽다. 한국갤럽과 리얼미터가 매주 조사해 발표하는 문재인 대통령의 국정운영 지지도는 호남권이 대구·경북권역보다 통상 20~30% 정도 압도적으로 높다. 같은 여론조사에서 정당지지도를 묻는 항목이 있는데, 역시 미래통합당은 대구·경북권역에서 비정상적으로 높고 더불어민주당은 호남권에서 눈에 띄게 높게 나온다. 이 현상은 비단 어제오늘의 일이 아니다.

이렇게 대구경북은 보수적이고 호남은 진보적인 정치성향을 갖게 된 건 과연 후천적인 것일까? 그런데 최근 유전적 요인이 다수설이라는 연구가 속속 발표되고 있다. 즉 미국 연방선거를 연구해온 많은 학자들에 따르면 "진보 또는 보수적인 정치성향은 유전된다."

1970년대까지 미국에서도 "정치적 행동이나 가치, 선호 등은 사회적 환경에 의해 결정된다"는 학설이 다수였다. 하지만 그 이후 부모 자식 간 당파(partisan) 행동의 상관관계가 상당부분 일치한다는 실험결과, 즉 정치성향에 있어서의 유전적 요인들이 새로운 증거로 하나둘씩 밝혀지기 시작했다. 특히 투표, 행동, 정치참여를 포함한 사람들의 태도 및 이데올로기, 친 사회적 정치특성 등 가장 주목받는 주제에 초점을 둔 '행동유전학' 연구를 최근 40년 이상 집중적으로 많은 연구비를 투입해 진행해왔고 적지 않은 성과도 축적해오고 있다.

펜실베이니아주립대학에서 행동유전학과 정치학을 융합·연구해온 피터 하테미Peter Hatemi 교수팀은 2006년 1월 《사회과학네트워크(SSRN)》 전자저널〉에 "유전자에 당파가 있습니까?"라는 제목으로 소논문을 발표한다. 하테미 교수는 호주 시드니대학에서 오랫동안 유전학 연구를 해온 권위자이다.

이 팀은 호주 성인 가운데 일란성 쌍둥이(1천661쌍)와 이란성 쌍둥이(1천727쌍)를 대상으로 우편조사를 실시하고 그 결과를 분석했다. 응답자들에게는 노동당과 보수당 가운데 하나를 선택하도록 하고, 그 밖의 중요한 정치항목에 대한 선호도를 또 각각 표시하도록 요청했다. 데이터 값은 예상했던 대로 나왔다. 일란성 쌍둥이의 유전적 일치가 0.81로 이란성 쌍둥이(0.69)보다 더욱 높았다. 결국 유전자가 개인의 당파 식별 강도를 형성하는 데 중요한 역할을 하며, "유전적 요인은 주체적으로 인식된 사회계급, 교회출석 유무 등을 살펴보면 알 수 있다"는 연구팀의 주장을 뒷받침한다.

하테미 팀은 2014년 2월 격월간 《행동유전학Behavior Genetics》에 보다 더 발전시킨 정식 논문을 발표한다. 제목은 "정치적 이데올로기에 미치는 유전적 영향"이다. 이들은 1970년 초반부터 미국, 호주, 독일, 스웨덴, 이스라엘 등 5개 민주주의체제 국가에서 9개 표본 집단 및 1만 2천 명 표본을 대상으로 실시한 행동유전학 연구를 심층적으로 재분석했다. 이것도 미흡해서 1990년부터 또 다시 3단계로 표본을 추출하고 결과 값을 얻었다. 이 추가 표본은 1990년 3천516가구 호주인 표본(6천894명)과 2008년 635가구(1천160명) 호주인 표본, 그리고 2010년 2천607가구(3천334명) 스웨덴인 표본이다. 그런데 이 분석 결과도 예상을 크게 벗어나지 않았다. 보수 또는 진보주의자의 사회 · 정치적 태도가 차이가 나는 이유는 최저 30%에서 최고 60%까지 부모로부터 정치성향을 물려받기 때문이라는 결론이다.

2019년 7월 하테미 팀은 《미국 정치학회저널(AJPS)》에 흥미로운 논문을 또 다시 발표한다. 제목은 "이데올로기가 도덕성을 정당화한다"이며 부제는 "정치적 신념이 도덕적 기초(MFT)를 예측한다"이다. 이들은 "정치적 태도는 도덕적 직관의 산물이며, 도덕적 판단은 철저하게 정치적 신념에 의해 좌우된다"고 주장한다. 그 근거로 "미투(MeToo) 운동을 지지하는 미국 민주당 지지자들 일부는 어쨌든 부적절한 성적 행동으로 비난 받은 빌 클린턴을 무조건 지지했다. 백인 복음주의자(evangelicals)들 역시 도덕적으로 깨끗한 행동과 가족적인 가치를 중시한다고 자주 얘기하면서도 2016년 대선에서 혼외정사를 일삼고 여성들의 성기를 움켜쥐곤 했다며 자랑하던 도널드 트럼프 Donald Trump에게 표를 몰아주었다"고 예를 들었다.

이처럼 정치성향의 약 60%가 유전적 요인이라고 한다면, 즉 보수 또는 진보 색채를 띠는 이유가 타고난 운명이라고 한다면, 한국에서 선거 때마다 그토록 많은 사람이 지역주의의 포로가 되는 이유는 도대체 무엇 때문일까? 지역주의라는 괴물을 향하던 엄청난 분노도 자신의 정치성향에 맞춰서 얼마든지 말을 바꾼다면, 사실 의문은 그리 어렵게 풀릴 문제는 아니다.

:::: 부모 유전자가 투표에도 영향을

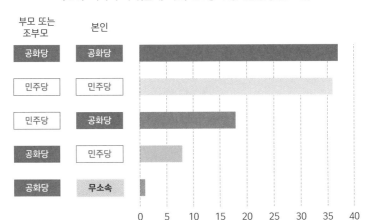

〈표 6〉 미국 주지사(현직, 직전) 100명의 정치성향 (단위 : 명)

※ 출처 : 데이터정경연구원(2020), 2019년 3월 현재

한편 필자가 운영하는 데이터정경연구원은 2018년 미국 중간선거가 끝난 후 50명 주지사 전원과 바로 직전 50명 등 총 100명을 대상으로 정치성향을 조사했다. 그리고 부모 또는 조부모 등 조상들의 정치성향을 일일이 파악해 분석했다. 데이터는 예상치보다 높게 나왔다. 주지사들은 연방 상원의원 또는 하원의원을 거친 경우가 많기 때문에 정치 경험이 풍부한 이들이 많았다. 따라서 대를 이은 정치가문이거나 정치적 배경을 가진 인물도 많았다. 그 결과 공화당에서 공화당, 민주당에서 민주당으로 정치성향을 물려받은 유전성 비율은 무려 73%가 나왔다. 행동유전학 학자들이 연구한 일반 유권자보다 20% 정도나 매우 높은 이유는 바로 정치 DNA가 특별하게 구성돼 있기 때문인 것으로 추정된다.

싱가포르국립대 심리학과 리처드 엡스타인Richard Ebstein과 경제학과 츄 수홍Chew Soo Hong 교수는 행동유전에 관한 수십 차례 공동연구를 진행해 왔다. 이들은 2002년 노벨경제학상 수상자 버넌 스미스Vernon Smith가 창시한 '실험경제학'* 방법론을 통해 성격과 연관된 몇몇 DNA를 찾아냈다. 특히 2009년에는 '경제에서 위험을 회피하려는 의사결정은 57%가 유전성'이라는 실험결과를 최초로 공개했다.

행동유전학이 밝힌 바에 따르면, 공포를 두려워하는 유전성은 보수주의 자가 자유주의자에 비해 무려 4배가량 높다고 한다. 그렇기 때문에 보수 성향일수록 안전자산에 투자할 가능성이 아주 높게 마련이다. 한편 엡스타인-츄수홍 팀은 2015년 8월 영국《왕립학회지The Royal Society Publishing》에 눈에 번쩍 뜨이는 논문 "유전자 변형과 정치적 태도 사이의 상관관계"를 발표한다. 싱가포르 순수 한족 혈통 대학생(남학생 883명, 여학생 888명)만을 대상으로 실험을 진행했기 때문에 100% 동양인 표본이다. 특히 새로움을 추구하는 유전자(DRDP엑손Ⅲ)**를 중심으로 쌍둥이들을 종단*** 분석했다.

이 실험은 불평등에 대한 태도(진보주의자 대상) 및 사회적 변화 및 전통에 대한 태도(보수주의자 대상)가 핵심이다. 결과는 예상을 벗어나지 않았다. 동양인 역시 미국이나 호주 등 서양인과 똑같이 60% 정도가 정치성향은 유전된다는 결과가 나와 가설을 입증했다. 이 논문의 결론은 "쌍둥이 및 가족력 연구에 따르면 정치적 태도는 개개인 유전자 유형에 따라 각각 다르게 결정된다. 특정한 2개의 복제유전자를 보유한 (동양인 대학생) 경우는 두드러지게 보수적인 태도를 보임으로써 정치적 태도와 행동유전자 사이의 연관성을 입증했다."

---

* 실험경제학(experimental economics)이란 무작위실험을 통해 얻은 데이터를 수집·연구하는 경제학의 한 분야이다. 경제전반에서 나타나는 현상을 모형화해 데이터로 수집하고 연구하는 학문이다.
** 도파민수용체 유전자엑손Ⅲ는 여행벽이 남다르다든지 바람둥이 성향을 갖는다든지 하는 '개방성'과 상관관계를 갖는 유전자다.
*** 종단(縱斷)은 직역하면 세로로 끊는다는 뜻이다. 말 그대로 조부모, 부모 등 조상부터 자식에 이르기까지, 즉 위에서 시작해 아래까지 차례차례 분석하는 방법론을 일컫는다.

4

확증편향 - 무조건 우리당 이겨라

당파성(partisan) 이론에 따르면, 확증편향(confirmation bias)과 이중 잣대는 아주 너무나 당연하다. 캔자스대 정치학자 패트릭 밀러Patrick Miller는 20년 이상 심리학을 기반으로 선거에 관한 연구에 몰두해왔다. 밀러는 40개 이상 미국 주요 대학들이 참여하는 프로그램인 〈협동의회선거연구 CCES〉*의 2010년 중간선거 데이터를 사용하여 유권자의 정치적 태도를 재분석하고 추가로 패널조사를 실시했다. 그리고 그 결과를 2015년 4월《계간 정치리서치 Political Research Quarterly》에 발표했다. 주요 내용을 소개하면 다음과 같다.

"당파성(공화·민주)을 갖고 있는 과반(54%) 유권자들은 주로 스포츠 경기에서 광적인 팬처럼 무조건 자신이 지지하는 정당의 승리를 위해 행동한다. 정책이나 이념을 중심으로 정치적 선택을 하는 경우는 겨우 35%에 불과하다. 정치인들은 극단적인 적개심을 조장하고 상대를 백악관과 의회에서 쫓

---

* CCES는 2006년부터 인터넷기반 시장조사기관 YouGov(영국이 본사다)에 의뢰해 5만 명 이상 표본을 대상으로 연방선거 전후로 패널조사를 실시한다.

아내는 대신 어떻게 하던지 우리 편만을 입성시키는 것을 목표로 한다. 이러한 당파성 경쟁이 정치 양극화를 불러오고, 자신이 지지하는 당파에게 무의식적인 충성을 강요한다."

밀러가 분석한 바에 의하면 당파 충성도가 강한 유권자들은 승리를 위해서라면 불법·탈법을 가리지 않아도 된다는 데 무려 38%나 흔쾌히 동의했다. 그들이 말한 가장 일반적인 불·탈법 방식은 유권자에 대한 투표방해 행위, 투표용지 도둑질 또는 부정행위, 상대방에 대한 신체적 위협 내지 폭력행위, 거짓말, 정치적 반대자를 향한 개인적인 공격, 다른 정당 소속 의원들이 발언하지 못하도록 방해하기 등 민주주의 역사가 240년 된 미국에서 감히 상상조차 할 수 없다. 밀러의 이 논문은 우리나라에도 이제는 만성화된 '팬덤 정치'가 발생하는 원인을 규명할 매우 중요한 연구 성과로 평가된다.

휴스턴대 스콧 클리포드Scott Clifford 역시 정치학과 심리학을 융합하는 정치학자이다. 그는 2008년 대선 연구결과를 재분석하고 거기에 더해 ANES*에서 패널 6만 1천420명을 추출해 21개월간 조사하고 애국심, 도덕성 등 5개 항목을 수치로 환산했다. 그리고 2015년 《정치행동 Political Behavior》지에 "충성도의 차이는 당파의 힘을 예측한다"라는 논문을 발표했다. 그 결론은 공화당원의 충성도 평균값은 0.71이고 민주당원은 0.63이다. 공화당원 안에서도 강력한 충성도 확률은 19%이고 민주당원의 경우는 17%이다.

그런데 사실 이 연구결과를 확대 해석하면, 정치뿐 아니라 비즈니스에 이르기까지 감정적이고 편파적인 현상은 수도 없이 나타난다. "경영진과 과학자, 심지어 판사에 이르기까지 사실을 해석하는 방법에 기득권이 조금이라도 있을 때 사람들은 정서적으로 편향된 판단을 내릴 수 있다." 이를 심리학

---

* 미시간대학교가 스탠포드대학교와 공동으로 운영하는 연방선거연구소이다. 연방선거 전후 유권자연구를 위해 1948년 설립했으며 연방정부가 보조금을 지원한다.

에서는 '확증편향'이라고 부른다. 소비자 마케팅에서는 타깃층 맞춤으로 오히려 이를 적극 활용하는 전략이 있을 수 있지만, 공공선 추구가 목적인 정치 분야에서는 옳지 않다.

매티스 폴본Mattias Polborn은 2016년부터 밴더필트대 경제학과 교수로 재직 중이다. 그 전에는 일리노이주립대 어바나 샴페인(Urbana-Champaign)에서 정치·경제학을 연구했다. 원래 그는 독일 뮌헨대에서 경제학 박사를 취득했다. 그의 연구관심사는 정치·경제학, 즉 미국 정치에 대한 실증적인 분석에 있다. 특히 그는 선거와 정치양극화에 대한 후보 간 경쟁을 중심으로 한다.

2014년 일리노이주립대 재직 시절 폴본이 발표한 「차별화된 후보 프레임워크의 사회이념과 세금Social Ideology and Taxes in a Differentiated Candidates Framework」에는 다음과 같은 내용이 나온다. 참고로 그는 미국 유권자의 개별 투표행위에 관한 경제 및 문화 이슈의 영향을 설명하는 후보경쟁 이론을 가설로 설정하고 연구를 진행한 바 있다. 그의 결론은 "정부지출과 세금에 관한 태도를 통해 유권자(또는 후보자)의 정치행동을 구분해낼 수 있다"는 분석이다.

폴본의 분석에 따르면 "후보자들은 중간적 경제 선호도를 가진 유권자가 정말 원하는 정책을 제안하면 선거에서 승리한다." "스윙보터는 사회보수주의자 Socially conservative이면서 동시에 경제적으로 자유주의자 Economically liberal일 수 있다. 정부지출에 충분히 관심이 있는 사회·보수당원 Social conservatives은 민주당에 투표할 수도 있고, 증세에 반대하는 사회·자유당원 Social liberals은 공화당에 투표할 수도 있다."

결국 일반적으로 경쟁 후보자들 사이에서 사실상 무관심한 유권자(= 스윙보터)의 이익을 수용할 수 있는 명확한 동기가 있는 정치인들의 경우가 (자기 쪽으로) 투표를 극대화하려는 행동을 하게 된다. 따라서 민주당원이 증세에 반대하며 우 클릭 하고, 공화당원이 정부지출 확대에 찬성하며 좌 클릭 하는 등 중도 수렴하는 현상은 '스윙보터'를 공략해온 매우 합리적인 정치인들의 노력이다.

"무조건 우리 당 이겨라!"만 주구장창 외친다고 정말로 이긴다면 얼마나 좋겠는가? 현실은 전혀 그렇지 않다. 2012년 대통령 선거에서 맞붙은 박근혜−문재인 후보의 대표 공약 가운데 '기초연금 인상'이 있었다. 박근혜 후보는 당시 9만 8천 원이던 어르신 기초연금을 20만 원으로 인상하겠다고 공약했다. "모든 65세 이상 어르신에게 매달 20만 원씩 기초연금 지급!" 약속은 보편적 복지정책에 반대해온 보수당 기조와 전혀 상반된 주장이었으나 노인 빈곤비율 50%를 겨냥한 슬로건으로는 전혀 손색이 없었다. 이른바 보수당의 좌 클릭이다.

한편 민주통합당 문재인 후보는 "기초연금 두 배로 인상!"을 공약으로 제시했다. 그러나 당시 기초연금 수혜계층도 한정이 돼 있었고 그 금액도 정확하게 알려져 있지 않은 상태에서 기호 2번을 연상시키는 "두 배로 인상" 약속은 큰 반향을 얻지 못했다. 금액은 20만 원과 19만 6천 원이기 때문에 사실 별다른 차이는 없었다. 따라서 겨우 지지층에게나 먹히는 정도, 말 그대로 무조건 우리 편 이기는, 이른바 '정신승리' 공약에 불과했다.

당파적 신념이 고착화 되면 새롭고 유용한 정보를 아무리 제공해도 교정이 쉽지 않다. 플로리다 주립대 정치학자 더글라스 아흘러Douglas Ahler가 《정치저널 The Journal of Politics》 2018년 7월호에 발표한 내용이다. 아흘러는 YouGov와 ANES 선거데이터를 비교·분석하는 방식으로 다각도 연구를 진행했다.

ANES 선거데이터를 보면 현실 속 공화당원은 65세 이상 노인비율이 44%이다. 그런데 상대방 민주당원들은 65%로 과다 인식하고 있다. 역시 주로 민주당 지지기반인 노동조합원은 겨우 11%에 불과한데 반해, 공화당 당원들은 이를 38%로 인식하고 있다. 이를 토대로 아흘러는 당파성을 갖는 미국인이 상대방 정당을 과대평가하는 경향을 보여주며, 결과적으로 확증편향에 빠진다고 결론짓는다. 또한 아흘러는 과소평가 역시 마찬가지일 수 있다고 말한다.

2007년 17대 대선에서 대통합민주신당 정동영鄭東泳 후보는 한나라당 이명박 후보를 상대로 BBK 의혹만 끝까지 물고 늘어졌다. "범죄정권을 허용할 수 없다, 지도자가 거짓말을 한다면 그 사회는 끝장이다." 한 방이면 선거는 역전될 수 있다고 보았고 미국까지 찾아가서 제보자를 찾았다. 하지만 기업인 출신으로 여러 건의 전과 경력에도 불구하고 한나라당 이명박 후보에 대한 네거티브는 전혀 먹히지 않았다. 5년 전 이회창 후보를 찍었던 '무조건 보수당 지지자들' 1천144만 명 외에도 유권자수 증가(266만 명)에 따라 오히려 5만 표가 더 늘었다. 하지만 정동영 후보의 경우, 창조한국당 문국현文國現 후보의 독자출마로 표가 갈리고(137만 명) 대규모 기권사태(투표율 70.8%에서 63%로 하락)로 530만 표 차이라는, 사상 최다표 차 패배라는 수모를 당했다. 무조건 우리 당 이겨라! 무조건 우리 후보가 옳다! 라는 식의 확증편향을 제대로 이해하지 못하면 선거에서 백전백패한다.

5

유권자의 감성적 뇌에 호소하라

유권자의 행동이 이성적이지 않고 정서적이라고 한다면, 그것을 효과적으로 공략하기 위한 전략이 필요하다. 사람의 뇌에는 이성을 제어하는 부분인 배외측전전두피질(DLPFC)과 감정을 제어하는 복내측전전두피질(VMPFC)이 있다. 기능성자기공명영상장치(fMRI)로 뇌를 들여다보면서 실험하면, 이성 또는 감정 부분이 어떻게 활성화되는지 알 수 있다. 그러므로 다원화된 사회에서 바쁜 일상을 살아가는 현대인에게는 특히 신속하고 간단한 감성적 터치가 제격이다. 따라서 '슬로건'의 중요성이 더욱 강조된다. 슬로건은 원래 16세기 초 스코틀랜드에서 외부 침입으로부터 대항하기 위해 사람들을 모을 때 외치는 소리(sluagh ghairm)에서 시작된 말이다.

문재인 대통령은 지난 2016년 20대 총선 당시 이른바 호남 민심 이반 문제로 적지 않게 시달렸다. 오죽하면 김종인 비상대책위원회 대표로부터 호남 방문 유세를 하지 말라는 충고를 듣기까지 했을까? 그런데 조국曺國 서울대 법학대학원 교수, 신명식申明湜 전 《내일신문》 편집국장 등 일부 지식인들이 참여정부 '호남홀대론'과 '호남차별론'은 그 실체가 없다며 공개 반박하고 나섰다. 이미 한 차례 대선에 출마한 바 있던 문 대통령을 위한 논리적 변호라고 할 수 있다. 광주를 중심으로 활동하고 있던 이병완李炳浣 전 대통령비서실장 등 참여정부 청와대 참모출신 여러 명도 SNS에 글을 올렸다. 호남출신 인물들의 균형인사 발탁현황을 구체적으로 제시하면서 그 근거를 제법 뒷받침 했다.

이러한 내용은 SNS를 통해 꽤나 전파된 것으로 보인다. 하지만 호남 기반 신당인 국민의당 녹색바람은 4·13총선에서 호남권 지역구 의석 28석 가운데 23석을 휩쓰는 위력을 발휘했다. 또한 국민의당은 여세를 몰아 수도권 3개 시·도 비례대표 투표에서도 더불어민주당을 약 17만 표가량 눌러버렸다. 그리고 대구·경북권역 비례대표 득표율에서도 2위를 차지하며 더불어민주당을 전국적으로 총 28만 표가량 앞서며 야권의 이니셔티브를 쥘 정도까지 됐다. 당대표직을 내려놓고 백의종군을 하던 문재인 대통령이 총선 바로 5일 전 광주를 방문해 무릎을 꿇고 사죄했음에도 불구하고 거세게 나타난 이 녹색돌풍은 도대체 무슨 까닭이었을까?

문 대통령은 "호남홀대, 호남차별은 제 인생을 송두리째 부정하는 치욕이고 아픔"이라고 주장했으며 "지역정당이 신성한 호남 땅에서 더 이상은 발 붙이지 못하도록 싸우겠습니다"라며 국민의당을 직접 겨냥하기도 했으나 역부족이었다. 이는 유권자에게 철저하게 이성적으로 접근하려는 태도, 즉 번지수를 잘못 짚어도 한참 잘못 짚었기 때문에 비롯된 실수라고 할 수 있다. 즉 '호남홀대론'이나 '호남차별론'으로 불린 당시 호남 민심은 논리가 아니라 정서의 문제였다.

2016년 4월 총선 당시 호남 민심을 한마디로 요약하면 정권교체였다. 논리적으로 복잡하게 설명하면 오히려 설득하기 어려우며 정권교체 가능성을 보여주면 정서적으로 즉시 받아들이는 게 유권자 특성이다. 호남 유권자라고 다르지 않다. 이들은 지난 2012년 대선에서도 문재인 후보에게 무려

88.96%의 몰표를 안겨주었다. 득표수로는 박근혜 당선인과 약 250만 표 이상의 차이였다. 양자구도(문재인)와 다자구도(김대중, 정동영)라는 차이가 있으나, 호남을 고향으로 둔 김대중 후보(1987년, 88.4%)와 정동영 후보(2007년, 80.3%)가 각각 득표한 수치보다도 더 높았다. 하지만 당시 문재인 후보는 호남과 서울 이외에서는 단 한 군데도 승리하지 못하고 전국을 온통 새누리당의 빨강 색깔로 물들이고 말았다. 그나마 서울에서조차 상대와 격차는 고작 5만 7천 표 뿐이었다. 1971년 7대 대선 이후 41년 만에 찾아온 여야 1 대 1 대 구도인 아주 호조건에서, 특히 한때 여론조사 지지율 1위를 달리던 안철수 후보가 양보까지 했음에도 불구하고 정권교체에 실패했다. 90% 가까운 표를 밀어준 호남인들 입장에서 보면 어떤 이유로도 용납이 안 되는 일이었다. 참여정부에 대한 서운함을 딛고 두 번째 영남후보를 밀었지만 실패의 충격은 그 누구보다 호남인들에겐 컸다.

20대 총선 1년 전에 있었던 4·29 국회의원 재·보궐선거도 마찬가지이다. 2015년 2·8 전당대회에서 호남인들은 당권과 대권 분리를 강력하게 원해 당시 문재인 의원을 당대표로 지지하지 않고 오히려 박지원 의원을 밀었다. 그러나 문재인 의원은 기어코 당대표를 맡아 재·보궐선거를 지휘했다. 성완종成完鍾 전 경남기업회장 스캔들이 터지고 선거환경은 매우 유리했으나 수도권 3석 100%를 새누리당에게 빼앗기고, 텃밭이라는 광주 1석까지 무소속 천정배千正培 후보에게 빼앗기며 4전 전패하는 결과를 빚었다. 그래서 당시 호남에서 폭넓게 형성된 반 문재인 정서는 "문재인으로는 정권교체가 어렵다"는 사례들로 하나하나 채워져 갔다. 반 문재인 정서는 '호남홀대론'이라는 '과거'가 아니라 '정권교체 가능성'이라는 '미래'에 대한 회의감 때문이었다. 따라서 호남차별론을 골백번 이성적으로 설득해봐야 결코 달라지지 않았다. 정권교체 가능성을 보여주고 호남인들에게 진심으로 다가가야 했다.

그런데 20대 총선에서 더불어민주당은 호남지역에서 푸대접이 아니라 무대접에 가까울 정도로 외면을 받았지만 수도권 의석 싹쓸이를 바탕으로 1위 정당으로 올라섰다. 영남권에서도 부산·경남 8석은 물론이고 사상 처음으로 대구 1석 확보 등 최고의 성적표를 남겼다. 그러자 비로소 문재인 후보도 호남에서 그의 진심을 인정받게 된다. 2017년 민주당 경선이 시작되자 문 후보는 득표율 무려 60.2%의 압도적 지지로 두 번째 본선 행을 사실상 호남권에서 결정짓는다. 민주당은 총선에서 국민의당을 상대로 호남의석 3석 대 23석으로 부끄러운 열세를 면치 못했지만, 대선 때는 안철수 후보에게 호남 득표율 62% 대 28.1%로 대역전극을 펼쳤다. 이처럼 호남인들의 '호남홀대론'이나 '호남차별론'은 논리가 아니라 바로 정권교체를 향한 감정이고 정서였다.

도널드 트럼프 대통령은 2016년 대선에서 "미국을 다시 위대하게 Make America Great Again"라는 캐치프레이즈 아래 7가지 공약을 내걸었다. 가장 눈에 띄고 전 세계가 경악한 공약이 바로 세 번째 '불법 이민자 추방'이다. 트럼프는 펜실베이니아 게티즈버그 연설에서 청중을 향해 "약 200만 명의 불법 이민자를 해외로 추방하고, 이들을 다시 데려가지 않는 나라들에 대해서는 비자를 취소하겠다"고 엄포를 놓았다. 3차 TV토론에 나와서는 "멕시코와 인접한 남쪽 국경에 대해 강력한 통제가 필요하다. 대통령이 되면 국경을 막아 마약이 못 들어오게 하겠다"고 주장하며 히스패닉 이민자들을 잠재적인 마약 유통업자라고까지 단정했다. 이렇듯 거칠게 아랍계와 히스패닉을 공격한 트럼프의 선거 전략은 과연 무엇을 노린 것이었을까?

:::: 가슴에 와닿는 메시지로 간명하게

금융위기를 벗어나기 시작한 2010년 이후 버락 오바마Barack Obama 행정부는 2015년까지 실질 경제성장률 연평균 2.2%를 기록해 최상위권 선진국 치고는 그래도 성적이 괜찮은 편이었다. 2016년 대선 직전 발표된 3분기 성장률도 2.9%로 힐러리 당선에 청신호였다. 게다가 금융위기 당시인 2009년 4분기 한때 9.9%까지 치솟았던 실업률도 2016년 1분기에 들어서자 4.9%로 하락한 후 3분기 째 5% 미만을 유지한 채 완전고용에 가까운 수치를 유지했다. 이는 금융위기 발생 직전인 2007년 4분기 실업률과 엇비슷한 수준(4.8%)이었다.

그러나 미국 유명 드라마 〈더 엑스파일〉에 등장하는 대사처럼 "진실은 저 너머"에 있었다. 미국이 빈부격차의 상징국가처럼 낙인찍힌 건 바로 엄청나게 증가한, 저임금을 받고 있는 근로자들 때문이다. 2015년 말 현재 미국은 저임금근로자* 비중이 OECD 34개국 안에서도 최고 수준인 25%로 한국(23.5%)보다 더 높아 당당한(?) 1등에 올랐다. 숫자로는 무려 3천597만 명이다. 오바마 취임 첫 해에 3천340만 명(24.8%)으로 출발했으니 그 사이 257만명이나 늘었다.

바로 이 지점이 오바마 경제의 겉과 속을 극명하게 드러내며 힐러리 클린턴Hillary Clinton이 패배한 첫 번째 이유다. 오바마 집권 이후 중위임금 주급은 풀타임 근로자의 경우 평균 87달러, 파트타임은 27달러가 올랐다. 그러나 인플레와 물가상승률을 반영하여 조정하면 사실상 거의 변화가 없었다. 7년 사이 풀타임은 9달러, 파트타임은 3달러 인상됐다. 남성근로자 가운데 인종별로 살펴보면 그나마 비중이 미미하고 고급 관리직이나 기술직 분포가 많은 아시아계는 각각 57달러와 22달러(풀타임 및 파트타임 순, 이하 같다)가 올랐다. 비중이 가장 많은(41.4%) 백인 남성은 각각 6달러와 12달러 오르는

---

* 중위임금의 3분의 2 미만을 받는 근로자를 말한다. 중위임금은 전체 근로자를 임금소득 순으로 한 줄을 세웠을 때 한 가운데에 있는 임금을 뜻한다.

데 그쳤다. 이는 그 숫자 비중(9.5%)은 작으면서도 저임금 공세를 펼치는 히스패닉 남성 근로자들 때문이었다.

<표 7> 오바마 집권기간 남성근로자 인종별 중위임금시급 비교 (단위 : 달러, %)

연도	구분	전체근로자	백인	흑인	아시아계	히스패닉
2008	풀타임	722(783)	825(895)	620(672)	966(1,048)	559(606)
	파트타임	219(238)	209(222)	210(228)	216(234)	232(252)
2015	풀타임	809(792) 12.0(1.1)	920(901) 11.5(0.7)	680(666) 9.7(-0.9)	1129(1,105) 16.9(5.4)	631(618) 12.9(2.0)
	파트타임	246(241) 12.3(1.3)	239(234) 14.4(5.4)	222(217) 5.7(-4.8)	262(256) 21.3(9.4)	247(242) 6.5(-4.0)

※ 출처 : 데이터정경연구원(2020)/원시데이터 : 미국연방노동통계청/괄호는 2009년 불변가격 환산. 아래쪽은 2008~15년 사이 증감률

제아무리 실업률을 5% 미만으로 유지해도 인구 3억 명이 넘는 미국의 절대 실업자 수는 오바마 집권 7년 동안 연평균 1천200만 명에 달했다. 그중에도 무려 41%에 이르는 495만 명이 백인 남성들이었다. 연방노동통계청 자료에 따르면 2013년 현재 주급을 못 받고 겨우 시급을 받는 근로 빈곤층은 무려 1천45만 명(7%)에 달한다. 이 가운데 70%인 728만 명이 백인들이다. 4인 가구 기준으로 연간 2만 3천834 달러(약 2천516만 원)를 벌어들이지 못하는 경우에 해당한다.

오바마는 재임 7년 동안 소리는 요란했지만 근로 빈곤층을 연평균 1천47만 명(7.1%)에서 전혀 줄이지 못했다. 이 역시 전임자들인 빌 클린턴(5.7%)과 조지 W. 부시(5.3%)에 비하면 크게 증가한 수준이다. 연방정부 기준 최저임금 이하를 받는 근로자 숫자도 조지 W. 부시는 연평균 197만 명, 오바마는 345만 명 급증했다. 그중에서도 백인이 163만 명에서 268만 명으로, 무려 64.4%나 크게 늘었다. 그러나 오바마 집권 7년 사이 백인 남성 일자리는 790만 개가 줄었으나 히스패닉 여성 일자리는 480만 개가 늘었다. 결국 이

것이 '화이트 맨(White Man)'이 민주당 정권에 '분노투표(angry voter)'한 두 번째 이유다. 이를 집요하게 파고든 트럼프는 불법이민자 추방, 멕시코 국경장벽 설치 등 무리한 공약들을 거침없이 내걸었고 고졸 이하 백인 남성 유권자 표를 쓸어 담았다.

「연방인구센서스U.S. Census Bureau」에 따르면 불법이민자는 오바마 집권 중반인 2012년을 기준으로 1천100만 명 수준이었다. 이 가운데 약 810만 명이 건설 현장, 건물 청소, 음식점 서비스 등 단순노동에 종사하는 것으로 나타났다. 이는 미국 전체 노동력의 5.1%에 달한다. 2016년 브루킹스연구소가 실시한 여론조사에 따르면 미국인의 54%가 불법이민자의 저임금 때문에 경제 및 가계에 나쁜 영향을 미친다고 응답했다.

미국 민주당 기득권층은 힐러리를 선택하며 처음부터 저학력 백인 유권자 공략을 포기했다. 이는 대선 핵심 쟁점인 경제 불평등 문제를 소홀히 다룬다는 느낌을 주기에 충분했다. 미국 사회는 아직도 유권자의 70% 정도가 백인으로 백악관 주인의 향배를 결정짓는다. 하지만 그들은 금융위기 이후 중산층에서 밀려난 분노한 서민들이 많고 상당수가 빈곤층으로 추락했으며, 멕시코 국경을 넘어온 히스패닉 때문에 실업자와 빈곤층, 그리고 저임금근로자 군을 다양하게 형성하고 있다. 이런 계산을 정확하게 해서 나온 트럼프의 선거 전략은 주효했고, "멕시코 국경에 장벽을 쌓겠다"는 그의 공약은 결코 막말이 아니었다. 미국 백인 서민들이 미국판 86세대 출신 오바마로부터 "국민들을 잘 살게 해주겠다"는 얘기에 8년 가까이 속았는데, 그보다 더한 월가 이익 수호자 힐러리가 나타났으니 그에게 등 돌리는 건 당연지사 아닌가?

러스트벨트Rust Belt는 2016년 대선 향배를 결정지은 중요한 지역으로서 한때 미국 제조업이 호황을 구가했으나 오랜 불황으로 직격탄을 맞은 '쇠락한 공장지대'를 부르는 이름이다. 그중에서도 공화당은 특히 미시간, 펜실베이니아, 위스콘신 등 3개 주에서 2008년과 2012년은 물론이고 2004년 조지

W. 부시가 승리한 대선에서도 모두 패배했다. 경합주(스윙주, swing state)라고는 하지만 그만큼 선거 전략을 짜기가 매우 어려운 주이다. 그러나 트럼프는 이 3개 주를 석권했다. 이곳에서만 선거인단을 46명이나 챙겼으니 대통령 당선에 결정타였다. 그 이유는 바로 '불법이민자 추방과 멕시코 국경장벽설치' 등 과격한(?) 공약 때문이다. 히스패닉 불법이민자들 때문에 일자리가 줄고 임금이 깎였다고 믿는 러스트벨트 내 백인 노동자들에게 이 공약이야말로 가뭄의 단비와도 같았다. 물론 어차피 공략해봐야 아무런 소용없고 또 흑인과 히스패닉이 절대 다수 거주하는 민주당 소굴 워싱턴DC(선거인단 3명)는 아예 포기했다. 워싱턴DC는 득표율 4.09%(트럼프) 대 90.86%(힐러

〈표 8〉 2016년 미국 대선 개표 요약 (단위 : %, 명)

	트럼프	힐러리	격차
득표율	46.09	48.18	-2.09
선거인단	304	227	77
1% 이내 승부	46	4	42

※ 출처 : 데이터정경연구원(2020)/원시데이터 : 미국연방선거통계

〈표 9〉 2004~16년 미국 대선 러스트벨트 개표 비교 (단위 : %)

		미시간	펜실베이니아	위스콘신
2004년	공화당 조지 W. 부시	47.81	48.42	49.32
	민주당 존 케리	51.23	50.92	49.70
2008년	공화당 존 매케인	40.96	44.17	42.31
	민주당 버락 오바마	57.43	54.49	56.22
2012년	공화당 밋 롬니	44.71	46.59	45.94
	민주당 버락 오바마	54.21	51.97	52.78
2016년	공화당 도널드 트럼프	47.50	48.18	47.22
	민주당 힐러리 클린턴	47.27	47.46	46.45

※ 출처 : 데이터정경연구원(2020)/원시데이터 : 미국 각 주별 선거관리위원회

리)가 말해준다. 선거인단 투표방식인 미국 대선에서 타깃을 정확하게 설정해 타깃층의 분노를 자아내도록 하는 것은 매우 유효한 선거 전략이다. 분노의 조직화는 지지층 결집은 물론이고 부동층을 투표장으로 동원하기 위한 최상의 전략이다.

인지신경과학이 발전하게 된 계기는 기능성자기공명영상(fMRI) 기법의 개발이다. 1992년 미국 벨연구소의 세이지 오가와Seiji Ogawa 박사를 포함한 의과학자들이 개발했다. 이후 뇌기능 영상화 분야에서 주된 방법론으로 부상했으며 정치심리학과 행동경제학 등에서 많은 연구논문이 나오고 있다.

"가장 구매력이 좋은 40~50대 연령에서 고급 승용차가 가장 많이 팔리지 않는다." "20~30대는 비록 구매력은 낮지만 새로운 트렌드에 적응이 빨라서 고급 승용차나 외국차 구매도 주저하지 않는다." 이성적으로는 납득이 잘 되지 않지만 명백한 사실이다. 사람들의 소비 습관이 쉽게 바뀌지 않기 때문이다. 모든 구매 성향이 반드시 이성적이라고 할 수 없는 까닭도 있다. 조지 레이코프는 국내에도 잘 알려진 인지언어학의 창시자이다. 그는 역작 『코끼리는 생각하지 마』에서 선거에서 승리하기 위한 '감정이입능력'을 특히 강조했다. 다시 한 번 상기하지만 이성이 아니라 감성을 자극하라!

2장

민심을 경배하라

———————

6

여론조사에는 여론이 없다

　우리나라처럼 정치 여론조사의 홍수 속에 살아가는 나라도 매우 드물다. 조국 전 법무부장관 사태로 정국이 요동치던 지난 2019년 8월 9일부터 10월 14일까지 67일간 중앙선거여론조사심의위원회(약칭 여심위)에 신고한 뒤 대통령 국정운영지도, 정당지지도, 21대 총선지지정당 등을 조사해 공표한 전국단위 여론조사는 총 68건이다. 각 시·도별 또는 국회의원 선거구별 여론조사까지 추가하면 무려 105건이다. 당시 추석 연휴기간 나흘을 고려하면 여론조사 업계도 최소한 3~5일 동안 휴가를 사용한 것으로 보이는데, 이 기간 중 발표된 여론조사가 하루 평균 1.56건 이상이었다. 그도 그럴 것이 2019년 말 현재 중앙선관위에 정식 등록된 조사업체는 76개이다. 선관위가 선거철만 등장하는 '떴다방'식 영세조사 회사를 규제하기 위해 2017년 5월부터 설립요건을 강화했지만, 그래도 이들은 쉴 틈 없이 신문과 방송을 통해 2019년 한 해 동안 무려 600건 이상 엉터리 조사를 쏟아냈다.

　그럼에도 불구하고 우리나라 여론조사는 매 선거 때마다 번번이 틀려서 그 신뢰도가 매우 낮다. 틀려도 아주 엉뚱하게 틀린다. 지난 2016년 20대 총선에서 5% 미만으로 승패가 엇갈린 지역구는 총 253개 곳 가운데 66곳, 비율로는 무려 26%나 된다. 중앙선거관리위원회(약칭 중앙선관위)에 신고·공표하는 여론조사를 보면 표본수가 보통 5백~1천 명 남짓이며 표본오차는 95% 신뢰수준으로 표기를 한다. 또한 허용오차의 경우 5백 명 표본이면 ±4.0~±4.4%p 사이이고, 1천명 표본이면 ±3.0~±3.3%p 사이이다. 그렇기 때문에 5% 미만의 간발의 차이로 승부가 난 66곳은 여론조사 상으로는 사실상 동률이거나 오히려 역전이 이루어질 수도 있다고 보면 된다. 그런데도 20대 총선을 바로 앞두고 주요 여론조사기관들은 새누리당이 155~180석 사이에서 압승한다고 예측했다. 그러나 막상 뚜껑을 열어보니 더불어민주당에게도 밀린 2위, 겨우 122석으로 나타났다. 불과 1주일 전 예측 조사와 비교하면 최소 33석, 최고 53석이라는 엄청난 차이를 보인 것이다.

사실 이와 같은 우리나라 여론조사기관의 부끄러운 역사는 2016년 20대 총선이 처음이 아니다. 1996년 15대 총선은 TV 3사와 CBS가 선거방송 사상 처음으로 코리아리서치, 한국갤럽 등 5개 조사기관에 의뢰하여 공동여론조사를 실시하고 투표가 종료된 직후 개별 지역구 후보별로 과감하게(?) 당락 예측까지 내보냈다. 이들 조사기관은 1여(與) 3야(野)라는 호조건 속에서 신한국당 175석을 공개했으나 자민련(50석)과 무소속(16석)의 약진을 전혀 예상하지 못했다. 결과적으로 여당인 신한국당은 과반의석에도 미치지 못하는 139석으로 쪼그라들었다.

2000년 16대 총선 때도 방송 3사의 예측보도는 모두 빗나갔다. MBC는 한국갤럽의 출구조사결과를 인용해 새천년민주당 127석, 한나라당 120석으로 발표했지만 개표 결과, 새천년민주당 115석 및 한나라당 133석으로 승패 자체가 틀려버렸다. KBS도 새천년민주당 119~138석과 한나라당 104~126석으로 보도했으나 한나라당이 역전했다. 마지막으로 SBS는 새천년민주당이 132석, 한나라당이 115석을 차지한다고 예측했으나 결과는 그 정반대였다.

17대 총선 때도 KBS는 노무현 대통령에 대한 탄핵 역풍이 예상보다 거세게 불 것으로 예측했다. 즉 여당인 열린우리당이 탄핵 어부지리로 170석, 한나라당은 100석을 전망했다. 그러나 개표 결과는 152석 대 121석으로 각각 약 20석씩 틀렸다.

18대 총선에서도 엉터리 여론조사는 계속됐다. 한나라당은 출구조사에서 KBS와 MBC로부터 154~178석, SBS는 162~181석, YTN은 160~184석으로 각각 예측됐다. 그러나 한나라당이 확보한 의석수는 과반을 가까스로 넘긴 153석이었다. 최대치를 기준으로 하면 무려 25~31석이나 차이가 난다. 이는 자유선진당−친박연대−친박무소속연대 등 이른바 보수적인 성향의 정당과 무소속 후보들의 표 잠식을 전혀 고려하지 않은 탓이다.

2012년 19대 총선 때도 방송 3사는 선거 전 여론조사 추이를 감안하고 선거 당일 전국 246개 지역구에 총 80만 명을 대상으로 출구조사를 실시해 예측 의석을 발표했다. 발표에 따르면 새누리당이 126~151석, 민주통합당이 128~150석을 차지하는 등 접전을 벌일 것이라고 보도했다. 또한 민주통합당과 전국에서 대대적으로 후보단일화를 한 통합진보당도 10~21석을 획득해 두 정당은 최소 138석, 최고 171석까지 얻어 거뜬한 여소야대를 전망했다. 하지만 개표결과는 새누리당의 무난한 과반수, 152석 완승이었다. 도대체 이러한 엉터리 여론조사는 왜 계속되는 것일까?

:::: 6연속 헛발질, 대한민국 여론조사의 민낯

우리나라 여론조사에는 진짜 여론이 담길 가능성이 희박하다. 오죽하면 여론조작이라는 의심까지 받겠는가? 2019년 5월 문재인 대통령 취임 2주년을 즈음해 여러 조사기관이 여론조사를 실시했다. 정당지지도에서 한국갤럽은 더불어민주당과 당시 자유한국당 간 최대 15%p(40% 대 25%) 격차를 보였고,

리얼미터는 가장 근접한 1.8%p(36.4% 대 34.8%) 차이로 오차범위 이내였다.

이해찬李海瓚 민주당 당대표가 "이상한 조사"라고 언급하자 불과 1주일 만에 리얼미터는 13.2%p(43.4% 대 30.2%) 차이로 그 격차를 벌렸다. 야당이 반발했고 정치학자들도 비판대열에 가세했다.

〈표 10〉 20대 총선 당시 주요 여론조사기관의 새누리당 예상의석수 (단위 : 석, 최종기준)

기관명	리얼미터	오피니언라이브	한길리서치	닐슨코리아
의석수	155~170	161	160~170	163
기관명	리서치앤리서치	한국사회여론연구소	엠브레인	한국갤럽
의석수	165	157~175	158~170	158~170

※ 출처 : 데이터정경연구원(2020)/원시데이터 : 각종 신문자료 종합

물론 새누리당, 현 미래통합당이 집권하던 시절에는 정반대 현상이 있었다. 리얼미터가 사용하는 방식은 조사비용을 줄이기 위한 ARS*, 즉 자동응답시스템이 주로 사용된다. 따라서 평균 응답률은 채 10%를 넘지 않는다. 바로 2019년 5월 둘째 주 대통령 국정지지도 조사 당시 YTN에서 의뢰한 응답률은 겨우 6.8%, TBS 의뢰 역시 8.3%에 불과했다. 표본추출방법 또한 RDD(Random Digit Dialing), 즉 임의걸기 방식이다. 따라서 모집단인 유권자

---

* Automatic Response Service의 약자다. 즉 면접원이 아닌 미리 녹음된 기계가 자동으로 음성을 들려주는 방식으로 여론조사를 실시한다. 사단법인 한국여론조사협회(KORA)는 2014년 지방선거 당시 "ARS를 이용한 조사가 과학적인 조사방법이 아니라는 점에 동의하고 향후 ARS 조사를 수행하지 않을 것"을 결의한 바 있다. 여론조사 조작 논란이 한창이던 2019년 10월에도 "ARS 조사를 하지 않겠다"는 결의안을 재차 통과시켰다. 이 협회(1992년 창립)에는 2019년 12월 현재 닐슨코리아, 한국갤럽, 한국리서치, 리서치앤리서치, 미디어리서치, 코리아리서치센터 등 34개 회원사와 16개 준회원사가 가입해 있다. 또한 ARS 여론조사를 주로 실시하는 리얼미터, 조원씨앤아이, 모노리서치, 여의도리서치 등 중소업체 16개사는 2011년 별도로 한국정치조사협회(KOPRA)를 설립해 자신들의 입장을 대변하고 있다.

를 얼마나 정확하게 대표할 수 있는지 과학적 근거조차 불분명하다. 즉 한국통계학회와 한국조사연구학회는 ARS를 과학적인 조사방법으로 인정하지 않고 있으며, 비과학적이고 부정확하기 때문에 여론조사에 활용하지 말아야 한다는 입장을 밝혔다.

ARS조사는 임의로 전화를 걸어 녹음된 기계음성이 질문하고 응답자가 번호를 눌러 응답하는 조사방법이다. 그렇기 때문에 성별이나 연령 등을 거짓말로 대답해도 확인할 수 있는 방법이 없으며 응답자 선정 과정에서 비 표본 오차가 커 응답률도 매우 낮은 편이다. 여론조사는 일반 국민에게 일상적으로 많은 영향력을 줄 수 있기 때문에 첫째도 둘째도 신뢰성이 생명이다. 그럼에도 불구하고 리얼미터와 같이 ARS를 조사방법으로 사용하는 업체의 여론조사 결과가 국가 정책수립에 있어서 중요한 참고자료로 공공연하게 활용되는 점은 매우 우려스럽다.

한편 우리나라에서 엉터리 여론조사가 계속 이어지는 또 다른 이유는 유선전화 방식 위주이기 때문이다. 과학기술정보통신부 자료를 살펴보면, 유선전화 가입자는 1997년 2천만 명을 넘어섰고 2002년 사상 최대치를 기록했다. 그러나 휴대전화 보급에 따라 2018년에는 1천500만 명 미만으로까지 점점 그 숫자가 줄고 있다. 통계청 등록가구는 2018년 현재 2천50만에 1인 가구도 585만이다. 20~30대 젊은 부부는 집 전화를 아예 놓지 않는 경우도 많다. 거기다 유선전화 가운데 상당수가 영업용인 점을 감안하면 이래저래 집 전화 가입률은 50%를 넘기기가 어렵다고 보아야 한다. 그렇기 때문에 여론조사를 하는 낮 시간대에 유선전화로 응답하는 경우는 중·노년층이나 가정주부 등 매우 제한적일 수밖에 없다. 결국 특정 연령, 특정 직업군이 실제 모집단인 유권자보다 과다 반영되는 구조적인 함정이 있다. 이른바 '보수당 과다표집' 현상이다. 이는 2016년 20대 총선에서 새누리당의 예상 성적표가 부풀려진 까닭이다.

데이터정경연구원은 2016년 4월 4일부터 6일 사이에 실시, 여심위를 통해 공표한 국회의원 선거구별 여론조사 226건을 분석했다. 이때는 여론조사 결과 공표 제한기간 마지막 3일로 모두 평일이었다. 100% 집 전화조사 방식이 절반을 넘고 90% 이상까지 합하면 144건으로 전체 여론조사 건수의 63.7%이다. 이렇듯 순 엉터리 조사방식을 사용했음에도 불구하고, 전혀 터무니없는 결과를 당당하게 발표하는 여론조사기관 및 언론기관은 과연 무슨 배짱이었을까?

〈표 11〉 연도별 유선·무선전화 가입자 현황 (단위 : 천명)

유선전화 ■   무선전화 ■

※ 출처 : 과학기술정보통신부

〈표 12〉 2016년 4월 4~6일 사이 실시한 국회의원 선거구별 여론조사 현황분석 (단위 : 건)

유선조사 비율	100%	90~100%	80~90%	70~80%	70% 미만	계
유선면접	98	9	9	33	2	151
유선ARS	19	16	15	11		61
유선면접+유선ARS		2	9	3		14
합계	117	27	33	47	2	226

※ 출처 : 데이터정경연구원(2020)/원시데이터 : 중앙선거여론조사심의위원회 공표 여론조사

⠿ ARS는 여당 지지 높게 나오는 수상한 여론조사

〈표 13〉 2017년 프랑스대선 여론조사와 1차 투표결과 (단위 : %)

기관명	조사기간	표본수	마크롱	르펜	필론	멜랑숑
Odoxa	4.21	666	24.5	23	19	19
BVA	4.20~21	1,134	23	23	19	19.5
Ifop–Fiducial	4.18~21	2,823	24.5	22	19.5	18.5
Ipsos	4.19~20	1,401	24	22	19	19
Elabe	4.19~20	1,445	24	21.5	20	19.5
Harris Interactive	4.18~20	962	24.5	21	20	19
OpinionWay	4.18~20	2,269	23	22	21	18
Kantar Sofres	4.14~17	1,178	24	23	18.5	18
8개 기관 단순평균			23.94	22.19	19.50	18.81
4월 23일 1차 투표			24.01	21.30	20.01	19.58

※ 출처 : 데이터정경연구원(2020)/원시데이터 : 프랑스 국가여론조사위원회

중앙선관위가 발표한 『제19대 대선여론조사 백서』에도 부실한 여론조사 방식은 데이터로 고스란히 나타난다. 총 801건의 조사 가운데 유·무선ARS 또는 유·무선ARS혼합방식이 무려 71.9%나 된다. 그리고 유·무선 면접 또는 스마트폰 앱 등과 혼합조사는 27.1%, 순수한 스마트폰 앱 또는 인터넷 방식은 8.7% 등의 순이다.

하지만 비슷한 시기 대통령선거를 치른 프랑스의 경우는 전혀 달랐다. 결선투표제도와 정당 간 선거연합이 일상화된 까닭에 프랑스 선거는 사실상 양자 구도라고 볼 수 있다. 그렇기 때문에 대선과 총선, 그리고 레지옹 지사선거 등에서 결선투표의 승자를 예측하기란 그리 어렵지 않다. 문제는 통상 10명 이상이 난립하는 대선 1차 투표 예측이다. 2017년 4월 대통령선거 1차 투표를 앞두고 당시 '국가여론조사위원회'에 등록된 여론조사기관은 1963년 설립된 선두업체 칸타르소프레스(옛 TNS) 등 13곳이다. 우리나라와 비교(162

개)하면 채 12분의 1이 되지 않는다. 그리고 실제로 대선 여론조사를 실시한 기관은 단 11곳이다. 물론 인터넷과 전화면접조사, 단 두 종류만으로 진행했다. 그런 까닭에 1차 투표결과를 거의 족집게 수준으로 맞췄다.

선거일이 임박해서 실시한 주요 8개 조사기관의 여론조사 평균값은 에마뉘엘 마크롱 후보가 23.94%였고 실제 투표결과는 24.01%로 그 차이는 0.07%에 불과했다. 그리고 마린 르펜Marine Le Pen > 프랑수아 피용François Fillon > 장 뤽 멜랑숑Jean Luc Melenchon 순으로 순위까지 정확하게 맞췄다. 1975년 창립된 입소스(Ipsos) 또한 결선투표 여론조사를 실제 근사치에 가깝게 마크롱 63% 대 르펜 37%로 예측하였다. 개표결과는 마크롱 66.06% 대 르펜 33.94%이다. 입소스는 2019년 5월 초에도 그 달 말 예정이던 유럽의회선거를 극우 국민연합(RN)* 22% 대 집권 전진당 21.5%로 예측했다. 역시 선거결과는 국민연합이 23.34%이고 전진당이 22.42%다. 입소스는 관심도나 영향력도 아주 작은 유럽의회선거 투표율 상승까지 비교적 아주 정확하게 예측했다.

일반적으로 여론조사에서는 투표율 증가 또는 하락이 '샤이 표'를 측정하는 데 아주 결정적이다. 2002년 대선 당시 자크 시라크는 모든 여론조사에서 결선탈락으로 예측되었다. 하지만 좌파의 분열 속에서 리오넬 조스팽 사회당 후보가 예선 탈락을 하고 결선투표에서 시라크가 대승을 거두는 이변이 발생했다. 그 때문에 프랑스 당국은 여론조사에 관한 규제를 거의 완전히 풀었다. 이듬해 프랑스대법원은 "일주일간의 여론조사결과 공표 금지기간이 표현의 자유를 위배한다"고 판시했다. 그러자 여론조사결과 공표금지 규제는 선거일 전날과 전전날 등 단 이틀로 줄어들었다. "앞서 나가는 후보에게 표가 쏠리는 밴드왜건 효과나 지고 있는 후보에게 지지표가 결집되는

---

* 마린 르펜이 이끄는 국민전선(FN)이 당명을 바꾼 정당이다.

언더 독 효과를 더 이상 허용하지 않겠다"는 정책적 조치였다. 물론 이웃나라 스위스의 한 언론사가 웹사이트에 여론조사 결과를 공개하면서 규제는 무의미한 일이 되었다. 다만 1990년대 이후 본격적으로 시작된 정보화시대에 대비한 측면은 있었으며 여론조사 회사도 인터넷 기법을 활용하고 추적(패널)조사를 강화하는 등 다양한 노력을 경주했다. 프랑스의 이러한 노력은 서서히 결실을 맺고 있다.

미국 역시 공화당과 민주당이 번갈아 집권하는 양당제 국가이다. 연방 상·하원에도 두 당 소속만 99.99% 당선되며 버니 샌더스Bernie Sanders 같은 무소속 출신이 간헐적으로 진출한다. 따라서 대통령직무수행(job approval)에 대한 조사는 초선일 경우 곧 재선 가능성을, 재선일 경우에도 대통령 소속 정당이 재집권할 가능성을 가늠해보는 중요한 잣대가 된다.

미국대선 돌풍의 주역 버니 샌더스

미국갤럽(갤럽US)은 일간, 주간, 월간, 분기별로 대통령 직무수행 및 호감도 등 여론조사를 실시하고 이를 공개한다. 그 설문 설계내용을 들여다보면 이른바 2점 척도를 사용한다. 직무수행에 관해서는 '찬성/반대(approval/unapproval)'로 구분하고, 호감도는 '호감/비호감(favorable/unfavorable)'으로 구분한다. 이는 공화당과 민주당 등 양당만 있는 미국 특성에 안성맞춤형이다. 한마디로 이론의 여지가 없다.

따라서 양당 체제인 미국은 대통령에 관한 지지도나 인기도 등 어떠한 여론조사도 나름 의미가 있다. 2차 대전 이후 미국갤럽 월간지지율 평균이 40%대에 그친 해리 트루먼Harry Truman, 린든 존슨Lyndon Johnson, 제럴드 포드Gerald Ford, 지미 카터, 조지 W. 부시, 버락 오바마 등 6명의 대통령

은 예외 없이 100% 정권교체를 허용했다. 리처드 존슨Richard Nixon은 직무
수행에 관한 긍정비율이 평균 49%를 유지했으나 재선 이후 20개월의 재임
기간에는 겨우 34.4%에 머물렀다. 이 때문에 그는 탄핵 직전까지 갔고 결국
사임하고 말았다.

트루먼(36.5%)과 조지 W. 부시(36.5%) 역시 재선 때만 한정하면 지지율이
고작 30%대에 머물렀다. 버락 오바마도 2기 지지율(46.7%)이 전체 평균을 더
많이 깎아먹는 바람에 힐러리 낙선의 결정적인 빌미를 제공했다. 드와이트
아이젠하워Dwight Eisenhower는 재선에 성공한 다음 달인 1956년 12월 당시
최고 79%부터 1958년 3월에는 최저 48%까지 지지율이 심하게 널뛰기를 했
다. 그것이 정권교체를 허용한 주된 원인이었다. 린든 존슨은 1968년 대선
실시 3개월 전 35% 지지율로 같은 당 소속 휴버트 험프리Hubert Humphrey
대통령후보에게 고춧가루를 뿌렸다. 조지 HW 부시 역시 1992년 대선 4개월

〈표 14〉 2차 대전 이후 미국대통령의 직무수행 지지율 (단위 : %)

연번	기간	소속정당	이름	평균 긍정비율	비고
1	1945.4~1953.1	민주당	해리 트루먼	45.4	정권교체허용
2	1953.1~1961.1	공화당	드와이트 아이젠하워	65.0	정권교체허용
3	1961.1~1963.11	민주당	존 F 케네디	70.1	사망
4	1963.11~1969.1	민주당	린든 존슨	55.1	정권교체허용
5	1969.1~1974.8	공화당	리처드 닉슨	49.0	탄핵 전 사임
6	1974.8~1977.1	공화당	제럴드 포드	47.2	정권교체허용
7	1977.1~1981.1	민주당	지미 카터	45.5	정권교체허용
8	1981.1~1989.1	공화당	로널드 레이건	52.8	
9	1989.1~1993.1	공화당	조지 HW 부시	60.9	정권교체허용
10	1993.1~2001.1	민주당	빌 클린턴	55.1	정권교체허용
11	2001.1~2009.1	공화당	조지 W. 부시	49.4	정권교체허용
12	2009.1~2017.1	민주당	버락 오바마	47.9	정권교체허용

※ 출처 : 데이터정경연구원(2020)/원시데이터 : 미국갤럽, 단 월간평균 긍정지지율임

전 29%라는 부끄러운 지지율로 단임 대통령 기록을 남겼다. 2기 당선 당시 58% 지지율로 시작한 빌 클린턴은 앨 고어Al Gore와의 대통령선거전을 57%로 맞이했으니 그나마 선방한 셈이다.

미국갤럽의 2점 척도를 직수입한 한국갤럽도 우리나라 대통령 직무수행 평가를 주간리포트로 공개한다. 그 방식 역시 직수입한 '잘함–잘못함' 등 2점 척도이다. (아무 쪽도 아님, 모름·무응답은 별도이다) 이것은 정당지지도 조사에서 민주당(한국당) 아니면 한국당(민주당) 둘 중 하나만을 선택하도록 하는 일종의 강요된 선택지라고 할 수 있다. 그러나 우리나라의 경우 형식적 대통령제라는 측면은 미국이나 프랑스와 같지만 내용 면에서는 미국·프랑스와 상당히 다르다.

우선 우리나라는 다당체제가 수시로 등장한다. 프랑스 같은 결선투표가 없는 상태에서 1987년 이후 대선에서 15% 이상 엄청난 득표력을 보여준 제3후보가 19대 안철수까지 모두 네 차례나 출현했다. 그래서 대통령 당선인도 박근혜 단 1차례만 제외하고 여섯 차례 모두 득표율 50% 미만이다. 특히 노태우 당선인은 30%대이고, 제3후보가 강력했던 김영삼–김대중–문재인 당선인도 42% 미만의 득표율이다. 또한 국회의원 선출은 결선투표 없는 소선거구제가 기본으로 되어 있으니 총 여덟 차례의 총선에서 절반인 네 차례가 다당체제, 즉 평균 2.5당 체제이다. 그럼에도 불구하고 미국이나 프랑스에서하는 대통령 국정수행 지지도 여론조사와 우리 한국의 대통령 국정수행 지지도를 단순하게 비교하는 방식이 과연 옳을까?

여론조사의 원조는 미국이다. 19세기 초 대통령선거 결과예측을 위한 모의투표(straw poll)*가 그 기원이다. 이후 비례할당방식(quota sampling)에 의한

---

* 『교양영어사전』(인물과사상사)에 따르면, 미국 대선에서는 1824년 《해리스버그펜실베이니언Harrisburg Pennsylvanian》 신문을 통해 최초로 여론조사가 선을 보였으며 이때 straw poll이라는 용어도 처음 사용됐다.

소수 표본조사라는 근대식 여론조사가 본격적으로 이루어지기 시작하는데, 대표적인 기관은 바로 1935년 조지 갤럽George Gallup이 설립한 갤럽(Gallup poll)이다. 그 전에는 무턱대고 수십만 내지 수백만 명씩 많은 표본을 표집하면 할수록 더 좋은 결과 값을 얻는다는 단순한 방식에 의존했다. 따라서 1936년 프랭클린 루스벨트 대통령 재선 당시 겨우 1년 밖에 안 된 신생 조사기관인 미국갤럽이 오늘날과 유사한 소수자 표본 및 비례할당 방식의 여론조사를 실시해 세상을 놀라게 했다.

세월은 흐르고 흘러 2012년 미국갤럽은 오바마 낙선을 점치는 바람에 큰 망신을 당하고 2016년 대선 예측을 포기한다. 그러나 《LA타임스》-USC와 경제전문지 《IBD-TIPP》 등 두 곳은 트럼프 승리를 맞췄다. 힐러리가 무시한 러스트벨트의 반란, 침묵하는 저학력 층 다수 백인의 울분을 제대로 읽어냈으며 트럼프의 3% 우세를 예측했다.

우리나라도 1987년 13대 직선 대통령 선거가 부활하면서 막대한 비용을 들이는 여론조사가 본격적으로 등장했다. 지금은 매주 대통령의 국정운영 지지도와 각 정당별 지지도를 한국갤럽과 리얼미터 등 두 군데 여론조사기관에서 발표하고 있다. 그러나 우리나라의 여론조사와 보도는 총선만 6연속 엉터리였으며 지방선거도 2010년과 2014년 등 이미 여러 차례이다. 이는 양당 구도를 상식으로 보는 미국이나 프랑스식 고정관념이 부른 화근 때문이다.

20대 총선 당시 《경향신문》은 "5% 이내로 상당수가 당락이 갈리고 특히 의석이 절반이나 집중돼 있는 수도권 야권 분열은 새누리당에게 어부지리를 안겨준다"며 대대적으로 엄포를 놓았다. 개표 결과 이는 새빨간 거짓말, 근거 없는 것으로 드러났다. 당시 야권분열로 인해 새누리당-더불어민주당-국민의당 후보가 동시에 출마한 선거구는 전국적으로 총 165곳이다. 이 가운데 각각 여야 텃밭인 대구·경북과 호남을 제외하면 132곳이다. 그중에서 야당 후보가 승리한 곳은 85곳으로 승률은 64.3%이다. 이는 야권 전체 지역구 당선인 승률(55.7%)보다 훨씬 더 높다. 수도권 5% 이내 격전지만 따로 떼놓아도 총 28곳이다. 이 가운데 민주당 17곳, 국민의당 1곳, 새누리당 10곳이 각각 의석을 나눠 가져갔다. 야권후보의 당선비율 또한 비교적 높은 64.3%이다.

따라서 정치 시스템이 다르면 여론조사도 근본적으로 달라야 한다. 비록 소선거구이지만 우리 대한한국 유권자는 미국이나 프랑스와 전혀 다르게 다당체제를 강력히 열망해오고 있다.

7

여론조사의 비과학성은 세계적인 현상

근대 민주주의의 발상지인 영국은 입헌군주제를 채택하고 있다. 하지만 국왕은 상징적 존재일 뿐 실권이 없다. 영국의 정치 시스템은 또한 기본적으로 내각책임제이다. 비례대표 국회의원제도 자체가 없고 철저한 소선거구 다수 득표 방식에 따라 겨우 30%대 득표율로도 과반의석이 빈번하게 출현할 수 있다.* 따라서 네덜란드, 스웨덴 등 대륙형 '비례대표제 + 내각제' 국가처럼 여러 개 정당으로 구성하는 연립정부가 일반적이지 않다. 즉 놀랍게도 2차 대전 이후 스무 차례 치러진 총선에서 제1당이 단독 과반수에 미달한 건 단 세 차례뿐이다**.

그런 까닭에 심지어 철의 여인 마가렛 대처Margaret Thatcher 총리의 20년 이상 장기집권도 가능했다. 그리고 선진국 치고는 50~70%대 초반 사이의

---

* 2015년 총선에서 보수당은 36.8%의 득표율로 의석은 50.7%를 차지했다. 2005년 총선 때는 노동당이 35.2%의 득표율로 의석비율 54.6%를 점유하였다.
** 1974년 2월 총선은 과반 정당도 없었고 연정협상이 교착상태에 빠지자 8개월 만에 재선거를 치렀다. 2010년과 2015년 총선 후에는 보수당 주도의 연정이 성립되었다.

낮은 투표율을 보이고 불완전한 양당 체제를 유지하고 있기 때문에 여론조사를 통한 당락 예측이 좀처럼 쉽지 않다. 결국 무늬만 내각제일 뿐 사실상 우리나라 '소선거구 + 제왕적 대통령제'와 비슷한 정치시스템인 셈이다.

2010년 5월 실시된 영국 총선 개표결과는 제1야당 보수당이 36.1%, 집권 노동당은 29.0%, 그리고 제2야당인 자민당도 무려 23.0%를 얻었다. 하지만 의석은 총 650석 가운데 보수당이 306석, 노동당 258석, 자민당 57석 등을 각각 나누어 가졌다. 단독으로 과반의석(326석)을 차지한 정당은 없었으나 제1당에 오른 보수당이 연정협상 과정에서 주도권을 갖게 되었고, 데이비드 캐머런David Cameron은 1997년 토니 블레어Tony Blair에게 내준 정권을 13년 만에 되찾아오게 된다. 이로써 '보수당 + 자민당' 연합은 1929년 성립한 '노동당 + 자유당' 연합 이후 영국에서 무려 81년 만에 출현한, 보기 드문 총선 연립정권이었다.

캐머런이 총리를 맡아 내각을 이끌고, 자민당 당수 닉 클레그Nick Clegg가 부총리를 맡아 서로 호흡을 맞췄다. 그리고 5년 후 2015년 5월 총선에서 캐머런은 다시 과반수에 도전했다. 이번에는 많은 선거 분석가들과 여론조사 기관들이 보수당과 노동당 간 막상막하를 예측했다. 거듭된 정부의 재정적자 때문에 5년 전 정권이 교체됐으나 그 책임자 규명을 제대로 하지 못해서 총선 사상 처음으로 실시된 TV생중계 토론은 긴축문제가 주된 화제로 등장했다.

하지만 막상 개표결과를 받아보니 노동당과 자민당이 허를 찔렸다. 노동당은 전문가들의 예상치보다 낮은 의석을 얻었는데, 그 손실은 주로 스코틀랜드에서 참패한 결과에서 발생하였다. 즉 스코틀랜드에 배정된 59석 가운데 56석을 석권한 스코틀랜드민족당(SNP)*이 기존 노동당 의석을 무려 39석

---

* 스코틀랜드 분리·독립을 주장하는 중도좌파 성향의 민족주의 정당이다. 1934년 창당했

이나 가져가는 바람에 노동당은 5년 전보다 득표율은 1.4%가 증가했음에도 불구하고 의석은 24석이나 줄었다. 보수당의 연정 상대였던 자민당 역시 1970년 총선(12석 → 6석) 이래 가장 큰 참패(56석 → 8석))를 당했다. 곧 자민당은 45년 만에 한 자리 수 의석을 얻는 큰 수모를 겪었다. 자민당이 새롭게 추가한 의석은 제로(0)였으나 빼앗긴 의석은 48석에 이르렀다. 그 가운데 공동여당 보수당에게 26석, 노동당 12석, 그리고 스코틀랜드민족당에게도 10석이나 잃고 말았다.

한편 캐머런 총리가 이끄는 보수당도 득표율은 겨우 0.7% 늘린 36.8% 획득하는 데 그쳤다. 그렇지만 의석수는 무려 24석이나 늘린 330석으로 단독 과반수(326석)를 가볍게 넘겼다. 이렇듯 영국식 소선거구 다수득표제도는 엄청난 초과 의석을 발생시키는 악법 중의 악법이다. 근대 대의민주주의가 만들어낸 심각한 맹점이다. 그렇기 때문에 심지어 더 낮은 득표율을 얻고도 더 많은 의석을 차지하는 등 여론조사에서도 정확한 예측은 쉽지 않다.

〈표 15〉 2015년 영국 총선 개표결과 및 초과의석 비교 (단위 : %, 석)

구분/정당명	보수당	노동당	자유민주당	스코틀랜드민족당
득표율	36.8	30.4	7.9	4.7
의석수	330	232	8	56
의석비율	50.8	35.7	1.2	8.6
초과의석수	91	34	−43	25

※ 출처 : 데이터정경연구원(2020)/원시데이터 : 영국하원 홈페이지

으며 스코틀랜드 의회에서는 다수당이며 자치정부를 맡고 있다. 2015년 영국 총선에서 겨우 8.6% 득표율로 스코틀랜드에서만 56석을 획득했으며, 2019년 총선에서도 스코틀랜드 지역에서 35석을 얻으며 3당을 유지했다.

기관명	조사기간	표본수	조사방법	보수당	노동당
Opinium	5월 4~5일	2,960	온라인	35	34
Survation	5월 4~6일	4,088	온라인	31	31
Ipsos MORI	5월 5~6일	1,186	전화	36	35
ICM	5월 3~6일	2,023	전화	34	35
ComRes	5월 3~5일	2,015	전화	35	34
Populus	5월 5~6일	3,917	온라인	33	33
YouGov	5월 4~6일	10,307	온라인	34	34
Panelbase	5월 4~6일	3,019	온라인	31	33
8개 기관 평균				33.6	33.6
5월 7일 개표투표				37.8	31.2
여론조사-개표결과				−4.2	2.4

※ 출처 : 영국여론조사위원회(BPC)/허용오차 ±3%/단, 개표결과는 유효득표율로만 계산

한편 2015년 영국 총선만큼 엉터리 여론조사가 화제를 낳은 적도 없다. 집권 보수당의 압승을 보수당과 노동당의 초 접전으로 예측했다가 세계인의 웃음거리를 산 것이다. 총선 전부터 약 3개월 이상 실시해 공개한 91개 여론조사를 보면 단 19개만이 오차범위 2%를 초과하며 보수당 승리를 예측했고, 나머지 72개는 보수당과 노동당이 거의 동률을 기록할 것으로 전망했다. 총선 1~2일 전까지 영국여론조사위원회(BPC)*소속 8개 회원사가 발표한 최종 조사결과 역시 그 평균치는 보수당 33.6% 대 노동당 33.6%로 두 당 지지율은 정확하게 일치한다. 심지어 8개 조사기관 가운데 ICM리서치 등 2개 기관은 노동당의 승리를 예측할 정도였다. 그만큼 2015년 총선은 분위 상으로는 대혼전이었다.

* 영국여론조사업체의 연합회로 소속사의 여론조사 결과 등을 자율 공개한다. 2019년 12월 현재 23개 사가 가입해 있으며 정치조사는 10개 사 안팎이 참여한다.

그러나 BPC가 생각한 만큼 조사 정확도는 매우 떨어졌다. 즉 여론조사에서는 보수당을 4.2% 과소평가했으며 노동당은 2.4% 과대평가했다. 이 둘을 더 하고 빼면 오차는 ±6.6%이다. 결국 영국여론조사위원회는 시장조사협회(MRS)와 합동으로 이와 같은 명백한 편향이 발생한 원인을 분석하고 향후 좀 더 과학적인 조사실시를 위한 외부 의뢰 방식의 객관적인 분석에 착수했다. 그 책임자는 사우스햄튼대 여론조사 학자인 패트릭 스터지스Patrick Sturgis 교수가 맡았고 이듬해 3월 말 보고서를 제출했다. 그리고 고려사항에는 투표 선호도, 표본추출 방법과 인터뷰 태도, 가중치 및 필터링(적격표본 걸러내기), 대상자의 범위, 투표참여 의향, 각 질문 순서와 표현내용 등이 포함되었다. 또한 1945년 총선 때부터 발생한 패턴인지 여부에 대하여도 시계열로 평가하기로 하였다.

〈표 17〉 2016년 영국 브렉시트 여론조사와 국민투표결과 (단위 : %)

기관명	조사 기간	표본 수	조사 방법	잔류 (친 보수당)	탈퇴 (반 보수당)	비고
ORB	6월 14~19일	877	전화	54	46	오차 밖
Survation	6월 20일	1,003	전화	51	49	오차범위
ComRes	6월 17~22일	1,032	온라인	54	46	오차 밖
Opinium	6월 20~22일	3,011	온라인	49	51	오차범위
YouGov	6월 20~23일	3,766	전화	51	49	오차범위
Ipsos MORI	6월 21~22일	1,592	온라인	52	48	오차범위
Populus	6월 21~22일	4,740		55	45	오차 밖
7개 기관 평균				52.3	47.7	
6월 24일 개표결과				48	52	
여론조사–개표결과				4.3	−4.3	

※ 출처 : 영국여론조사위원회(BPC)/허용오차 ±3%/단, 개표결과는 유효득표율로만 계산

∷∷ 영국 여론조사위원회는 부단한 자정노력을

2016년 6월 24일 영국 보수당이 추진한 브렉시트 국민투표가 실시된다. 경제적인 이유 등으로 유럽연합을 탈퇴하겠다는 사상 초유의 일이었기 때문에 전 세계가 주목했다. 투표 막바지 영국여론조사위원회 소속 7개 기관이 실시해 공개한 결과를 보면, EU잔류가 평균 52.3% 대 탈퇴가 47.7%이다. 그러나 개표결과는 정반대인 48% 대 52%이다. 찬반 결과 자체는 뒤집혔으나 그 격차는 4.3%로 다행히 허용된 오차범위(±3%) 이내였다. 경마식으로 보도를 하는 언론사들은 일제히 조사기관의 무능을 탓했으나 이번만큼은 그나마 정확도가 조금은 나아졌다. 즉 EU탈퇴를 예측한 조사기관이 오피니엄(Opinium)리서치 단 한 곳이었고, 네 곳은 오차범위 이내, 나머지 세 곳은 오차범위를 벗어났다.

2015년 총선 여론조사 오류를 분석한 이후 적지 않은 기대를 해온 영국여론조사위원회 입장에서 보면 이 결과도 매우 실망스러웠다. 특히 샘플링 오류가 있는 3개 기관의 조사가 EU잔류 투표점유율을 과대평가했기 때문인 것으로 또 한 차례 분석되었다. 한편 BMG리서치와, 시장조사전문기관인 유고브(YouGov), 그리고 입소스모리(Ipsos MORI) 등 3개 기관이 투표당일 조사를 실시해 공개했다. 그중 유고브만이 잔류 48% 대 탈퇴 52%로 정확하게 예측했다. 조사방식은 온라인이고 표본 수는 다른 조사보다 월등하게 많은 4천772명이다.

이에 따라 존 커티스John Curtice BPC위원장은 EU잔류에 대한 동의를 과대평가한 회원사의 편향을 다시 한 번 정밀하게 평가하고 6개월 이내에 공개하겠다고 밝혔다. 그럼에도 불구하고 테레사 메이Theresa May 총리가 브렉시트 절차에 국민의 신임과 안정 의석 확보를 목적으로 실시한 2017년 조기총선에서 막판 9개 조사기관의 여론조사는 또 다시 노동당에 대하여 5.2%

나 과소평가가 이루어진다. 특히 단 2개 조사 기관만이 오차범위 이내이고 나머지 7곳은 허용오차 범위마저도 최고 5%까지 벗어나버렸다.

〈표 18〉 2017년 영국총선 여론조사와 개표결과 (단위 : %)

기관명	조사기간	표본수	조사방법	보수당	노동당
Opinium	6월 4일	3,002	온라인	43	36
Survation	6월 6~7일	2,798	전화	41	40
Ipsos MORI	6월 6~7일	1,291	전화	44	36
ICM	6월 6~7일	1,532	온라인	46	34
ComRes	6월 5~7일	2,051	온라인	44	34
YouGov	6월 5~7일	2,130	온라인	42	35
Panelbase	6월 2~7일	3,018	온라인	44	36
Kantar Public	6월 1~7일	2,159	온라인	43	38
BMG	6월 6~7일	1,199	전화/온라인	46	33
9개 기관 평균				43.7	35.8
6월 8일 개표투표				43.5	41.0
여론조사-개표결과				0.2	-5.2

※ 출처 : 영국여론조사위원회(BPC)/허용오차 ±3%/단, 개표결과는 유효득표율로만 계산

보리스 존슨Boris Johnson 총리는 보완된 브렉시트 협약을 의회에 보냈으나 비준을 거부당했다. 그가 2019년 12월 승부수를 걸고 치른 조기총선에서도 보수당은 압승했다. 이때는 그동안 조사방법론 등을 평가한 결과가 빛을 발했다. 선거기간 내내 대부분의 여론조사는 보수당이 오차범위 밖에서 노동당을 따돌리는 것으로 예측되었다. 또한 11개 조사기관의 막판 여론조사와 개표결과를 비교하면 보수당은 1.4% 과소평가, 노동당은 0.5% 과대평가로 두 당 모두 오차범위 이내이다. 실제 개표결과도 보수당이 노동당을 상대로 1987년 총선(147석 차이) 이래 가장 큰 격차인 162석 차이의 대승을 거뒀다.

〈표 19〉 2019년 영국총선 여론조사와 개표결과 (단위 : %)

기관명	조사기간	표본수	조사방법	보수당	노동당
Qriously	12월 5~8일	2,222	온라인	43	30
ICM	12월 6~9일	2,011	온라인	42	36
YouGov	12월 4~10일	105,612	온라인	43	34
Savanta ComRes	12월 9~10일	1,732	온라인	41	36
BMG	12월 6~11일	1,660	온라인	41	32
Ipsos MORI	12월 9~11일	2,213	전화	44	33
Kantar	12월 9~11일	2,815	온라인	44	32
Deltapoll	12월 9~11일	1,818	온라인	45	35
Survation	12월 10~11일	2,395	전화	45	34
Panelbase	12월 10~11일	3,174	온라인	43	34
Opinium	12월 10~11일	3,005	온라인	45	33
11개 기관 평균				43.3	33.5
12월 12일 개표투표				44.7	33.0
여론조사-개표결과				-1.4	0.5

※ 출처 : 영국여론조사위원회(BPC)/허용오차 ±3%/단, 개표결과는 유효득표율로만 계산

2015년 총선 당시 엉터리 여론조사 공표로 톡톡하게 망신을 당한 이후 영국여론조사위원회는 자구책 마련을 위한 노력을 수차례 시행한다. 그 결과 소속사별로 한 가지 이상 표본구성 등을 개선하는데 다음과 같다. 이는 2016년 3월 「스터지스 보고서(Sturgis Report)」*를 참고해 각 회사별로 발표한 내용이다.

투표참여율 예측모델을 개선한다. 투표율을 결정하는 가장 중요한 요인 두 가지는 '연령과 사회적 지위social grade'라는 점이다. 따라서 투표율 예측을 위한

---

* 「2015 영국총선 여론조사 연구보고서(Report of the Inquiry into the 2015 British general election opinion polls)」 2016년 3월 31일, 존 커티스(John Curtice) 외 8명

새로운 방법론을 개발하고 차후 조사 때부터 사용한다. 이를 2015년 총선 여론조사와 비교·분석했더니 보수당 득표율은 확실하게 반등하는 효과가 나타났다. 결국 각 정당 지지층별로 투표율을 정확하게 측정하는 것이 매우 중요하다.

ComRes

정치에 대한 관심도 및 지난 선거에 참여해 온 이력에 대한 가중치를 부여한다.

ICM리서치

고학력 유권자는 투표율이 높은 데 반해 과다 샘플링된 점을 확인했다. 그래서 신문독자 및 학력별 가중치 부여, 투표율 필터변경 등 3가지 방법론으로 수정한다. 투표율 필터는 투표가능성을 1부터 10(무조건 투표)까지로 구분한 다음 투표빈도를 측정하여 이를 점수화 한 방식이다.

입소소모리

투표할 의사, 연령, 마지막 총선투표 여부에 따라 측정된 '투표가능성 모델'을 개발하여 사용한다. 우편투표*에 대한 질문을 하고 이미 투표한 경우는 더 이상 투표할 가능성을 묻지 않음으로써 중복조사를 방지한다.

TNS UK

특정정당(후보)에 대한 투표의사를 계산할 때는 소속정당 대표자에 대한 지지도를 별도로 조사해 가중치를 반영한다.

오피니엄

인종별, 거주기간, 자동차보유 여부, 외국여행 여부 등 다양한 패널을 할당한다. 이는 온라인 조사이기 때문에 가능하다.

ORB인터내셔널

정치적 관심도가 높은 청년층 편향 문제를 인식하고 새로운 패널 모집과정에

---

* 우편투표 비중은 2010년 총선 때 15.3%이고, 2015년 16.4%와 2017년 18%로 계속 증가 추세이다. 2017년 총선을 기준으로 투표율도 우편투표가 85.1%이며 직접투표(65.9%)보다 훨씬 높다.

서 정치 관심도가 낮은 청년 패널을 적정비율 만큼 늘린다. 과다 할당된 대학 졸업 패널을 축소하거나 신문구독자 패널을 도입해 적정 할당만큼만 반영한다. 특히 젊은 연령대에서 고학력자 비율을 줄임으로써 노동당 지지가 과대 대표되는 현상을 막았다. 60세 이상으로 뭉뚱그린 노인 패널을 65세 이상으로 변경하여 보수당 지지층을 명확하게 구분한다. 그 결과 이전에는 60~64세 사이가 과잉 대표된 패널로 노동당 지지가 높았으나 노동당 여론조사 지지율도 다소 하락하였다.

유고브[*]

〈표 20〉 1990년 이후 영국총선 결과 및 마지막 여론조사와 비교 (단위 : %)

연도	조사기관수	보수당	노동당	자민당	비고
2010	10	−0.7	−1.4	4.4	자민당 과대평가
2005	5	0	2.2	0.6	노동당 오차이내 과대평가
2001	10	−1.6	4.6	−1.0	노동당 과대평가
1997	10	−0.5	5.4	−1.7	노동당 과대평가
1992	9	−4.3	5.2	1.4	보수당 과소, 노동당 과대평가

※ 출처 : 데이터정경연구원(2020)/원시데이터 : 영국여론조사위원회(BPC) 및 영국하원/여론조사 평균치는 단순평균이며 득표율은 전체 선거인 대비임

한편 2017년 총선을 제외하면 선거 막바지 여론조사까지 노동당 과대대표 현상은 계속되어왔다. 이와 반대로 보수당 과소평가는 두 차례나 발생했다. 이는 스터지스 보고서가 밝힌 바대로 표본할당을 잘못한 것이 주된 원인이다. 영국과 같은 정치 선진국도 이러한 오류가 반복되지만 그것을 시정하기 위한 민(여론조사위원회)−관(국립연구방법센터)−학(정치학회 및 조사학회) 간 연계노력은 끊임없이 이어진다. 바로 이 점이 우리나라와 전혀 다르다.

[*] 「2015년 이후 투표는 어떻게 변화했는가How have the polls changed since 2015?」 2017년 5월 26일, 영국여론조사위원회(BPC)−정치학회−국립연구방법센터(NCRM) 공동아카데미 보도자료 참고.

미국 대통령선거에서도 여론조사의 비과학성은 도마 위에 올랐다. 2012년 대선 때는 US갤럽이 오바마 낙선을 예측해 망신을 샀고, 2016년에는 세계 수준급 여론조사기관 대부분이 자신 있게 힐러리 당선을 장담했다가 이를 수습하기 위해 《미국여론조사협회AAPOR》 차원에서 부랴부랴 진상규명 특별위원회를 설치하는 등 난리가 아니었다.

한편 2016년 11월 미국 대통령선거를 한 마디로 표현하면 '샤이 트럼프 shy Trump*' 현상이다. 샤이 트럼프는 지역과 계층을 막론하고 고르게 나타났다. 첫째 지역을 살펴보면 흔히 미시간, 펜실베이니아, 위스콘신 등 이른바 러스트벨트Rust Belt** 3개 주의 반란이라고 부른다. 전체 득표수를 무시하고 주별 선거인단 전체를 승자가 독식하는 미국형 간선제 대통령선거는 비록 전국 득표율이 낮아도 백악관 주인으로 입성할 수 있는 독특한 셈법이 통한다. 그렇기 때문에 도널드 트럼프까지 포함해 벌써 다섯 번째 미국 대통령을 이 방식으로 배출한 바 있다.

이 가운데 펜실베이니아는 오하이오 및 플로리다와 함께 전통적인 3대 경합 주swing state이고, 미시간과 위스콘신은 사실상 민주당이 우세하다며 청색 주blue state로 분류를 해왔다. 따라서 2016년 대선 때도 46명의 선거인단이 걸린 이 러스트벨트만 잘 지켰어도 오히려 힐러리 클린턴이 273명 대

* 트럼프는 대선과정에서 무슬림과 멕시칸에 대한 인종차별적 비하, 여성관련 막말 및 음담 패설 파문 등으로 끊임없는 논란을 빚었다. 이 때문에 부끄럼타는(shy) 지지자들이 여론조사 때는 그 속내를 감쪽같이 숨기고 있다가 투표장에 가서야 진심을 드러냈다. 트럼프처럼 공공연하게 지지표명하기가 쉽지 않은 후보를 선택할 수밖에 없는 불가피한 상황이 샤이 표 발생의 원인으로 분석된다.
** 자동차산업의 중심 디트로이트, 철강업의 메카 피츠버그, 국제 기계전시장 밀워키가 속한 3개 주는 1870년대 이후 제조업이 호황을 누렸으나 20세기 후반부터 자동차산업 등이 파산하며 쇠락한 공업지대로 변했다. 공장설비에 녹이 슬었다(rust)는 뜻에서 붙은 이름이다.

258명으로 여유 있게 미국 첫 여성대통령 겸 첫 부부대통령 등 2관왕기록을 세울 수 있었다.

역대 선거데이터를 살펴보면 위스콘신은 1984년, 미시간과 펜실베이니아는 1988년 대선 이후 공화당이 각각 32년과 28년 만에 처음으로 승리하였다. 4년 전과 비교하면 트럼프는 러스트벨트 3개 주와 전통 경합 주 2곳(오하이오, 플로리다) 모두 상대방으로부터 빼앗아왔으나 힐러리는 공화당 우세주를 단 한 곳도 빼앗지 못했다. 심지어 미국 유명 정치전문매체 폴리티코 Politico가 경합 주로 분류한 11곳 대부분에서 힐러리는 크게 밀리며 결정적인 패배를 당하고 말았다. 즉 이들 경합 주에 배정된 선거인단은 146명으로 전체 선거인단 대비 무려 27.1%에 달할 정도로 큰 비중이었으나 그 가운데 트럼프가 114명, 힐러리는 32명을 각각 나누어가졌다. 두 후보 사이의 격차는 이곳에서만 자그마치 82명으로, 이는 고스란히 최종 격차(77명)로까지 이어졌다. 특히 힐러리는 전국적으로는 286만 여 표를 얻었으나 이 11곳 경합주에서만큼은 오히려 약58만 표(득표율 힐러리 46.87% 대 트럼프 48.19%)를 뒤지고 말았다. 이것이 바로 힐러리가 전국 득표율을 2.1% 앞서고도 선거인단에서 일방적으로 패배를 당한 주된 이유였다.

〈표 21〉 2016년 미국 대통령선거 주요 개표결과 (단위 : %, 명, 표)

	트럼프	힐러리	비고
전국 득표율	46.09	48.18	격차 -2.09
전국 선거인단	304	227	기타 7명/격차 77명
미시간	47.50(2,279,543)	47.27(2,268,839)	선거인단 16명
펜실베이니아	48.18(2,970,733)	47.46(2,926,441)	선거인단 20명
위스콘신	47.22(1,405,284)	46.45(1,382,536)	선거인단 10명

※ 출처 : 데이터정경연구원(2020)/원시데이터 : 2016년 미국연방 대통령선거통계/기타 7명은 반란표

지금까지도 원인 분석에 대한 논란이 분분한 러스트벨트 3개 주의 트럼프-힐러리 간 득표율 격차는 미시간(0.23%), 펜실베이니아(0.72%), 위스콘신(0.77%) 등 각각 1% 미만이다. 3개 주 평균 역시 47.74% 대 47.18%로 진땀 흐르는 0.56%이다. 무려 46명의 선거인단이 걸린 이 3개 주의 득표수 차이도 총 7만 7천표에 불과하다. 힐러리로서는 미시간에서 1만 7백 표 때문에 16명 선거인단을 몽땅 빼앗겨 뼈아픈 일이었으나 트럼프로서는 철저한 선거 전략의 승리였다.

〈표 22〉 2016년 미국 대통령선거 경합 주 개표결과 (단위 : %, 명)

주(선거인단)	트럼프	힐러리	주(선거인단)	트럼프	힐러리
플로리다(29)	49.02	47.82	버지니아(13)	44.41	49.73
펜실베이니아(20)	48.18	47.46	위스콘신(10)	47.22	46.45
오하이오(18)	51.69	43.56	콜로라도(9)	43.25	48.16
미시간(16)	47.50	47.27	아이오와(6)	51.15	41.74
노스캐롤라이나(15)	49.83	46.17	네바다(6)	45.98	47.50
뉴햄프셔(4)	46.61	46.98			
득표수 계	21,107,840	20,528,069	선거인단 계(146)	(114)	(32)

※ 출처 : 데이터정경연구원(2020)/원시데이터 : 2016년 미국연방 대통령선거통계

2016년 미국 대선은 전국단위 여론조사기관뿐만 아니라 지역기반 조사기관들도 샤이 트럼프 현상을 제대로 읽어내지 못했고 힐러리에 대한 편향이 대단히 심했다. 9월 이후 주별 및 선거구별*로 실시하여 공표한 여론조사는 총 525개이다. 이 가운데 오차범위 밖에서 힐러리 우세는 213개이고 트럼프 우세가 162개이다. 그리고 오차범위 이내 접전은 150개이다. 즉 예측조사 비중으로만 보면 40.6% 대 30.8% 승률로 힐러리의 당선은 따 놓은 당상이었다.

* 메인 및 네브라스카는 주 전체(2명) 및 하원의원 선거구별(각 1명씩)로 선거인단을 별도 배정한다.

러스트벨트 3개 주만 따로 살펴보면 11월 이후 최종 조사와 그 결과를 내보낸 언론사·조사기관은 총 30곳*이다. 그중 허용오차범위 밖에서 힐러리 당선을 예측한 곳이 16개, 오차범위 이내(8개)까지 포함하면 무려 80%가 힐러리 승리를 점쳤다. 나머지는 세 개가 무승부, 그리고 또 세 개가 트럼프 승리를 예측했다. 즉 트럼프 당선에 대한 예측비율은 불과 10%로 이 정도면 사실상 상황 끝이라고 보아야 한다.

그렇지만 트라팔가그룹Trafalgar Group만큼은 전혀 달랐다. 친 공화당계열로 조지아 주를 기반으로 하는 컨설팅·조사전문인 이 회사는 7월 말부터 거의 유일하게 러스트벨트와 플로리다 등 접전지역에서 꾸준하게 트럼프 우세라고 내보냈다. 특히 미시간과 펜실베이니아 등 러스트벨트 두 곳은 오차범위 이내에서 트럼프 승리를 정확하게 읽어냈고 이는 그대로 적중했다. 트라팔가그룹은 경합주 11곳 가운데 막판 8곳에서 여론조사를 진행했고 7곳의 승자를 맞췄다. 승률 예측은 무려 87.5%이다. 콜로라도에서도 정확하게 힐러리 승리를 점쳤고, 승패 예측이 엇갈린 네바다에서만 오차를 감안하면 약 1% 차이로 트럼프가 당선된다는 예상을 내놓은 정도이다. 이처럼 특정 지역기반에 더하여 특정 당파성을 과학적으로 파악하고 있는 컨설팅 회사가 갖고 있는 노하우는 매우 돋보인다.

한편 위스콘신에서 트럼프 승리를 예측한 조사기관은 그라비스마케팅 Gravis Marketing이라는 낯선 곳이다. 전국을 영업대상으로 하며 시장조사 및 정치컨설팅 전문으로 2010년 설립된 신생 회사다. 이 기관은 마지막 조사에서 러스트벨트 3개 주 가운데 위스콘신에 대하여 트럼프 승리를 예측했으나 터무니없는 오차범위 밖이었다. 그러나 직전 조사(10월 31일, 표본수 2천606명,

---

*   미국여론조사기관협회(AAPOR : American Association for Public Opinion Research)에 공개한 여론조사를 바탕으로 표본수, 조사방법, 오차범위 이내까지 정확하게 발표한 기관에 한정하였다.

오차범위 ±1.9)에서는 힐러리(47%)와 트럼프(46%) 간 접전이라고 공표한 바 있다. 그리고 미시간과 펜실베이니아의 마지막 조사에서도 힐러리가 여유 있게 이기는 것으로 예측했다.

또한 친 민주당 성향으로 분류되는 공공정책조사PPP, Public Policy Polling 나 투명성캠페인연구소Clarity Campaign Labs 등 대부분의 조사기관은 러스트 벨트에서 힐러리 우세를 예측했다. 심지어 필라델피아를 중심으로 오랫동안 친 공화당 성향으로 발행돼온《모닝콜the Morning Call뉴스》와 미시간 남동 부 및 디트로이트광역권을 방송대상으로 하는 친 공화당TV《폭스2디트로이 트Fox2Detroit》조차 트럼프가 승리한다는 예상을 전혀 하지 못했다. 이런 엉 터리 여론조사의 홍수 속에서도 러스트벨트 3개 주를 정확하게 예측한 조사 기관은 유일하게 트라팔가그룹뿐이었다.

〈표 23〉 2016년 미국 대통령선거 러스트벨트 3개 주 최종 여론조사결과 (단위 : %)

	조사날짜	트럼프	힐러리	표본수	오차범위	
(1) 미시간						
트라팔가그룹	11월 6일	49	47	1,200	±2.77	이내
폭스2디트로이트/미첼리서치	11월 6일	41	47	1,011	±3.10	밖
공공정책조사	11월 3~4일	41	46	957	±3.20	밖
액시옴/레밍턴리서치	11월 3일	44	44	573	±4.10	
서베이몽키	11월 1~7일	44	44	3,145	±1.80	
그라비스마케팅	11월 1~4일	41	46	1,079	±3.00	밖
EPIC-MRA리서치	11월 1~3일	38	42	600	+4.00	밖
로이터/입소스	10월 31~11월 6일	45	46	342	±5.20	이내
YouGov/CCES대학교	10월 4~11월 6일	36	42	3,014	±1.80	밖
(2) 펜실베이니아						
그라비스마케팅	11월 3~6일	40	46	1,220	±2.80	밖
트라팔가그룹	11월 3~5일	48	47	1,300	±2.68	이내
유고브(YouGov)	11월 3~5일	43	45	931	±3.30	이내

	조사날짜	트럼프	힐러리	표본수	오차범위	
서베이몽키	11월 1~7일	43	46	2,845	±2.20	밖
투명성캠페인연구소	11월 1~4일	43	47	1,033	±3.10	밖
모닝콜/뮬런버그대학교	10월 24~11월 4일	40	44	405	±5.50	이내
하퍼폴링	11월 2~3일	46	46	504	±4.00	
레밍턴리서치/액시옴	11월 1~2일	45	46	2,683	±1.89	이내
서스퀘하나폴링&리서치	10월 31~11월 1일	43	45	681	±3.76	이내
몬머스대학교	10월 29~11월 1일	44	48	409	±4.90	이내
CNN/ORC	10월 27~11월 1일	44	48	799	±3.50	밖
퀴니피악대학교	10월 27~11월 1일	43	48	612	±4.00	밖
YouGov/CCES대학교	10월 4~11월 6일	41.2	42.7	3,704	±1.70	이내
(3) 위스콘신						
로라스칼리지	10월 31~11월 1일	38	44	500	±1.62	밖
서베이몽키	11월 1~7일	43	45	2,246	±2.53	이내
구글소비자조사	11월 1~7일	31	41	914	±1.03	밖
그라비스마케팅	11월 3~6일	47	44	1,184	±2.84	밖
공공정책조사	10월 31~11월 1일	41	48	891	±2.81	밖
레밍턴리서치	11월 1~2일	41	49	2,720	±3.26	밖
투명성캠페인연구소	11월 1~2일	43	47	1,129	±2.99	밖
YouGov/CCES대학교	10월 4~11월 6일	37.7	42.2	1,794	±3.00	밖

※ 출처 : 데이터정경연구원(2020)/원시데이터 : 미국여론조사기관협회(AAPOR) 및 각 회사 사이트

입소스Ipsos 같은 세계적인 여론조사기관은 물론이고 유고브YouGov나 구글 등 유명 시장조사기관조차 엉터리 예측을 할 수밖에 없었던 가장 큰 이유는 유권자들이 '최종 의사결정을 막판에 내린 까닭'이 상당히 크게 작용했다. 즉 부동층의 마지막 선택은 11월 1일(화)부터 6일(일) 사이 집중적으로 이루어진다. ABC뉴스, CBS뉴스, MSNBC, CNN, FOX뉴스 및 AP 통신 등 6개 언론사가 실시한 전국공동출구조사(National Election Pool) 결과를 살펴보면 2012년 당시 마지막 주에 지지후보를 결정한 유권자는 9%에 불과했으나, 2016년에

는 무려 13%로 껑충 뛰어오른다. 즉 오바마를 선택하기에 부담이 없던 자유주의자들은 2012년엔 그나마 투표장을 향하는 발걸음이 가벼웠으나, 포퓰리스트인 트럼프를 찍기 위해 집을 나선 보수 성향 유권자들은 무거운 발걸음으로 고뇌에 빠졌던 것이다. 특히 최종 의사결정에서 러스트벨트와 주요 경합주의 승부가 갈렸음은 출구조사를 통해 한 눈으로 알 수 있다.

〈표 24〉 2016년 대선 전국공동출구조사의 러스트벨트 및 주요 경합 주 현황 (단위 : %)

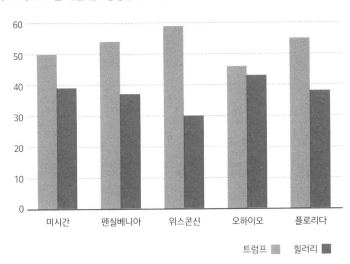

트럼프 ▨ 힐러리 ■

※ 출처 : Edison Media Research/조기투표자 전화조사 포함 표본수 24,558명/오차범위 ±4.0%

〈표 25〉 2016년 미국 대선 당시 마지막 여론조사 종합 (단위 : %, 명)

	트럼프	힐러리	경합	비고
〈전국 득표율〉	46.1	48.2		실제 개표결과
Real Clear Politics	43.6	46.8		전국 여론조사 종합
Five Thirty Eight	44.9	48.5		1,106개 여론조사 종합
〈선거인단〉				
RealClearPolitics	266	272		
FiveThirtyEight	215	323		

	트럼프	힐러리	경합	비고
뉴욕타임스	216	315		
워싱턴포스트	215	275	48	
월스트리트저널	215	278	45	
LA타임스	186	352		
ABC	188	274	76	
CNN	204	268	66	
NBC	170	274	94	
로이터/입소스	233	303	2	
〈승률〉				
Five Thirty Eight	28.6	71.4		
허핑턴포스트	1.7	98.2		
뉴욕타임스	16	84		
로이터/입소스	10	90		

※ 출처 : 데이터정경연구원(2020)

샤이 트럼프 발생의 두 번째 원인은 백인, 남성, 대학학력 미만, 고소득층 등 전통 공화당 지지자들은 물론이고 유색인종 및 청년층까지 지지를 넓히는 데 성공했기 때문이다. 즉 집토끼는 튼튼하게 지키고 산토끼를 공략하는 전략이 주효한 까닭이다. 이번에는 주로 인종별, 성별, 학력별, 연령별, 소득별 분석 등을 살펴보기로 한다.

미국에서 선거예측을 전문으로 하는 3대 웹사이트는 통계학자 네이트 실버Nate Silver가 만든 파이브서티에이티FiveThirtyEight와 정치 전문매체 리얼클리어폴리틱스RCP, Real Clear Politics, 그리고 유고브YouGov이다. 런던이 본사인 영국계 유고브는 2012년 대통령선거 때부터 서비스를 시작했기 때문에 사실 그 과학성을 제대로 갖췄다고 보긴 어렵다. 어쨌든 전국 득표율에서 힐러리가 우세하다는 전망을 제외하면 결과적으로 예측모델은 100% 다 틀렸다. 데이터저널리즘으로 우리나라에도 친숙한 리얼클리어폴리틱스는

2000년 '오늘의 주요 뉴스'를 제공하는 웹사이트로 출발했으며, 지능형 통계 예측 매체를 표방하다가 발전에 발전을 거듭하며 중립 성향의 종합미디어그룹으로 성장했다. 2013년에는 백악관기자협회의 인정을 받아 백악관 출입을 시작함으로써 정치전문 매체로 거듭 났다.

리얼클리어폴리틱스는 2014년 중간선거에서 공화당 하원선거 전국 득표율을 3.3%로 과소평가했다. 그리고 2016년 하원선거 역시 공화당 득표율을 1.7% 과소평가했으며 2016년 대통령선거 당시 트럼프에 대해서도 1.1% 과소평가하는 등 공화당에 대해 꾸준히 과소평가를 해왔다. 다만 오차는 적은 편이었다. 한편 2016년 대선 당시 선거인단 승부에서는 힐러리 272명 대 트럼프 266명으로 힐러리가 과반수(270명)를 가까스로 넘는 신승을 예고했다. 이는 플로리다를 비롯한 주요 경합 주를 판세 분석한 후 두 후보에게 배분한 결과를 반영한 것이다.

이 분석은 비록 트럼프의 패배를 예측했으나 그래도 당시 두 후보 간 격차(6명)가 가장 적었고 경합 주 단 1곳만 승부가 뒤바뀌면 역전도 가능한 수치였다. 특히 리얼클리어폴리틱스는 힐러리 우세 220개, 트럼프 우세 28개(오차범위 밖 8개), 동률 11개 등으로 나타난 전국단위 259개 여론조사를 분석해 이와 같은 예측결과를 내놓았다. 오차가 아주 적기 때문에 2016년 미국 대선에서 사실상 또 하나의 승자라고 평가할 수 있다.

파이브서티에이티는 미국 선거인단 숫자 538명을 본떠 이름을 지은 정치 경제 및 스포츠 전문 통계예측 사이트이다. RCP와 마찬가지로 전국 및 각 주별 여론조사를 수집한 다음 집계평균화 방법을 사용한다. 이 회사만의 독특한 예측모델은 각 여론조사의 표본크기, 최근 수행 횟수 및 여론조사회사의 과거 정확도 및 방법론 등에 따라 가중치를 부여한 후 경제적 요인 등에 따라 조정하는 방식을 취한다.

파이브서티에이티는 2008년 미국 대선 당시 50개 주 가운데 무려 49개 주에서 적중률을 보이며 전 세계인의 주목을 받았다. 2010년 8월 《뉴욕타임스》 산하 블로그로 옮겨가 2012년 대선 때는 50개 주 전체 승부를 정확하게 맞혔다. 2년 후 다시 ESPN으로 이동해 데이터저널리즘 언론사를 공식 선언하고 주목을 받기 시작하였다. 그런 회사 역시 2016년 대선은 트럼프 당선 가능성을 불과 28.6%로 예측했다. 선거인단 또한 겨우 235명 확보에 그친다고 했는데, 이는 경합 주를 모두 힐러리가 가져간다고 본 까닭이다.

이러한 수치는 전국에서 공표된 무려 1,106개 여론조사를 집계하고, 또 무려 2만 회 이상 시뮬레이션까지 해서 공개한 내용이다. 이 회사는 동부시간 기준으로 대선 당일 오전 10시 41분 힐러리의 승률을 71.4%로 발표한다. 바로 직전보다 6.4%를 상향한 것이며 트럼프보다는 무려 42.8%나 높았다. 이밖에 나머지 당선예측을 하는 새로운 기관들도 너도나도 84~99%까지 힐러리 당선을 점쳤다. 즉 《뉴욕타임스》의 〈업샷 Upshot〉이라는 예측프로그램은 84%, 로이터·입소스와 《허핑턴포스트》의 자체분석도 각각 90%와 98.2%로 힐러리 승리에 거의 100%를 걸었다.

:::: 러스트벨트에서 나타난 샤이 트럼프의 교훈

한편 집토끼를 굳히기 위한 트럼프의 전략은 이러한 엉터리 여론조사와 출구조사, 그리고 선거가 끝나고 난 뒤에 실시한 사후조사를 각각 비교해보면 정확하게 확인할 수 있다. 그럼으로써 그동안 공화당이 외면한 흑인이나 청년층, 그리고 저소득층 등의 마음을 돌리는 데 트럼프의 전략이 어느 정도의 성과를 거두었는지 평가해볼 수 있다. 비록 그것이 아주 적은 수치이지만 승부를 뒤바꾸는 데에는 결정적이었다.

〈표 26〉 2016년 미국 대통령선거 최종 여론조사 결과 (단위 : %, 명)

	조사날짜	트럼프	힐러리	표본수	오차범위
LA타임스/남가주대학교	11월 7일	46.8	43.6	2,972	±3.0
UPI/C보터	11월 1~7일	46.17	48.75	1,728	±3.0
이코노미스트/YouGov	11월 4~7일	45	49	3,677	±1.7
IBD뉴스/TIPP	11월 4~7일	45.0	43.4	1,107	±3.1
블룸버그/셀저&컴퍼니	11월 4~6일	43	46	799	±3.5
ABC/워싱턴포스트	11월 3~6일	46	49	2,220	±2.5
폭스뉴스/AR·S&C리서치	11월 3~6일	44	48	1,295	±2.5
먼마우스대학교	11월 3~6일	44	50	802	±3.6
로이터/입소스	11월 2~6일	39	44	2,195	±2.4
CBS/뉴욕타임스	11월 2~6일	41	45	1,426	±3.0
NBC/서베이몽키	10월 31~11월 6일	44	51	70,194	±1.0
YouGov/CCES대학교	10월 4~11월 6일	39	42.9	84,292	
월스트리트저널/NBC	11월 3~5일	44	48	1,282	±2.73

※ 출처 : 데이터정경연구원(2020)/원시데이터 ; 미국여론조사협회(AAPOR)와 각 신문사 · 여론조사기관 홈페이지/단,
11월 5~7일 사이를 기준으로 각 사 마지막 조사임

2016년 11월 8일 실시된 미국 대통령 선거는 트럼프가 승리하였다. 선거 기간 내내 '미국여론조사협회(AAPOR)'에 가입한 대부분의 조사기관은 힐러리 당선을 넉넉하게 예측했다. 최종 득표율은 힐러리가 앞섰기 때문에 나름 대로 변명거리가 있을 수 있다. 하지만 힐러리의 득표율 우세도 사실 오차범위 이내(2.1%)였기 때문에 각 주별 선거인단 확보예측은 더더욱 쉽지 않았을 가능성이 크다. 그런데 마지막으로 발표된 주요 여론조사 결과를 보면 UPI, 《이코노미스트》, ABC/《워싱턴포스트》, 《로이터》, CBS/《뉴욕타임스》, NBC, 《월스트리트저널》/NBC(공동) 등 대부분 오차범위 밖에서 힐러리 승리를 점 쳤다. 심지어 친 공화당 성향으로 분류하는 《폭스뉴스》(AR리서치 · S&C리서치 공동의뢰)조차 힐러리가 오차범위 밖에서 1.5%나 여유 있게 초과한다고 발표 했다. 기껏해야 블룸버그(셀저&컴퍼니 의뢰) 정도가 오차범위 이내에서 힐러

리 우세를 예측한 정도였다. 그리고 트럼프가 이긴다고 발표한 조사기관은 미국 전체를 통틀어서 단 두 곳*이다.

우선 하나는 IBD(Investor's Business Daily)가 시장조사 및 여론조사업체 TIPP(Technometrica Institute of Policy and Politics)에 의뢰해 실시한 조사이다. IBD는 우리 한국에는 잘 알려지지 않았으나 최근 미국 대통령선거에 두드러진 예측능력을 보이는 중이다. 1984년 투자전문 사이트로 출발해 2015년 현재 신문독자와 온라인 고정회원 10만 명 이상을 확보하고 있는 유력 투자정보 전문매체이며, 연간 400만 명 이상이 방문한 바 있다. 여론조사회사 TIPP와 공동조사를 실시하며 미국여론조사협회는 이를 공인하지 않고 있으나 최근 네 차례 미국 대선을 거의 정확하게 예측했다. 심지어 세계 최고라는 퓨리서치센터(Pew Research Center)까지 앞서나가고 있다.

IBD는 대선 3주가 남은 10월 19일부터 정밀 추적조사를 실시하며 판세 분석에 들어간다. 투자를 전문으로 하는 매체답게 자체 확보 패널과 고유의 분석방법을 결합하는 방식이다. 조사 표본할당에 있어서도 소득, 투자자 여부, 가구의 자산·소득수준, 가구원 중 노조원 여부 등 다양한 경제적 요소를 반영해 인터뷰를 진행했다.

한편 일반적인 조사방식은 유권자 모델을 사용하여 투표에 참여할 유권자와 참여하지 않을 사람을 구분한다. 하지만 6개월 전 영국 브렉시트 국민투표에서 탈퇴 가능성을 간과한 대부분의 여론조사는 주로 포퓰리즘 현상의 급증을 놓침으로써 일반 유권자 모델에 상당한 문제가 있음을 보여주었다.

이에 반해 IBD는 이민문제를 핵심 공약으로 내건 트럼프 역시 포퓰리스트로서 2016년 대선에 참여하는 유권자에게 큰 영향을 미칠 수 있다고 진단

---

* LA타임스/남가주대학교 공동여론조사에서는 선거기간 내내 트럼프 우세를 보였으나, 마지막 발표된 선거인단 숫자에서는 힐러리가 352명을 확보해 압도적으로 승리하는 것으로 예측되었다.

했다. 또한 일자리와 국가 간 불공정한 무역거래가 경제에 미치는 영향 때문에 중산층과 서민들이 좌절을 맛본다고 분석하고, 이민문제 역시 영국과 미국의 유권자 사이에 또 다른 중요한 공통 관심사라고 측정하였다.

그런데 기존 여론조사는 이러한 새로운 유권자 모델을 경시했기 때문에 트럼프 지지층이 투표장에 나올 확률을 낮게 측정하는 오류를 범했다. 결국 표본할당에서부터 트럼프 지지층에 대한 과소평가를 한 것이다. 하지만 IBD

〈표 27〉 IBD/TIPP의 2016년 미국 대선 최종여론조사 결과 (단위 : %)

조사항목	설문 구분	트럼프	힐러리
전체 지지도		45	43.4
성별	남	46	38
	여	40	44
연령별	18~44세	35	41
	45~64세	49	38
	65세 이상	44	48
인종	백인	51	34
	(백인 여성)	48	37
	흑인	8	78
	히스패닉	23	39
학력 수준	고등학교 졸업 및 이하	44	44
	대학 재학 및 수료	32	50
	대학졸업 및 이상	44	40
투자자 여부	투자자	48	42
	비 투자자	37	42
소득별	3만$ 미만	32	48
	3만~5만$ 미만	38	44
	5만~7.5만$ 미만	44	37
	7.5만$ 이상	49	41

※ 출처 : IBD 홈페이지/표본수 1,107명/조사기간 : 11월 4~7일/오차범위 : ±3.1%/표본구성 : 65% 무선전화 + 35% 유선전화 RDD

는 11월 4~7일 마지막 조사(4자구도, 무선 65% + 유선 35%, RDD)에서 45% 대 43.4%로 1.6% 차이 트럼프의 간 발의 승리를 예측했다.

통상 여론조사기관은 교육수준에 따른 가중치를 주기 때문에 고학력층을 과대 할당하는 경향이 있다. 예측이 자주 틀리는 이유가 여기에 있다. 2016년 미국 대선에서도 마찬가지였다. 그런데 IBD/TIPP만큼은 전혀 달랐다. 교육수준을 가중 평가기준에 포함하지 않고 경제적인 부분을 중심으로 가중치를 반영했다. 물론 학력이 낮은 성인의 경우 응답률이 낮은 특징이 있기 때문에 설문에는 반드시 포함한다. 그래서 2016년 대선을 보면 고등교육을 이수한 백인 유권자 사이에서 지지가 서로 엇갈렸다. 그리고 투표참여율을 정확하게 분석하는 방식으로 가감을 했다. 이를테면 투자자는 대통령이 누구냐에 따라 투자방향과 내용 등이 달라지기 때문에 투표율이 높고, 비 투자자는 관심이 상대적으로 낮아 투표율도 덩달아 낮아진다. 그러므로 두 집단의 가중치를 똑같게 해서는 안 된다.

또한 트럼프는 자산·소득이 가장 낮은 등급의 가구(41% 대 30%)와 무당층(39% 대 31%)에서 여유 있게 앞섰다. 이는 그의 지지층이 최고 자산가(투자자)와 하층 간 연합이라는 의미이다. IBD/TIPP가 실시하는 여론조사는 무선전화에서 65%의 표본을 얻고 유선전화에 추가로 임의 걸기 RDD, Random Digit Dial를 통해 나머지 35%의 표본을 구하는 방식으로서 일반적인 여론조사와 같다. 그런 다음 응답자에게 유권자 등록 및 투표에 대한 명확한 답변을 받아 유권자를 식별한다. 다만 몇 가지 설문과 할당이 다른데, 그 한 가지 사례가 바로 당파성 구분이다. 인구통계학적으로 사전 등록된 유권자 표본을 각 당파별로 지지율 추정치와 일치하도록 가중치를 부여하는 방식이 특징이다. 물론 가중치에 대한 로우 데이터는 미국여론조사협회의 필수 공개사항이다. 2016년 대선 당시 가중치를 적용했을 때 민주당 35% 대 공화당 29%로 민주당의 당파성이 더 강한 것으로 나타났다. 물론 이는 외형적으로는 힐러리가 우세한 것처럼 보이지만 또 다른 가중치를 적용하면 트럼프가 결코 불리하지 않음을 확인할 수 있다.

〈표 28〉 2004~16년 대선 기간 미국 주요 언론사·여론조사기관의 여론조사 오차율 (단위 : %)

	2004년	2008년	2012년	3회 평균	순위	2016년
IBD/TIPP	0.4	0.0	2.3	0.9	1	1.6
Pew리서치센터	0.5	1.2	0.9	0.9	1	2.2
Democracy Corps	3.3	0.2	0.1	1.2	3	12.0
ABC	1.5	1.8	0.9	1.4	4	3.0
NBC/WSJ	1.5	0.8	2.9	1.7	5	4.0
Fox뉴스	4.5	0.2	3.9	2.9	7	4.0
갤럽	2.5	3.8	4.9	3.7	11	미공개

※ 출처 : 데이터정경연구원(2020)/원시데이터 : 미국여론조사협회(AAPOR) 및 각 사 사이트

데이터에 나타난 트럼프의 당선 비결은 너무나 간단하다. 그는 전통적 공화당 지지층인 백인, 남성, 고령층 등을 최대한 지켜냈다. 그런 다음 산토끼 공략에 나서서 고학력층, 여성, 저소득층, 젊은 층, 흑인 등을 공략하는 데 성공했다. ABC뉴스 등 6개 언론사가 2004년부터 실시한 전국 공동출구조사를 보면, 2016년 대선은 공화당이 부유한 백인 유권자보다 저소득 백인층에서 더 많은 지지를 받은 최초의 기록이다. 흑인 층 역시 오바마 집권 시기 민주당의 몰표가 쏟아진 표밭이었으나, 트럼프는 그들의 마음을 돌리는 데 일정하게 성공했다. 그래서 흑인만 해도 오바마와 롬니가 대결한 2012년보다 7%나 격차를 줄였다.

2016년 대선 승부를 가른 건 사실 학력이다. 출구조사에서 대졸 이상 유권자는 힐러리를 트럼프보다 9%, 대졸 미만은 8%를 더 지지했다. 이 격차는 1980년 이래 출구조사에서 대졸 이상과 대졸 미만을 막론하고 가장 큰 것이다. 예를 들어 오바마가 압승한 2008년에는 거의 격차가 없었다. 그렇기 때

문에 선거 당일까지 대부분 여론조사 전문가와 데이터저널리스트가 발표한 힐러리의 당선확률은 71~99%, 평균 90%까지 예측될 수밖에 없었다.

그러나 출구조사를 보면 대학 미만 학력을 가진 백인은 트럼프를 압도적(66% 대 29%)으로 지지했다. 심지어 전통적으로 보면 힐러리가 마땅히 우위를 점해야 할 대졸 이상 백인에게서도 트럼프가 우세(48% 대 45%)를 보여 1980년 이후 이 계층에서 가장 큰 격차를 냈다. 트럼프는 또한 대졸 이상 백인여성 유권자의 경우에도 여성을 비하한다는 막말 논란에도 불구하고 그 격차(44% 대 51%)가 생각보다 적었다. 이어서 민주당이 선거 때마다 항상 강세를 보여 온 근로연령층(45~64세)에서 트럼프가 우위를 보이고, 중산층에 해당하는 5만~10만 불 미만 소득층에서도 역시 우세(49% 대 46%)를 보인 것도 러스트벨트와 주요 경합 주 공략의 무기로 작용했다.

미국여론조사협회(AAPOR)는 2016년 대선 여론조사의 실수를 규명하기 위해 자율적으로 위원회를 설치하고 연구·분석을 진행했다. 그 결과 '모름' 또는 '무응답'이라고 답한 유권자에 대한 편향을 잘못 판단하거나 표본할당의 오류를 일부 발견하였다. 하지만 더 중요한 것은 대다수 여론조사기관들이 학력별 가중치를 부여하지 않았다는 사실이다. 1992년~2012년 사이 고학력(대졸 및 그 이상)이나 저학력(대학수료 이하) 모두 학력에 따른 가중치를 주지 않았어도 그렇게 많은 오차가 없었다. 1992년의 경우 고학력과 저학력이 각각 8%와 5% 차이, 2012년은 각각 2%와 4%에 불과했다.

그런데 퓨리서치센터가 2016년 8월 9~16일 사이에 실시한 정밀조사에서는 23%(52% 대 29%)와 5%(36% 대 41%)로 최대치를 보였다. 만약 이 격차가 유지된다면 24년 만에 가장 큰 학력별 격차를 보이는 것이다. 또한 인종까지 결합해서 분석하면 2000년 이후 고학력 백인유권자는 주로 민주당 후보를 지지해오고 있으나, 저학력 백인유권자는 공화당 후보를 주로 지지해온 것이 공통된 현상이었다. 즉 2016년 8월 퓨리서치센터의 정밀조사에서도 고학력 및 저학력 모두 각각 14%와 25%로 역시 4반세기 만에 최대격차로 벌어졌다는 사실이다.

〈표 29〉 2016년 미국대선 전국공동출구조사(National Election Pool) 결과 (단위 : %)

조사항목	설문 구분	트럼프	힐러리
전체 지지도		46	48
성별	남	52	41
	여	41	54
연령별	18~44세	39	53
	45~64세	52	44
	65세 이상	52	45
인종	백인	57	37
	(백인 여성)	48	37
	흑인	8	89
	히스패닉	28	66
학력 수준	고등학교 졸업 및 이하	51	46
	대학 재학 및 수료	51	43
	대학졸업 및 이상	41	52
	백인 대졸미만	66	29
	백인남성 대졸미만	71	23
	백인여성 대졸미만	61	34
	백인 대졸이상	48	45
	백인남성 대졸이상	53	49
	백인여성 대졸이상	44	51
	유색인 대졸 이상·미만	21	74
정당별	공화당	88	8
	민주당	8	89
소득별	5만$ 미만	41	53
	5만~10$ 미만	49	46
	10$ 이상	47	47

※ 출처 : Edison Media Research/ABC뉴스, CBS뉴스, MSNBC, CNN, 폭스뉴스, AP통신 공동/ 표본수 24,558명(조기투표자 포함)/오차범위 : ±4.0%

그러나 막상 뚜껑을 열어보니 결과 값은 전혀 달랐다. 공화당 트럼프는 고졸 이하(51% 대 46%)는 물론이고, 대학재학 및 대학수료 유권자(51% 대 43%)까지 앞섰다. 인종과 학력을 종합하면 백인대졸자(48% 대 45%)와 백인대졸여성(53% 대 39%)에서도 앞섰다. 《미국여론조사협회AAPOR》는 보고서[*]를 통해 "트럼프를 선택한 유권자는 그 결정을 이전 선거 때보다 늦게 했다. 하지만 이를 발견하지 못했다. 또한 대졸 이상 유권자를 과대 대표하였다. 이 두 가지 큰 실수를 범했다"라고 지적한다. 그리고 "유권자모델 설정을 잘못 했기 때문에 여론조사가 과학적이지 못하고 오류를 낳았다"라는 또 다른 기록도 남겼다.

민주당 적극 지지층이 투표에 열성적으로 참여하지 않은 것도 힐러리가 패배한 숨은 이유 가운데 하나라고 볼 수 있다. 버락 오바마는 흑인 출신 미국 최초의 대통령이었기 때문에 전통적인 민주당 지지기반인 '대도시+흑인 층'의 투표참여 열기가 대단했다. 1980년 이후 흑인 투표율은 오바마가 당선된 2008년과 2012년 60%대 중반으로 하늘을 찔렀다. 심지어 2012년 대선에서는 백인 투표율을 넘어서며 롬니에게 신승을 거두는 응원군으로 작용했다.

그렇지만 민주당 후보가 힐러리 클린턴으로 바뀌면서 흑인들이 다수 거주하는 곳곳에서 힐러리 표는 눈에 띄게 줄었다. 그 대신 득표수에서 현상 유지한 트럼프는 결과적으로 반사이득을 챙겼다. 또한 전통적 공화당 지지기반인 농촌지역은 물론이고 중소도시까지 투표대열에 줄을 잇게 함으로써 트럼프가 승리하는 데 큰 기여를 했다. 즉 도농복합형이라고 부를 수 있는 러스트벨트(미시간, 펜실베이니아, 위스콘신)와 양대 경합주(오하이오, 플로리다)는 말할 것도 없고 도시 외곽에 이르기까지 힐러리의 득표수는 줄어들었다. 즉 트럼프를 적극적으로 밀어주기 위해 나온 공화당 지지자들이 힐러리와 민주당을 녹다운시킨 것이다.

---

[*] 《미국여론조사협회 AAPOR》, Public Opinion Quarterly, 2018년 봄호, 2월 3일

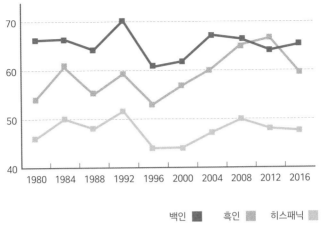

〈표 30〉 1980년 이후 미국 대선 인종별 투표율 (단위 : %)

백인 ■   흑인 ▦   히스패닉 ▨

※ 출처 : 미국 인구조사국(2017년 5월)

대통령선거가 끝난 3주 뒤에 퓨리서치센터가 실시한 사후 여론조사를 보면 매우 흥미로운 여러 대목이 곳곳에서 등장한다. 트럼프는 가장 근접했다는 IBD/TIPP 여론조사는 물론이고 공동 출구조사보다 오히려 대학재학 및 대학수료 학력 유권자들의 지지를 더 많이 얻었다. 백인 대졸 미만 유권자 역시 IBD/TIPP와 출구조사 때보다 더 많은 지지를 받았다. 소득별로 따져봐도 트럼프 지지층은 중산층에서 훨씬 더 비중이 높고, 연령별로 보더라도 30~64세까지 근로연령층이 60%에 근접하는 등 IBD/TIPP조사 및 출구조사보다 훨씬 더 강력했다. 당파성 측면에서 보면 보수적 유권자 층이 리버럴 유권자 층에 결코 뒤지지 않음을 알 수 있다. 즉 당파 충성도는 보수주의자가 훨씬 더 강하다. 다만 드러내지 않을 뿐이다.

〈표 31〉 퓨리서치센터의 2016년 대선 사후 여론조사에서 나타난 지지층 구성 (단위 : %)

〈교육수준별〉	고졸 이하	대학 재학·수료	대졸	대학원 이상
트럼프	34	37	21	9
힐러리	28	29	25	19
〈인종별〉	백인	흑인	히스패닉	기타
트럼프	88	1	6	4
힐러리	60	19	14	7
〈교육수준&인종별〉	백인&대학 아님	유색인&대학 아님	유색인&대학	백인&대학
트럼프	63	7	4	26
힐러리	26	30	9	34
〈가구소득&인종별〉	백인&3만$↓	백인&3~7.5만$	백인&7.5만$↑	유색인 전체
트럼프	18	37	34	11
힐러리	16	22	22	40
〈연령별〉	18~29세	30~49세	50~64세	65세 이상
트럼프	8	27	33	32
힐러리	16	32	27	25

※ 출처 : 퓨리서치센터/조사기간 : 2016년 11월 29~12월 12일/단, 전체 지지율은 힐러리 48% 대 트럼프 45%

〈표 32〉 2016년 대선 퓨리서치센터 사후 여론조사에서 나타난 당파성 (단위 : %)

	지속적 보수	주로 보수적	보수+리버럴	주로 리버럴	지속적 리버럴
트럼프	98	87	48	13	2
힐러리	–	7	42	78	95
유권자비중	12	19	30	20	20

※ 출처 : 퓨리서치센터/조사기간 : 2016년 11월 29~12월 12일

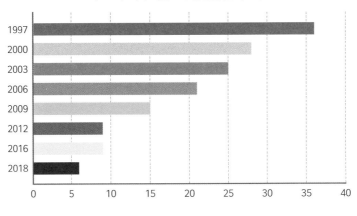

〈표 33〉 미국 여론조사 응답률 (단위 : %)

※ 출처 : 퓨리서치센터

마지막으로 미국 역시 전화 여론조사는 낮은 응답률 때문에 표본의 신뢰도가 낮다는 문제제기가 꾸준히 지적되고 있다. 퓨리서치센터가 공개한 응답률 변화추이를 보면 1997년 36%에서 2012년 한 자리 수인 9%로 뚝 떨어졌다가 2018년 중간선거 때 다시 6%로 하락했다. 이 정도면 표본의 대표성과 신뢰도에 의구심을 갖지 않을 수 없다.

여론조사 회사는 표본의 대표성을 확보하기 위해 무작위로 번호를 추출하지만 전화를 받는 당사자 입장에서 보면 걸려오는 여론조사도 그저 그런 스팸 메일과 다름없게 생각한다.

최근 데이터경제가 각광을 받으며 여론조사 전화도 하나의 비즈니스 모델로 활용된다는 비판이 잇따르고 있다. 이미 미국 연방법은 ARS여론조사는 유선전화에 한해서만 허용하고 있다. 무선전화를 통해 상업용으로 악용되는 걸 막기 위함이다. 여론조사는 100% 투표율을 전제로 진행한다. 하지만 현실에서는 100% 투표율은 없기 때문에 이를 보완하기 위하여 투표이력이나 당파 충성도 등 다양한 변수를 가중치로 반영하고 최대한 과학적인 지지율을 예측해야 한다. 선거는 바로 유권자의 정서를 과학적으로 측정하는 일이기 때문이다. 오죽하면 미국의 유명 정치전문 매체 폴리티코는 2016년 대선 투표일 바로 직전까지 "샤이 트럼프 유권자는 일종의 신기루"라고 평가 절하했다. 그렇지만 스스로 '미스터 브렉시트'라고 명명하며 큰 소리 친 트럼프는 결코 허풍이 아니었음을 입증했다.

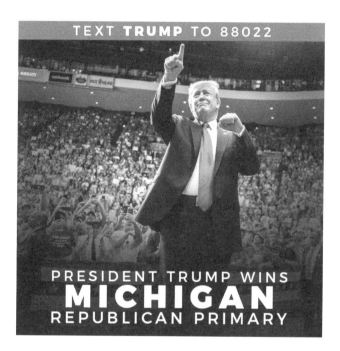

미시간주 예비선거에서 승리한 트럼프

8

밴드왜건 효과가 승부를 가른다

2016년 미국 대통령선거에서 후보별 핵심이슈를 하나씩만 꼽는다면, 트럼프의 막말 논란과 힐러리의 이메일 스캔들*을 꼽을 수 있다. 하지만 트럼프는 선거캠프 차원에서 의도적으로 기획한 도발이지만, 힐러리는 잘 해야 본전인 그야말로 악재일 뿐이었다.

힐러리의 이메일 스캔들은 총 세 차례나 반전을 맞이한다. 첫째 미국 연방수사국FBI 제임스 코미James Comey 국장은 2015년 7월 말부터 2016년 7월 초까지 끌어온 광범위한 조사 작업을 마무리하며 법무부에 불기소 권고를 통보한다. "힐러리가 사용한 이메일 계정에는 비밀정보가 일부 포함돼 있다. 그러나 국가안보에 위협이 된다는 점을 알고도 그녀가 의도적으로 개인

---

* 힐러리 클린턴이 국무장관으로 재직하던 중 개인 이메일을 통해 국가기밀문서를 주고받은 사건이다. 미국 연방법은 공직자의 공적 서류는 물론이고 편지나 이메일 등을 모두 공공 기록물로 분류해 보관을 의무화하고 있다. 그런데 2015년 3월 국무부 감찰관이 힐러리의 법규 위반 사실을 밝혀냈다. 이 때문에 힐러리는 미국 연방수사국(FBI)에서 2016년 7월 초까지 1년가량 조사를 받았으며, 2016년 대선에서 큰 타격을 입었다.

이메일을 공무에 사용했다고 볼 수는 없다"는 내용이 요지였다. 민주당 오바마 정부의 법무장관을 맡고 있던 로레타 린치Loretta Lynch는 기다렸다는 듯 그 권고대로 불기소결정을 내렸고, 힐러리는 선거운동 기간 그녀의 아킬레스건으로 작용한 이메일 사건으로부터 해방돼 백악관을 향한 가도는 탄탄대로처럼 보였다.

그러나 불과 4개월이 지난 뒤 극적인 재반전이 한 차례 이루어진다. 이번에도 FBI는 코미 국장 명의로 10월 28일 미 의회에 서한을 보냈다. "당초 스캔들 수사와 무관하다고 분류한 이메일 가운데 수사와 관련 있어 보이는 이메일을 다수 발견하게 하게 됐다. 힐러리가 국무장관 시절 개인 계정으로 주고받은 이메일 가운데 추가로 국가기밀이 포함됐는지 여부에 대하여 수사를 착수하겠다"라는 요지이다. 대선 투표일을 겨우 11일 남겨둔 시점이었다. 당시 여론조사만 보면 메이저급 조사기관과 주요 언론사에서 두 자리 수 격차 이상으로 힐러리의 절대 우세를 공표하고 있었기 때문에 사실 트럼프는 패색이 짙었다고 볼 수 있다. 바로 그러던 참에 일대 반전이 일어난 셈이다.

트럼프와 그 지지자들은 일제히 환영의 뜻을 표하며 힐러리를 범죄자로 바짝 몰아붙였다. FBI의 재수사 결정은 전혀 엉뚱한 곳에서 터져 나왔다. 앤서니 위너Anthony Weiner가 그 실마리를 제공했는데, 그는 힐러리의 문고리 보좌관 출신인 후마 애버딘Huma Abedin의 이혼한 전 남편이다. 뉴욕 시의원을 거쳐 연방 하원의원 직을 맡고 있던 위너는 2011년 한 여성에게 트위터로 '외설적인 사진'을 보낸 사실이 발각돼 사임했다. 이후에도 그는 지속적으로 '음란한 문자나 사진을 전송(sexting)'하거나 미성년자 성추행 등 문란한 행위로 물의를 일으켜 수사를 받았다. 이 과정에서 FBI가 그의 노트북을 압수했고 저장물을 분석하다가 뜻밖에 애버딘과 힐러리가 주고받은 무더기 업무 이메일을 발견하고, 재수사에 착수한다고 발표했다.

그렇지만 트럼프의 기쁨도 잠시, 미국 대선을 고작 하루 앞두고 막판 대

반전이 또 다시 일어났다. 11월 7일 FBI는 힐러리의 이메일 스캔들 사건 수사를 무혐의로 종결한다고 발표했다. 제임스 코미 국장은 "새롭게 발견한 이메일을 집중 검토한 결과 지난 7월 당시 불기소 권고를 뒤집을 만한 혐의가 추가로 나오지 않았다"고 또 다시 의회에 서한을 보냈다. 힐러리 캠프는 열흘 만에 분위기가 뒤바뀌었고, 트럼프 측은 재수사 발표 직후 불과 며칠 만에 수십만 개의 이메일을 다 조사한다는 게 말이 되지 않는다고 강력 반발했다. 대선 4개월 전을 기준으로 다시 정리하면, '1차 수사 종결 및 힐러리 절대 우세 → 재수사 발표 및 초 접전 양상으로 변화 → 재수사 무혐의 발표 및 힐러리 박빙 우세' 순서로 선거전은 흘러갔다.

겉으로만 볼 경우 FBI의 제임스 코미 국장의 이메일 재수사 무혐의 종결은 힐러리에게 선거전 막판 큰 선물이었다. 그러나 대선 나흘 뒤 후원자들과의 전화회의에서 대선 패배의 핵심 원인으로 코미 국장의 이메일 스캔들 수사 재개를 꼽으며 비난했다. 제임스 코미는 2002년 조지 W. 부시 대통령에 의해 연방검사에 임명되었다. 재임 중 엔론 CEO 겸 부시의 절친 케네스 레이Kenneth Lay를 구속기소하기도 했다. 그런 원칙주의자 공화당원이었다. 2003년 12월 법무부 제2인자인 부장관에 발탁돼 2005년 8월까지 근무한 바 있다. 그런 까닭으로 민주당 오바마도 상원인준을 얻기 쉽다고 판단해 2013년 코미를 FBI국장으로 지명했다. 결과적으로 2016년 힐러리 낙선에도 꽤나 큰 영향을 끼친 셈이 되었다.

한편 FBI가 이메일 사건 재수사 무혐의 발표를 하던, 대선 투표 하루 전 상황으로 되돌아가 보자. 이 날도 이미 미국 주류 언론 대부분은 트럼프 깎아내리기에 여념이 없었고, 대다수 여론조사기관 역시 사실상 힐러리가 승리했다는 예측을 속속 내보내고 있는 상태였다. 더구나 미국 의회전문지 《더 힐The Hill》이 대선 하루 전날까지 집계한 바에 따르면, 발행부수를 기준으로 미국 100대 일간지 가운데 힐러리에 대한 공개지지를 표명하고 나선 곳은 무려 57개에 달했다. 하지만 트럼프에 대한 공개지지 의사를 표시한 곳은 《라스베이거스리뷰저널》(LVRJ, 26위)과 《플로리다타임스유니온》(FTU, 82위) 등 단 2개 언론사에 불과했다. 심지어 득표율 3.3%에 그친 군소후보 게리 존슨Gary Johnson도 4개 언론사의 지지를 받았다.

결국 왜곡된 여론조사와 이를 근거로 여론시장을 주도해온 언론사가 '밴드왜건 효과bandwagon effect*'를 낳고, 그것은 한 쪽으로 쏠리게 마련이었다. 100대 일간지 중에는 2008년 존 매케인John McCain과 2012년 밋 롬니Mitt Romney를 연속 지지하는 등 전통적인 친 공화당 성향의 매체도 21개나 있었으나, 이 가운데 무려 19개가 트럼프에게 등을 돌리거나 중립으로 돌아섰다. 즉 《댈러스모닝뉴스》(12위), 《애리조나리퍼블릭》(24위), 《샌디에이고유니온트리뷴》(28위), 《디트로이트뉴스》(63위), 《리치몬드타임스디스패치》(67위) 등 9개 언론사가 트럼프 대신에 힐러리와 게리 존슨 지지를 표명했고 《오클라호마》(62위) 등 3개 언론사는 "지지할 후보가 없다None of the above"고 밝혔다. 아예 지지 표시 자체를 하지 않은 경우도 《뉴욕포스트》(5위) 등 9개였다.

이와 같이 힐러리 당선을 기정사실화하던 미국 내 주류 언론, 더 정확하게는 '레거시미디어regacy media**'의 편향된 보도태도와 이에 대한 불신은 당시만 해도 세계 수준급으로 평가되던 미국 여론조사기관의 신뢰도를 의심케 만든 일대 사건이었다. 게다가 미국 유권자대중의 실제 민심을 읽지 못한 주

---

* 선거운동에서 우세를 보이는 후보나 정당에게 부동층의 지지가 쏠리는 현상이다. 다른 말로 '편승효과'라고 한다. 서커스나 행렬의 맨 앞에 선 밴드가 탄 마차를 밴드왜건이라고 부르며, 1848년 당시 인기 광대 댄 라이스Dan Rice가 밴드왜건을 사용한 선거운동을 처음 선보였다.

** 레거시는 IT시스템에서 낡은 하드웨어 또는 소프트웨어를 통틀어 이르는 말로 레거시미디어는 여기로부터 유래했다. 예를 들면 TV, 라디오, 신문, 잡지 등 오래되고 전통적인 대중매체를 일컫는다. 이와 반대말은 뉴미디어new media이다. 웹을 기반으로 하는 새로운 매체를 말한다. 가장 일반적인 사례는 온라인신문, 블로그, 페이스북 등 소셜미디어를 들 수 있다.

된 원인임은 두말 할 나위도 없다.

《더 힐The Hill》과 전미신문협회NNA, National Newspaper Association 자료를 분석해보면 좀 더 구체적이다. 힐러리를 공개적으로 지지한 일간지는 242개, 트럼프는 겨우 20개로 힐러리 지지 언론사가 무려 12배나 많았다. 발행부수를 비교하면 약 796만 부 대 71만 부로 역시 11배 이상 힐러리가 많다. 게다가 사실상 간접적인 방식으로 힐러리를 지원한 '트럼프 반대Not Trump'까지 포함하면 힐러리는 약 18배 정도 우세했다. 이는 발행부수를 기준으로 트럼프를 지지한 언론사보다 그에 반대한 언론사가 압도적으로 더 많았다는 뜻이다. 주간지와 잡지, 그리고 대학신문까지 그 범위를 확대하면 오히려 그 격차는 더 벌어져 힐러리 지지는 500개이고 트럼프는 겨우 28개에 불과했다.

이렇게 상상할 수조차 없는 악조건을 뚫고 승리를 거머쥔 트럼프는 거의 기적을 일군 것이나 다름없다. 오죽하면 143년 동안 공화당이 아닌 후보를 단 한 번도 지지해본 적이 없는《시카고트리뷴》과 1916년 우드로 윌슨 Woodrow Wilson 전 대통령에 대한 지지 이후 지난 100년간 공화당만 지지해온《뉴햄프셔유니온리더》등도 전통을 깨고 군소후보 게리 존슨을 공개 지지했다. 창립 이래 계속해서 중립을 지켜온《USA투데이》와 격월간 잡지《포린폴리시》(FT)도 각각 34년과 46년 만에 그 전통을 깨뜨리고 마침내 트럼프 반대를 선언했다.

반면에 힐러리는 친 공화당 성향 메이저 언론사들로부터 지지를 이끌어 냈다.《샌디에이고유니온트리뷴》(148년),《애리조나리퍼블릭》(126년),《신시내티인콰이어러》(100년),《컬럼버스디스패치》(100년),《댈러스모닝뉴스》(75년) 등이 무려 75~148년 만에 공화당에서 민주당으로 지지후보를 바꾼 것이다. 물론 중립 내지 전통 보수 성향 언론사가 트럼프 낙선을 위해 적극 나선 이유는 크게 두 가지 때문이었다. 첫째, 막말 끝에 예측이 불가능한 대통령을 허용하지 않겠다는 의지의 표현이다. 둘째, 트럼프가 반 이민과 보호무역 강화를 주요 어젠다로 내거는 등 전통 보수주의 노선이 아니라는 점이다.

의도했든 의도하지 않았든 제임스 코미 FBI국장이 2016년 대선 선거전에 적지 않은 표심을 움직인 사실은 부인할 수 없다. 마지막 승세를 굳혔다고 안심한 힐러리는 대선이 끝난 후에야 코미를 비난했으나, 이미 때는 늦었다. 밴드왜건 효과를 누리기 위해서는 이메일 사건 재조사결정 발표가 난 그 시점, 투표일 11일 전부터 별도로 굳히기 전략을 세우고 맹렬하게 몰아붙였어야 했다.

〈표 34〉 2016년 미국 대선 당시 일간신문별 공개지지후보 현황 (단위 : 개, 부)

	힐러리 공개지지	트럼프 공개지지	게리 존슨 공개지지	트럼프 반대	표시 안 함 및 기타	계
언론사 수	242	20	9	9	67	347
발행부수	7,946,870	711,112	1,247,756	4,639,248	5,395,398	19,940,384

※ 출처 : 데이터정경연구원(2020)/원시데이터 : 전미신문협회 및 The Hill(2016)

〈표 35〉 2016년 미국 대선 당시 일간지 발행순위별 공개지지후보 현황

순위	회사명	공개지지	순위	회사명	공개지지
1	USA투데이	Not 트럼프	2	WSJ	없음
3	뉴욕타임스	힐러리	4	LA타임스	힐러리
5	뉴욕포스트	없음	6	머큐리뉴스	힐러리
7	뉴욕데일리뉴스	힐러리	8	시카고트리뷴	게리 존슨
9	뉴스데이	힐러리	10	워싱턴포스트	힐러리
11	시카고선타임스	힐러리	12	댈러스모닝뉴스	힐러리
24	애리조나리퍼블릭	힐러리	26	라스베이거스리뷰저널	트럼프
28	샌디에이고유니온트리뷴	힐러리	63	디트로이트뉴스	게리 존슨
67	리치몬드타임스디스패치	게리 존슨	82	플로리다타임스유니온	트럼프

※ 출처 : The Hill(2016)에서 발췌

2016년 20대 총선에서 최소 표 차이로 승패가 엇갈린 곳은 인천 부평(갑) 선거구이다. 대법원 당선무효소송 및 재검표까지 진행하며 피 말리는 접전 끝에 결정된 최종 승자는 당시 새누리당 소속 정유섭鄭有燮 당선인이다. 그를 상대로 해서 낙선의 고배를 마신 이는 국민의당 공천을 받고 출전한 현역 국회의원 문병호 변호사이다. 대법원이 확인한 둘 사이 격차는 불과 23표다.

정유섭 당선인은 1978년 행정고시 22회에 합격해 해운항만청에서 관료생활을 시작했다. 이후 해양수산부와 건설교통부 등을 거쳐 인천지방해양수산청장(국장급)으로 퇴직했다. 19대 총선에서 역시 새누리당 간판으로 첫 출전했다. 그때도 문병호 민주통합당 후보와 맞붙어 5.7% 차이로 석패했으니 두 사람 간 전적은 1승 1패다.

문병호 후보는 오랫동안 노동인권의 사각지대가 되어온 부평지역에서 1989년 최초로 변호사 사무실을 열었다. 해고, 체불임금, 산업재해 등 노동사건 등을 주로 변론하며 인천지역 내 인권변호사라는 명성을 쌓았다. 2004년 17대 총선에서 드디어 열린우리당 소속으로 부평(갑)으로 처음 출마해 당선된 이후 같은 선거구에서만 2승 2패의 기록을 남긴 바 있다.

그런데 부평(갑) 선거구는 인구 증가에 따라 15대 총선 때 새로 신설되었다. 이후 총 여섯 차례 실시된 총선에서 민주당과 통합당 계열 정당이 각각 세 차례씩, 그것도 번갈아가며 사이좋게 의석을 나눠 가졌다. 하지만 그 내용을 살펴보면 19대까지는 수도권 바람에 따라 흘러가는 양상이었다. 즉 더불어민주당 계열이 압승하면 부평(갑)은 민주당 후보가 의석을 차지하고, 미래통합당 계열이 압승하면 부평(갑)은 통합당 후보가 자동적으로 의석을 가져갔다. 15대 총선 때는 수도권의석 가운데 신한국당이 56.3%를 차지하며 부평(갑)도 자연스럽게 신한국당 조진형 후보가 승리했다. 그 후 16대(새천년

민주당, 박상규), 17대(열린우리당 문병호), 18대(한나라당 조진형), 19대(민주통합당 문병호) 총선까지 이 같은 현상은 지속된다.

이처럼 부평(갑)은 후보 개인이 아무리 노력해봐야 승패 자체가 뒤바뀌지 않는 선거구라고 볼 수 있었다. 하지만 20대 총선에서 이 법칙이 깨졌다. 공식대로라면 더불어민주당 공천을 받은 이성만 후보가 당연히 승리해야 했으나, 그는 매우 약체였기 때문에 3자 구도에서 26.7%밖에 득표하지 못하고 3위로 밀려났다.

이 후보는 1992년 행정고시 36회 출신으로 인천시청에 들어간 뒤 사무관으로 조기 퇴직했다. 2010년 5회 지방선거 당시 부평구청장에 도전했으나 홍미영洪美英 전 국회의원에게 밀려 인천시의원으로 방향을 틀었다. 2년 후에는 초선임에도 불구하고 이례적으로 시의회의장에 선출돼 활동한 경력이 눈에 띄는 정도였다. 이에 반해 문병호 후보는 1984년 사법고시 28회 출신으로 민주화를 위한 변호사 모임(민변)과 참여연대 등에서도 활발한 활동을 했으며, 민주당 정당 경력만 12년인 전직 재선의원이다. 그렇기 때문에 친 야권 성향이라고 할 수 있는 표는 민주당 이성만 후보가 아니라 오히려 국민의당 문병호 후보에게 상대적으로 더 많이 쏠렸고, 새누리당 정유섭 후보와 문병호 후보가 각각 34.2%씩 득표를 함으로써 박빙승부를 벌이게 되었다.

그럼에도 불구하고 문병호 후보가 아닌 정유섭 후보가 승리한 까닭은 바로 '투표율' 때문이었다. 부평(갑)은 이와 같이 인물이 아닌 바람선거가 강력하게 작동하는 곳이기 때문에 투표율이 낮고 무소속을 포함한 제3후보의 당선 가능성도 거의 없다. 따라서 부동층이 투표장으로 향할 가능성도 다른 선거구에 비해 상대적으로 낮다.

15대 총선 이후 선거구별 투표율 순위를 살펴보면, 16대를 제외하면 부평(갑)은 인천지역 안에서 하위 1~3위를 유지한다. 투표율은 15~20대 인천지역 전체 선거구 평균 투표율(53.13%)보다 1.9%가 낮은 51.23%이다. 매번 총선에서 가장 투표율이 높았던 선거구의 평균 투표율(58.5%)과 비교하면 무려 7.27%나 낮다. 20대 총선에서도 최고 투표율을 보인 연수(을)과 비교해 10% 가까이 낮다. 이는 부평(갑) 선거구만큼은 당파성이 강한 더불어민주당과 미래통합당 성향의 유권자들만 투표장을 찾는다는 뜻이다. 결과적으로 정유섭 후보는 밴드왜건 효과 때문에 당선의 영광을 안았으며, 문병호 후보는 그 반대 이유로 패배의 쓴맛을 보았다는 해석이다.

〈표 36〉 15대 총선 이후 1, 2당 수도권의석 확보현황 및 부평(갑) 당선인 (단위 : 석, %)

대수	15대	16대	17대	18대	19대	20대
수도권 의석수	96	97	109	111	112	122
민주당계열	30	56	76	26	65	82
한국당계열	54	40	33	81	43	35
1당 의석비율	56.3	57.7	69.7	73.0	58.0	67.2
부평(갑) 당선인	신한국당 조진형	새천년민주당 박상규	열린우리당 문병호	한나라당 조진형	민주통합당 문병호	새누리당 정유섭

※ 출처 : 데이터정경연구원(2020)/원시데이터 : 중앙선거관리위원회

〈표 37〉 15대 총선 이후 인천지역 및 주요 선거구 투표율 추이 (단위 : %)

대수	15대	16대	17대	18대	19대	20대
선거구수	11	11	12	12	12	13
인천평균	60.07	53.40	57.44	42.51	51.39	55.62
부평(갑)	56.49(11)	52.62(7)	56.49(10)	41.00(10)	48.76(11)	53.12(12)
투표율 1위	68.14 (계양·강화을)	64.43 (서·강화을)	61.03 (서·강화을)	47.96 (서·강화을)	55.64 (서·강화을)	62.97 (연수을)
1위와 격차	11.65	11.81	4.54	6.96	6.88	9.85

※ 출처 : 데이터정경연구원(2020)/원시데이터 : 중앙선거관리위원회/괄호 안은 투표율 순위

한편 2016년 20대 총선에서 서울 강남(을) 선거구로 출마한 더불어민주당 전현희全賢姫 후보가 당선되었다. 그녀는 1992년 14대 총선 당시 민주당 공

천을 받아 역시 강남(을) 선거구*로 출마해 당선된 홍사덕洪思德 전 의원 이후 민주당 계열 정당이 무려 24년 만에 배출한 첫 서초·강남지역 국회의원이다. '더불어민주당=강북당/미래통합당=강남당'은 아주 오래된 공식이다. 15대부터 19대 총선까지 민주당은 서초구와 강남구에서 단 1명의 지역구 당선인도 배출하지 못했으며, 심지어 대통령후보 출신인 정동영 후보가 2012년 19대 총선에서 민주통합당 후보로 강남(을) 선거구에 나섰지만 20% 넘는 득표율 차이로 완패를 당한 바 있다.

이러한 서초·강남지역의 특정 정당에 대한 표 쏠림 현상은 스펙 좋은 후보까지도 한쪽으로 몰리게 하고, 집권 경험이 있는 민주당조차 이 지역에서는 변변한 후보를 구하지 못한 채 총선을 치르는 일이 반복되어 왔다. 이 또한 밴드왜건 효과이다.

그런데 강남(을)은 인구 증가에 따라 20대 총선 당시 대치동 3개 동이 분리되며 새롭게 신설된 선거구다. 투표를 하기도 전에 사실상 새누리당 공천 = 국회의원 당선이라는 등식이 성립되는 강남(갑)은 서울지역 최저인 50% 미만의 투표율을 기록했으며, 삼성동 및 도곡동(강남갑)과 대치동(강남을)에서 분구된 강남(병) 역시 서울 49개 선거구 가운데 42위(57.67%)로 최 하위권을 면하지 못했다. 하지만 강남(을)만큼은 전혀 달랐다. 서울 평균(59.82%)보다 약 2.6%나 높은 투표율을 바탕으로 전현희 후보가 당선됐는데, 그 1등 공신은 단연 세곡동 유권자들이었다.

세곡동 주민 숫자는 2015년 말을 기준으로 4만 3천여 명이며 강남구 22개 동 가운데에서도 가장 많다. 또한 이곳은 그린벨트 해제 지역으로 20대 총선 당시 입주가 완료된 반값(보금자리)아파트 및 공공임대주택만 거의 1만 7천 세대를 상회한다. 그 결과 중·상층 이상의 전통적인 강남구 유권자와 전

---

* 강남구의 인구 증가에 따라 20대 총선부터 병 선거구를 증설해 3개로 조정하였기 때문에 강남(을)은 2016년 20대 총선 이전 및 이후가 사실상 전혀 다른 선거구이다.

혀 다르게 이들 상당수가 더불어민주당을 지지했다. 이 때문에 전현희 후보는 세곡동에서만 무려 20% 가까운 득표율 차이(59.1% 대 37.2%)로 당시 현역 국회의원이던 김종훈金宗壎 후보를 압도적으로 따돌렸으며, 득표수 차이도 이 한 개 동에서만 3분의 2 가까이 벌렸다. 결국 20대 총선 때 강남(을) 선거구에서는 새누리당 밴드왜건 효과가 작동하지 않았다.

〈표 38〉 20대 총선 서울지역 주요 선거구 투표율 (단위 : %)

선거구	노원병	동작을	강남을	강서을	관악갑
투표율	64.93	64.41	62.41	61.71	60.87
당선인	안철수	나경원	전현희	김성태	김성식
1, 2위 격차	21.01	11.95	7.05	7.36	0.88
투표율 순위	1위	3위	9위	14위	20위
선거구	강남병	강북을	은평갑	중랑갑	강남갑
투표율	57.67	56.67	55.80	53.37	49.62
당선인	이은재	박용진	박주민	서영교	이종구
1, 2위 격차	18.22	15.90	14.05	22.70	9.63
투표율 순위	42위	44위	46위	48위	49위

※ 출처 : 데이터정경연구원(2020)/원시데이터 : 중앙선거관리위원회/선거구수 : 49개/서울 지역구 평균 투표율 59.82%

반면에 더불어민주당의 밴드왜건 효과가 발휘되지 않으면서 제3후보를 당선시킨 선거구도 있다. 바로 서울 노원(병)과 관악(을), 그리고 경기 고양(갑)이다. 노원(병)과 관악(을)은 각각 안철수 및 김성식金成植 국민의당 후보가 당선된 2개의 선거구로 서울지역 평균보다 투표율이 대폭 상승하였다. 특히 노원(병)은 19대 총선과 비교하여 서울 평균 투표율보다 약 2배가량 높은 상승률을 보였으며, 관악(을)도 7.1%가 상승하였다. 심상정沈相奵 후보가 당선된 고양(병) 역시 경기지역 상승률 평균보다 약간 높았다. 이 3곳은 평소 선거 때 기권하던 부동층swing voter이 당선 가능성이 높은 강력한 제3후보 때문에 대거 투표장을 찾은 것으로 해석된다. 즉 1당 또는 2당의 밴드왜건 효과가 사라졌기 때문이다.

<표 39> 제3후보가 당선된 서울 및 경기지역의 총선 투표율 비교 (단위 : %)

	서울평균	노원(병)	관악(을)	경기평균	고양(갑)
19대 총선	55.49	56.55	53.77	52.60	55.50
20대 총선	59.82	63.93	60.87	57.50	60.41
19~20대 상승률	4.33	8.38	7.10	4.90	4.91

※ 출처 : 데이터정경연구원(2020)/원시데이터 : 중앙선거관리위원회

그러나 반대로 2019년 창원성산 4·3보궐선거에서는 밴드왜건 효과가 빛을 발했다. 선거일 전 마지막 실시한 조사에서 여론조사회사 조앤씨아이는 더불어민주당과 정의당의 단일후보인 여영국余永國 후보가 무려 24.1%라는 큰 격차로 당선된다고 예측했다. 리얼미터도 최소 격차 승리인 9.1% 차이를 보였는데, 이 역시 오차범위(±4.4%)를 크게 벗어난 수치이다. 유일하게 리서치뷰 조사에서만 강기윤 후보가 승리하는 것으로 나왔는데, 그래도 오차범위 밖(±3.7%)에서 앞선다고 예측했다.

한편 창원성산 선거구는 총 7개 동이다. 이 가운데 6개 동이 50%대 투표율인데, 전통적으로 자유한국당이 강세를 보여 온 중앙동만 유독 30%대 투표율을 기록하였다. 이는 강기윤姜起潤 후보가 겨우 0.54%, 504표 차이로 패배하게 된 주된 요인이다. 즉 선거전 막판까지 대부분 여론조사기관이 여영국 후보의 압승을 전망하면서 오히려 보수 지지층마저 당선에 대한 기대를 접고 투표장을 외면해버렸다. 자유한국당 강기윤 후보는 정의당 여영국 후보에게 부풀려진 여론조사결과 때문에 사실상 당선증을 도둑맞은 셈이다. 이처럼 밴드왜건 효과는 승패 자체까지 뒤바꿀 수 있는 강력한 무기이다.

<표 40> 2019년 4월 3일 창원성산 보궐선거 엉터리예측 여론조사결과 (단위 : %)

	정의당 여영국	한국당 강기윤	1, 2위 격차	표본수	오차범위	조사 날짜
중앙일보	41.3	28.5	12.8	700	±3.7	3.25~26
리얼미터	44.8	35.7	9.1	505	±4.4	3.26~27
조원씨앤아이	49.9	25.8	24.1	520	±4.3	3.25~26
리서치뷰	39.7	44.2	−4.5	700	±3.7	3.31~4.1
개표결과	45.75	45.21	0.54			

※ 출처 : 데이터정경연구원(2020)/원시데이터 : 중앙선거여론조사심의위원회

<표 41> 2019년 4월 3일 창원성산보궐선거 동별 투표율 현황 (단위 : %)

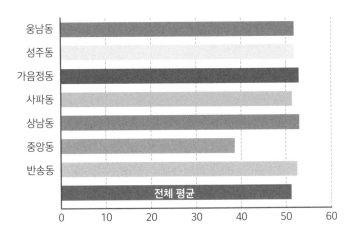

9

빵이 없는 정치개혁은 실패한다

정치개혁을 주된 의제로 내세워서는 유권자의 표심을 움직이기 쉽지 않다. 아니 심하면 선거에서 폭삭 망하고 정당 자체가 소멸하기도 한다.

영국은 근대민주주의의 발상지이지만 선진국 가운데 정치개혁, 특히 선거제도 개혁에 실패한 대표적인 나라로 손꼽을 수 있다. 21세기가 시작된 지 10년이 넘은 지금도 여전히 소선거구 다수득표선거제*방식을 고수한다. 이 제도는 득표수가 많은 정당이 의석수에서 역전 당하는 경우가 흔하게 발생한다. 프랑스는 결선투표제**를 도입해 대표성 문제를 해결했고, 독일은 혼

---

* 한 선거구에서 최다 득표자 한 명을 대표자로 선출하며 단 1표라도 앞서면 당선된다. winner takes all 또는 first-past-the-post(FPTP)라고 부른다.
** 다른 용어로 소선거구 2회 투표제라고도 부른다. 소선거구 다수득표선거제는 과반수가 미달해도 당선되지만, 결선투표제에서는 반드시 과반수를 득표해야 한다. 프랑스의 경우 1차 투표 결과, 해당 선거구 내 유효득표 총수의 2분의 1 이상이고 또한 유권자 총수의 25% 이상의 득표를 얻은 후보자가 있는 경우에는 당선이 결정된다. 그 외에는 1차 투표에서 유권자 총수의 12.5% 이상의 득표를 얻은 후보자 또는 상위 2명의 후보자를 대상으로 결선투표를 실시한다.

합명부비례대표제*를 통해 정당득표율과 의석을 일치하도록 보완했다.

물론 영국도 후진적인 선거제도를 대의민주주의에 대한 심각한 도전으로 받아들이고 여러 차례 정치개혁을 시도한 경험이 있다. 하지만 그 배경은 하나 같이 이해관계가 얽힌 정당들이 추진한 당리당략이었을 뿐 시민들의 '빵 문제'와는 전혀 무관한 일이었다. 그렇기 때문에 결국 100% 실패하고 오늘에 이르고 있다.

2011년 5월 영국 자유민주당(자민당, LD)**은 40년 숙원이던 선거제도개혁 안건을 드디어 국민투표에 부쳤다. 하지만 그 결과는 처참하리만큼 참담했다. 유권자들의 투표참여율은 겨우 42.2%에 불과했으며, 찬성표(32.1%)는 반대표(67.9%)의 절반에도 미치지 못할 정도로 국민들로부터 철저하게 외면을 받았다. 그 밑바닥에는 빵 문제, 즉 먹고사는 문제가 자리 잡고 있다.

〈표 36〉 2011년 5월 5일 영국 선호투표제에 대한 국민투표 결과 (단위 : 표, %)

등록유권자	투표수(투표율)	유효투표(비율)	찬성투표(비율)	반대투표(비율)
45,684,501	19,279,022	19,165,730	6,152,607	13,013,123
(비율)	42.2	99.41	32.12	67.90

※ 출처 : 데이터정경연구원(2020)

* 지역구와 비례대표를 혼합하는 투표방식MMP, Mixed-Member proportional이다. 정당 득표율에 따라 총의석이 결정되기 때문에 사표死票를 방지할 수 있는 장점이 있다. 독일에서 시작해 뉴질랜드 등이 도입했으며 독일식 정당명부제라고도 부른다.
** 1988년 사회민주당(SDP, 사민당)과 자유당이 합당해 만든 정당이다. 사민당은 1981년 노동당 탈당파 의원 20여 명이 창당해 1983년과 1987년 총선에서 자유당과 선거연대를 했으며, 1988년 자유민주당으로 통합한다. 자유당은 휘그당을 전신으로 하여 1859년 창당한 중도좌파~중도성향 정당이다. 이후 13차례 총선에서 보수당과 각축을 벌이며 60년 가운데 39년간 집권을 이어가는 등 양대 정당으로 자리 잡았다. 1900년 노동당이 등장하면서 당세가 크게 위축되었다.

2010년 5월 총선에서 노동당 13년 장기집권 체제는 무너졌다. 1997년 5월 총선에서 '신노동New Labour당' 노선을 주창한 토니 블레어가 혜성처럼 등장한 이후 총리 3연임을 기록하고 총선 없이 2007년 6월 고든 브라운Gordon Brown 재무장관에게 그 직을 넘겼다. 그런데 하필 2007~08년 미국발 서브프라임모기지사태subprime mortgage crisis*와 그 연쇄작용으로 국제 금융시장에 신용경색을 불러일으키자 금융업이 제1산업인 영국경제도 더불어 휘청거렸다. 그림자내각Shadow Cabinet**에서 10년 동안이나 공공지출담당 국무장관***과 산업통상자원 장관 및 재무장관으로 활동했으며, 무려 10년 2개월 동안 영국 최장수 재무장관을 역임한 산업·재무경제 전문가인 브라운 총리라고 해도 별 뾰족한 수는 없었다.

블레어 총리 시절 영국의 경제성장률은 연평균 3.1%로 선진국으로서는 꽤 안정됐으나 금융위기 직격탄을 맞으며 2008년 −0.3%, 2009년 −4.2%로 급락한다. 이는 정작 모기지사태 진원지인 미국이 2008년 −0.1%, 2009년 −2.5%를 기록한 것과 비교하면 오히려 더 낮은 수준이다. 거기다 실업률까지 덩달아 급증하는데, 블레어 정부 기간 연평균 5.4% 수준에 머물렀으나

---

* 서민주택담보대출을 서브프라임모기지라고 부른다. 미국은 낮은 대출 금리와 높은 주택가격 상승률 때문에 주택담보대출을 한 사람들이 파산하더라도 금융회사가 손해를 보지 않는 구조였다. 그 때문에 서민주택담보대출의 거래량은 증권형태(서브프라임 모기지론)로 폭증했다. 하지만 2004년 금융당국이 저금리 정책을 종료하자 미국 내 부동산 버블도 꺼지기 시작했고, 서브프라임 모기지론을 구매한 금융기관들은 대출금 회수불능 사태에 빠졌다. 2007년 벽두부터 미국 2위권 서브프라임 모기지론 회사인 뉴센추리파이낸셜, 10위권 인베스트먼트AHMI 등이 줄줄이 파산신청을 했다.
** 제1야당이 정권을 잡았을 때를 대비한 예비내각을 부르는 말이다. 양당제가 잘 발달되어 있는 영국과 캐나다, 호주 등 일부 영연방국가 등에서 정권탈환을 대비해 운영한다. 정부부처와 흡사한 형태로 총리와 각 부처를 맡는 각료를 정해놓으며 일상적인 정부 정책비판 또는 대안제시 등을 담당한다. 야당에서 여당으로 바뀔 경우 그림자내각을 구성한 의원들이 곧바로 장관에 임명되는 경우가 많다. 1907년 영국 보수당 네빌 체임벌린(Neville Chamberlain) 대표가 처음으로 그림자내각이라는 말을 사용했다.
*** 국무회의에 참석해 발언할 수는 있으나 의결권은 없는 장관을 말한다.

2008~09년엔 평균 7.5~7.8%로 껑충 뛰어올랐다.

브라운은 통화 및 재정정책 구조개혁을 위해 금리결정 권한을 영국중앙은행에 이양하고, 블레어가 도입한 개인소득세 최소세율 10% 한도를 폐지했다. 하지만 18년간 무상교육 실시, 국민의료보험NHS 보장 강화 등 사회주의 정책 등을 포기하지 않음으로써 적자재정은 지속된다. 그런데 2010년 5월 영국 총선은 보수당(데이비드 캐머런)과 노동당(고든 브라운), 그리고 자민당(닉 클레그) 등 주요 3개 정당 지도자 모두 전국단위 선거는 첫 출전이었다. 개표 결과, 서민원the House of Commons* 과반수(326석)를 차지한 정당이 없었기 때문에 36년 만에 헝 의회hung parliament**가 출현했다. 이로써 무려 81년 만에 선거에 의한 연립정부(연정)가 출범했다. 재·보궐 선거를 통해 총선 전 349석을 유지하던 노동당은 258석을 확보해 무려 91석을 잃었으며, 보수당은 210석에서 306석으로 96석을 늘렸다. 이와 같은 노동당의 참패는 1931년 이후 최대 의석 손실이었다.

한편 선거일을 겨우 일주일과 5일을 남겨두고 영국 유력 일간지 《가디언 The Guardian》과 《인디펜던트The Independent》는 자민당 공개지지를 선언한다. 《가디언》은 "점점 더 다원화되고 있는 사회를 제대로 대변하기 위해 100년 가까이 비례대표 선거제도개혁운동을 지원해왔으며 이번에 드디어 절호의 기회를 맞이했다"고 강조했다. 《인디펜던트》는 "선거제도 개혁에 반대하는 보수당을 심판하기 위해 85개 선거구에 집중적으로 자민당 후보를 위해

---

* 영국 하원을 서민원, 의결권이 없는 상원은 귀족원the House of Lords이라고 부른다.
** '헝hung'이란 대롱대롱 매달려 있어서 불안한 상태를 나타낸다. 내각책임제 국가에서 제1당 의석이 과반수에 미치지 못하는 경우를 뜻한다. 안정적인 의회 운영을 위해서는 다수당 또는 다수 정치연합의 과반수가 필수인데, 이에 미치기 못할 경우 국정이 불안정하게 운영될 수 있다는 의미에서 '헝 의회'라는 부정적인 말이 등장했다. 비례대표제 국가는 소수정당 난립으로 헝 의회가 오히려 일상적이지만, 소선거구와 양당체제인 영국에서 헝 의회가 나타나는 일은 드물다.

표를 던져야 한다"고 밝혔다.

그러나 총선 전부터 형 의회의 가능성은 예측됐으나 개표 결과를 보면, 두 일간지가 원한 '노동당 + 자민당'의 합계의석은 과반수에서 11석이나 미달하는 315석이었다. 스코틀랜드민족당(6석), 웨일즈당(3석), 사회민주·노동당(3석) 등 중도좌파 성향 군소정당들을 전부 끌어 모으면 과반이 가능도 했지만, 노동당 브라운 총리는 스코틀랜드 분리·독립을 주장하는 스코틀랜드 민족당(SNP)과의 연합을 거부하며 사임해버렸다. 결국 보수당–자민당 간 내각 수립을 위한 새 협상이 진행돼 5일 후 연립내각 출범을 알린다.

자민당에서는 의결권이 있는 23개 부처 가운데 클레그 대표가 부총리 겸 정치개혁담당 장관을 맡았고, 나머지 기술혁신·상무장관, 에너지·기후변화담당 장관, 스코틀랜드담당 장관, 재무장관 등 5개 부처 장관을 입각시켰다. 연정협약은 11개 항목으로 작성되었는데 1, 2번은 보수당이 경제위기상황을 강력하게 주장해 반영한 내용이다. 즉 "1. 양 당은 적자 축소와 경제회복이 영국이 직면한 가장 시급한 문제라는 데 동의한다. 2. 양 당은 국민의료보험시스템(NHS)과 학교에 대한 지출을 전면적으로 검토하고 금년 예산안에 반영한다.*"

노동당과 보다 가까웠던 자민당이 무리하게 연정에 참여한 까닭은 순전히 선거제도개혁 때문이었다. 그것은 연정협약 6번 항목으로 표현되었다. "하원의원 5년 임기를 보장하며 의원 55% 이상 찬성으로 해산한다. 선거제도개혁은 선호투표제도(AV, alternative vote)**를 도입하고 국민투표에 부친다.

---

* 토니 블레어 집권기간 노동당은 공공부문 지출은 전반적으로 감축하면서도 오히려 국민의료보험(NHS)은 강화하고, 고교 무상교육으로 교육예산을 GDP의 4.9% 수준에서 5.7%로 늘렸다.

** 소선거구제에서 최다 득표자가 유효투표의 50% 득표에 미치지 못할 경우 최저득표자에게 투표한 표를 두 번째 지지후보에게 배분하는 방식으로 계속 나누어 줌으로써 최종 당선인을 확정한다. 이는 지지후보의 낙선 가능성에 대비해 두 번째 지지후보까지 표시토록 하

(선거인에 비례하여) 모든 선거구를 동등하게 재조정할 수 있는 조항*을 신설한다. 유권자 10% 이상의 서명으로 하원의원 소환제를 도입한다. 비례대표 의원제도를 도입하여 제2의회를 구성하는 방안을 2010년 12월까지 법안을 발의한다. 정치자금제도개혁을 위한 구체적인 방안을 추진한다" 등이 골자였다.

〈표 37〉 2010년 5월 영국총선 당시 선거구별 선거인 현황 (단위 : 명, %)

	영국 전체	잉글랜드	웨일즈	스코틀랜드	북아일랜드
선거구당 평균	70,547	72,107	57,558	66,609	66,146
비율	100	102.21	81.59	94.42	93.76
선거인 최고	110,697	110,697	72,794	86,955	80,060
선거인 최저	40,492	58,615	40,492	34,552	62,697
선거인 비율		83.81	5.02	8.57	2.60
의석 할당비율		81.9	6.2	9.1	2.8

※ 출처 : 데이터정경연구원(2020)

하원의원 소환제 도입의 경우, 2009년 발생한 주택수당 횡령사건이 결정타로 작용했다. 영국하원은 지방출신 의원들이 회기 중 런던에 거주하며 높은 임대료를 감당하지 못하기 때문에 연봉 이외에 추가로 임시주택을 운영할 수 있도록 수당(the second homes allowance)을 지급한다. 2008~09년 회기에는 최대 월 2천 파운드를 주택임대료와 기타 부대적인 공공요금으로 청

는 방식이다. 주요 선진국 가운데 현재 호주가 시행 중이다.
* 우리나라 소선거구제는 특정지역이 인구 대비 많은 의석을 갖는 것을 막기 위해 전국 인구 편차를 2 대 1로 제한한다. 하지만 영국은 웨일즈, 스코틀랜드, 북아일랜드 등 각 자치주별로 최소 의석을 보장하는 방식과 각 자치주 내 선거구조정을 차례차례로 하는 방식이다. 이 때문에 의원 당 인구가 상대적으로 적은 웨일즈 등이 오히려 이익이다. 최근에는 스코틀랜드민족당이 스코틀랜드 지역을 휩쓸고 있는 현상도 이와 무관하지 않다. 2010년 총선 때는 최고 최소 간 선거인 비율이 3.2배나 차이가 났다.

구할 수 있다.

그런데 엄청난 숫자의 국회의원들이 이 제도를 악용해 가짜로 수당을 청구한 사실이 드러났다. 특히 주택수당뿐만 아니라 고급 양탄자와 고가가구 구입비 등은 물론이고, 심지어 정원손질 비용 등 개인서비스를 위한 비용까지도 청구했다. 금융위기 때문에 국가경제가 휘청거리고 있을 즈음 국민들의 분노를 더욱 자극했고, 브라운 총리는 고개를 숙이며 국민께 사과를 해야 했으며, 하원은 독립적인 조사위원회를 설치했다. 그 결과 총 390명 의원들에게 130만 파운드 상환을 요구했고, 이의제기 절차 등을 거쳐서 344명의 반환대상과 112만 파운드의 반환금액이 결정되었다.* 그 중 집권 노동당의원은 절반이 넘는 187명이 포함됐다. 당시 마이클 마틴Michael Martin(노동당) 하원의장이 의장직을 중도 사퇴했고 총 46명이나 의원 배지를 내놓았다. 데이비드 체이터David Chaytor(노동당, 3선) 의원이 1년 6개월 형을 선고 받는 등 6명이 감옥살이도 했다. 그 결과로 2010년 총선에서 초선이 무려 222명이 당선되고, 총 3분의 1 이상 물갈이 되는 이례적인 일이 발생했다.

2010년 5월 총선은 36년 만에 특정 정당이 단독 과반수 확보에 실패한 선거였다. 1당을 회복한 보수당이 자민당과 연정을 구성하기 위해 기존 당론을 버리면서까지 국민투표에 의한 선거제도개혁이라는 '당근'을 제안했다. 결국 이듬해 5월 국민투표가 실시됐지만 개표결과는 압도적인 부결이었다. 적지 않은 보수당 의원들의 반대와 노동당의 소극적인 태도가 주된 원인이었다.

특히 보수·자민당 연정 합의사항에 각각 자신의 정당이 선호하는 선거구제 도입을 자유롭게 캠페인하기로 허용했기 때문에 '이해관계'를 앞세운

---

* 2009년 10월 13일과 2010년 2월 4일, 영국하원 수당스캔들독립조사위원회가 《BBC뉴스》에 발표한 자료이다.

보수당 의원들에겐 선거구 재조정(안)이 오히려 불리할 수도 있었다. 정치적 목숨이 오락가락하게 된 보수당 소속의원들은 격렬하게 반대의사를 보였다. 또한 여전히 단독으로 정권 탈환을 노리는 노동당 의원들에게 연정의 제도화는 설득력이 별로 없었다. 그리고 보수당 의원과 지지자들의 주된 관심사는 선거개혁이 아니었다. 캐머런 총리는 정권 인수 직후 영국 경제상황이 "우리가 생각했던 것보다 훨씬 나쁘다"라고 말하면서 "지출삭감에 대한 고통스러운 결정을 해야 한다"고 공개 언급했다.

그런데 총선 과정에서 공정한 세금, 공정한 기회, 공정한 미래, 공정한 거래 등 4대 공약을 내세우며 특히 학교별 250만 파운드 지원약속으로 '공정한 기회보장'을 핵심공약으로 내세운 클레그 자민당 대표는 매우 곤혹스러웠다. 자민당은 5년 전 총선에서 2차 대전 이후 최대인 62석을 획득했으며, 2010년에는 의석은 5석을 잃었으나 득표율은 신기록(23%)을 세웠다. '등록금 인상에 반대하겠다'는 공약이 청년층을 중심으로 크게 어필했기 때문이다.

하지만 연정참여 대가로 보수당의 긴축재정정책을 동의함에 따라 이 공약을 포기했고, 그에 따라 자민당이 받은 타격은 혹독했다. 자민당이 정체성을 훼손해가며 연정에 참여했으나 성과는 빈손이었다. 보수당은 2010년부터 5년간 긴축재정으로 공무원은 51만 7천 명에서 42만 5천 명으로 9만 2천 명 감축했다. 공교육 종사자 등 공공부문전체로는 643만 4천 명에서 550만 명으로 무려 93만 4천 명이나 줄였다. 임금도 2011~12년은 동결, 그 이후는 1% 이내 인상으로 인플레를 고려하면 사실상 삭감이었다. 그리고 공무원연금도 개인부담비율을 높이고 수급개시연령은 기존 65세에서 68세로 늦췄다. 이에 150만 명 이상이 32년 만의 대규모 집단 파업을 벌이며 반발했지만 보수당 정부는 눈 하나 깜박하지 않았다. 심지어 국방예산도 8%나 칼질을 하며 당초 계획했던 전투기 도입까지 미뤘다.

그 결과 1천550억 파운드까지 폭등했던 재정적자가 2015년에는 절반 수준으로 뚝 떨어졌다. 이른바 경제 우선주의 전략이었다. 따라서 국민들은 정치개혁에는 관심조차 두지 않았고, 특히 홍보부족으로 복잡한 방식인 선호투표제를 잘 몰랐다. 결과적으로 2011년에 하원에서 3독회를 거친 후 50석을 감축하는 법률이 321 대 264로 통과되고, 2013년에 의결된 법안을 통해 2020년에 이를 실행하기로 결정되었으나 최종 의결이 되지 않아 2015년 총선에서도 650석이 그대로 유지돼 오늘에 이르고 있다.

캐머런 총리는 2015년 총선에서 직전보다 24석을 늘려 단독과반수 확보에 성공함으로써 자민당과의 연정은 더 이상 없던 일이 되었다. 스스로 정치개혁담당 부총리를 맡아 선거제도개혁에 올인 한 클레그의 자민당은 57석에서 8석으로 추락했다. 득표율도 다시 한 자리인 7.9%로 원위치했다. 세계금융위기 격랑 속에서 당리당략을 앞세운 자민당에게 영국 유권자의 시선이 고울 리가 없었던 것이다.

1997년 5월 총선 때도 비례대표 선거제도개혁 공약이 등장했다. 1974년부터 제3당인 자유당득표율은 두 자리로 증가하였으나 소선거구제도 아래에서 의석 점유율은 정체상태였다. 노동당도 1979년 5월 마가렛 대처의 보수당에게 정권을 빼앗긴 후 무려 18년 동안 네 차례 연속 총선에 패배하며, 재집권 전략을 위해 자민당과의 연합이 필수라는 판단에 이르렀다. 보수당 정권이 1997년까지 계속 이어지면서 양당은 선거제도개혁에 관한 논의를 본격적으로 진행한다. 노동당은 재집권 전략이었으며, 자민당은 민의를 의석으로 반영하기 위한 피눈물 나는 노력이었다. 마침 자유당도 사민당과 선거연대를 거쳐 1988년 자민당으로 통합을 함으로써 좌 클릭을 강화하고, 노동당과 자민당 간 정책연합 가능성도 더욱 높아졌다.

노동당 내 중도파이자 신노동당(New Labour) 노선을 내건 토니 블레어가 1994년 당대표에 취임한 이후 노동당 탈당파이자 자민당 원내대표를 맡고 있던 로이 젠킨스Roy Jenkins와 중도·중도좌파연정에 관해 많은 의견을 교환했다. 이 두 정당은 1997년 5월 총선에서 선거제도개혁안을 국민투표에 부치겠다고 공동으로 총선공약을 내세웠다. 그리고 총선 승리 직후 블레어 총리는 개혁안 마련을 위한 독립기구(일명 젠킨스위원회)를 출범시키고 젠킨스 상원의원을 의장에 임명한다. 젠킨스위원회는 정기회 기간 중인 10월 29일 영국 맞춤형 혼합선거제도(MMP)를 하원에 보고했는데 다음과 같다.

첫째, 영국 대의정치의 상징인 양당제를 사실상 포기하도록 권고한다. 둘째, 이를 위하여 기존 1인 1표 소선거구다수득표방식을 1인 2표로 바꾸되, 소선거구제와 비례대표제를 혼합한다. 세부적으로 현행 659개인 지역구 숫자를 15~20% 정도 감축해 소선거구제는 유지하고, 나머지는 최대 5개의 소선거구를 하나로 묶어 98~132석을 전국득표율에 따라 각 정당에 배분한다. 셋째, 소선거구제의 경우 '선호투표제(AV)'를 도입한다. 즉 선호투표제 도입은 이미 이때 초안이 나온 상태였다.

한편 젠킨스 개혁(안)이 공개되자 이에 대해 블레어 총리는 즉각 "근거가 분명하고 설득력이 있다"며 임기 내 국민투표를 통해 선거법 개정안을 확정하겠다는 공약을 재확인했다. 《인디펜던트》 등 비례대표제 도입에 앞장서온 다수 언론사는 "사표(死票)를 방지하며, 군소정당에 대한 불이익을 최소화하는 장점도 있다"라고 보도했다. "이 제도가 공식 채택될 경우 제3당인 자민당이 가장 큰 이익을 보게 돼 노동당과 보수당의 양당 정치가 더 이상은 어려워질 것이다"라는 전망을 내놓기도 했다.

그러나 《파이낸셜타임스》는 "젠킨스 안은 세계에서 유일하며 가장 복잡한 선거방식"이라고 비판했고, 보수당을 지지하는 일부 언론에서도 노동당·자민당이 기도하는 중도·좌파연정 영구집권음모라고 비난했다. 하지만 이 개혁안은 조용히 땅 속에 묻혔다. 2000년쯤으로 예상됐던 국민투표 약속도 노동당 의원들의 반대 속에 흔적 없이 사라졌다. 1997년 63.4%, 2001년 62.7% 등 당시 의석점유율 60% 이상을 구가하던 노동당 입장에서 보면 선거제도

개혁을 할 필요가 전혀 없어졌기 때문이었다.

블레어 내각에 핵심으로 참여 중이던 존 프레스콧John Prescott 부총리, 고든 브라운 재무장관, 잭 스트로Jack Straw 내무장관, 마가렛 베켓Margaret Beckett 산업통상장관 등 노동당 내 주요 인물들도 강력하게 반대에 나섰다. 선거제도가 거대 양당에 유리하게 설계되었다는 이유다. 실제로 보수·노동 양당은 선거 때마다 평균 110석 이상 초과의석을 얻고 있으며, 이와 반대로 자민당은 최고 100석 이상씩 손실을 보기도 한다. 때마침 한국 등 아시아에서 불어 닥친 외환위기가 유럽까지 강타해 금융 중심 영국경제를 살리는 문제가 첫 번째 과제로 제시된 상황도 한 몫을 거들었다. 정치개혁을 추진하기에는 시기가 썩 좋지 않았다.

〈표 38〉 2차 대전 이후 영국 주요 총선에서 자민당 의석손실 현황 (단위 : %, 석)

연도	노동당 + 보수당		자민당	
	의석율(초과의석)	득표율(획득의석)	의석율(손실의석)	득표율(획득의석)
1974년 2월	94.17(121)	75.08(598)	2.20(-109)	19.35(14)
1997년	88.47 (96)	73.89(583)	6.98(-64)	16.76(46)
2010년	86.77(141)	65.05(564)	8.77(-93)	23.03(57)
평균	89.76(119)	71.45(582)	6.02(-88)	19.65(39)

※ 출처 : 데이터정경연구원(2020)

1974년 2월 총선 직후에도 선거제도개혁의 기회가 있었다. 이 선거에서도 과반의석을 얻은 정당은 출현하지 못했다. 총 635석 가운데 보수당(297석)은 노동당보다 0.7% 더 많은 득표를 하고서도 의석은 4석이나 뒤졌다. 보수당의 에드워드 히스Edward Heath 총리는 즉각 패배를 인정하지 않고, 중도우파 성향 북아일랜드연합당(7석)과 협력을 기대하며 먼저 자유당(14석)과 공식 연정을 제안한다. 그런데 자유당 제레미 소프Jeremy Thorpe 대표는 당시 보수당에 우호적이지 않았기 때문에 입각 외에 추가로 선거제도개혁 및 이를 위한 의회 대표자회의 설치를 요구했다. 자유당 입장에서는 1931년(6.5%) 총선 당시 한 자리 수로 지지율이 추락한 이후 1964년(11.2%)에 이어 실로 오랜 만에 맞이하는 지지율 상승(19.3%)이며, 이는 절호의 기회였기 때문에 절대로 놓칠 순 없었다.

그러나 히스 총리가 이를 거부하고 4일 만에 사임함에 따라 노동당 소수 정부가 출범하고 8개월 후 재선거가 실시된다. 10월 총선에서 노동당은 과반수에서 1석 초과한 319석으로 승리해 3차 헤럴드 윌슨Harold Wilson 내각이 성립한다. 그런데 불안한 과반수가 문제였다. 1976년 4월 제임스 캘라한 James Callaghan이 총리직을 이어 받았으나 그해 영국은 국제 석유파동 여파로 금융위기가 찾아와 국제통화기금(IMF)에 거의 40억 달러에 달하는 대출을 신청해야 했다.

IMF가 공공지출삭감 등 강력한 구조개혁을 요구하면서 영국경제와 사회 전반은 휘청거렸다. 노동당도 잇따른 재·보궐선거 패배로 과반수에 미달하는 상황이 발생하자 결국 노동당도 자유당에 손을 내밀 수밖에 없었다. 총선 없이 1977년 3월 캘라한 총리는 데이비드 스틸David Steel의 자유당에게 연대를 제안하며 이는 16개월 간 유지된다. 이 연정은 각료를 파견하지 않는 정책연대였다. 협약의 핵심내용은 역시 선거개혁이었다.

이렇게 해서 양당 합의로 1976년 선거개혁위원회가 출범했으며, 하원의석 4분의 1을 비례대표로 선출하는 개혁안을 제시했다. 하지만 보수·노동당 양당은 차기 총선에서 단독 과반의석 구성이 어려워질 수 있다고 판단하고 제도개혁을 미적거렸다. 이번에는 2차 석유파동을 앞에 두고 세계경제가 또 다시 혼란에 빠져들었고 영국경제도 추락을 모르고 하강 중이었다. 역시 먹고사는 문제가 더 급했다. 자유당은 득표율과 의석이 동시에 하락했다.

검찰개혁이 밥 먹여줄까? 연동형으로 선거제도개혁을 하면 내 삶에 변화가 있을까? 여의도 정치권이 2019년 한 해를 내내 뜨겁게 달군 이슈는 바로 이 두 가지로 요약할 수 있다. 전자는 문재인 대통령의 대선공약이며, 후자는 정의당 등 군소야당들이 자신들의 정당득표율과 의석을 일치시키기 위한 오랜 소망이었다.

"재석 176인 중 찬성 159인, 반대 14인, 기권 3인으로서 윤소하尹昭夏 의원이 발의하고 155인이 찬성한 고위공직자범죄수사처 설치 및 운영에 관한 법률안에 대한 수정안은 가결되었음을 선포합니다." 2019년 12월 30일 오후 7시 3분 국회 본회의장. 드디어 문희상文喜相 국회의장의 손에서 의사봉 3타가 이루어지자 더불어민주당 의원들은 환호했다. 이인영李仁榮 원내대표는 법안통과 직후 여러 언론과 인터뷰에서 검찰개혁의 물꼬를 텄다며 "비대한 검찰 권력을 분산하고 권력기관 간에 견제와 균형을 통해 민주적 통제가 가능한 자리에서 국민의 검찰로 다시 태어나길 기대한다"라고 평가했다. 제1야당인 당시 자유한국당 의원들은 집단 반발하며 의결 자체에 응하지 않았다. 당시 재적의원 295명 가운데 자유한국당 소속은 108명으로 어차피 표대결을 해봐야 빤할 빤 자였기 때문이다.

약칭 공수처법으로 불리는 '고위공직자범죄수사처 설치 및 운영에 관한 법률안'은 고위공직자에 대한 수사권·기소권·공소유지권을 이양해 검찰의 정치화를 막고 독립성을 제고하기 위한 취지로 1996년 시민사회단체가 요구해 처음 논의를 시작한다. 2017년 5월 대선 당시 문재인 후보가 중앙선거관리위원회에 제출한 10대 공약을 살펴보면 두 번째 큰 제목이 '국민이 주인인 대한민국'이며, 다시 세부항목 두 번째에 '고위공직자비리수사처 신설 및 검경수사권 조정' 등 검찰개혁에 대한 약속이 포함돼 있다. 따라서 문재인 대통령의 검찰개혁 공약은 '2-나' 정도 순서가 된다. 한편 문 대통령의 첫 번째 공약은 큰 제목이 '일자리를 책임지는 대한민국'이며, 세부항목으로 '공공부문을 중심으로 일자리 81만 개 창출'이다.

공수처법은 총선을 거쳐 국회가 바뀔 때마다 여러 의원들이 법안을 제출했지만 번번이 본회의 문턱을 넘지 못했다. 여당인 민주당은 2019년 4월 26일 검사 출신 백혜련白惠蓮 의원이 단일안을 만들어 대표 발의했으며, 제안이유 및 주요내용으로 "고위공직자의 직무 관련 부정부패를 엄정하게 수사하기 위한 독립된 수사기구의 신설 필요성이 제기되고 있다. 실제 이런 취지와 기조로 설치된 홍콩 염정공서(廉政公署), 싱가포르 탐오조사국(貪污调查局)은 공직자 비위 근절과 함께 국가적 반부패 풍토 조성에 성과를 거두고 있는 것으로 나타나고 있다. 고위공직자의 직무 관련 부정부패를 독립된 위치에서 엄정수사하고 판사, 검사, 경무관급 이상 경찰에 대해서는 기소할 수 있는 기관인 고위공직자범죄수사처를 설치하여 고위공직자의 범죄 및 비리행위를 감시하고 이를 척결함으로써 국가의 투명성과 공직사회의 신뢰성을 높이려는 것이다"라고 밝혔다.

그런데 2017년 5월부터 야당이 된 자유한국당(현 미래통합당)은 공수처가 오히려 "정권핵심을 보호하는 기관"이라며 극렬 반발하고 나섰다. 수십 명 국회의원이 몸싸움을 하면서까지 법안상정 저지에 나섰고, 이 과정에서 다수의 여야 국회의원들이 형사기소가 되는 우여곡절을 겪었다. 어쨌든 문희상 의장은 2019년 4월 30일 0시를 기해 검찰개혁 3법(공수처법, 검찰청법 개정안, 형사소송법 개정안)과 공직선거법 개정안 등 4개 법안을 신속처리안건(fast track)*으로 지정하였다. 검찰개혁 3법이 필요한 민주당과 연동형 선거법이 절

---

* 흔히 패스트트랙이라고 부른다. 패스트트랙 지정 후에는 소관 상임위원회는 180일, 법제사법위원회는 90일 이내에 심사를 마쳐야 한다. 본회의에 부의된 이후로는 반드시 60일 이내에 본회의에 상정하도록 국회법에 명시되어 있다.

실한 정의당 등 군소야당 간 빅딜이 이루어진 셈이다. 8개월 후에 국회를 통과한 이 법안들은 바로 이 패스트트랙 절차를 다 완료하고 난 후 처리되었기 때문에 형식요건 자체로는 아무런 문제가 없다.

검찰개혁의 가장 큰 명분은 검찰 권력의 분산이다. 그동안 우리나라 검찰은 수사권과, 기소독점권*, 그리고 기소·불기소에 대한 재량권** 등 무소불위의 권력을 행사해왔다고 비판받았다. 이는 일제가 남긴 잔재이다. 그러나 역시 공수처라는 검찰과 유사한 권한을 갖는 새로운 권력기관이 탄생했다. 물론 공수처는 그 수사대상이 고위공직자에 한정되기 때문에 일반 국민의 삶과는 하등 상관이 없다. 그러나 검찰이 일상적으로 우리 국민에게 미치는 영향이 어느 정도일지 살펴보면 검찰개혁에 관한 문제를 다시 한 번 생각해 볼 수 있다.

6·25 전쟁 70주년을 맞고 남북 사이에 총부리를 겨누고 있는 지구상 유일의 분단국가임에도 우리 대한민국은 비교적 치안이 안전한 상태로 알려져 있다. 넘베오닷컴(Numbeo.com)은 세계 각 나라와 도시 간 비교통계를 보여주는 사이트이다. 이곳에 접속하면 해외여행객을 위한 생활물가, 치안상태 등을 한 눈에 볼 수 있다. 주로 현지 여행을 다녀온 사람들로부터 온라인 설문을 받아서 범죄와 안전지수를 점수화 한다. 상위권은 휴양지 국가나 싱가포르와 같이 치안이 완벽한 나라들이다. 최 하위권에는 최근 경제파탄으로 혼란을 겪고 있는 베네수엘라와 분쟁지역 남수단 등이 랭크되어 있다. 우리 대한민국은 최근 3년 동안 순위가 다소 하락하긴 했으나, 2013부터 2016년까지는 1~4위를 차지했다. 세계 최고수준을 자랑하는 치안국가로 범죄에서

---

* 형사사건에 대하여 법원에 재판을 넘기는 권한을 공소제기권(기소권)이라고 말한다. 우리 나라는 이를 검사가 독점해왔기 때문에 비판을 받아왔다.
** 형사소송법상 기소에 관하여 검사의 재량을 인정해 기소 또는 기소유예를 처분할 수 있도록 한다. 이에 대응하는 제도를 기소법정주의라고 부른다.

만큼은 안전하다는 사실을 외국인 여행객들이 보증해주는 셈이다.

<표 39> 국가별 범죄 및 안전지수 순위

	1위	2위	3위	한국 순위/전체
2019년	카타르	일본	아랍에미리트	34위/118개국
2018년	일본	카타르	싱가포르	28위/115개국
2017년	카타르	싱가포르	대만	17위/125개국
2016년	대한민국	싱가포르	일본	1위/117개국
2015년	맨섬	싱가포르	투르크메니스탄	4위/147개국
2014년	몰타	대한민국	맨섬	2위/128개국
2013년	일본	대만	홍콩	4위/118개국

※ 출처 : 넘베오닷컴

    법무부가 2018년 국정감사 자료로 제출한 통계를 살펴보면, 2013부터 2017년까지 5년 동안 전체 형사사건은 1천269만 7천여 건이 접수되어 이중 433만 7천여 건을 기소했다. 5년 동안 연평균 기소율은 34.2%이다. 기소는 '구 공판*'과 '구 약식**' 둘 다를 포함한다. 또한 대검찰청 통계자료에 의하면, 형법범죄 기소율은 2002년 38.2%에서 2018년 29.8%로 점차 감소하고 있다.

    대검은 기소율이 감소하는 이유로 "사법절차에서 비교적 엄중한 증거를 요구하기 때문일 수 있고, 형법범죄 중에서 기소율이 상대적으로 높은 강력범죄(흉악+폭력) 비율이 감소하고 있기 때문일 수도 있다"라고 설명한다. 실제로 형법범죄 중에서 강력범죄의 비율은 2002년 36.7%에서 2018년 27.2%로 크게 감소하였다.

* 기소의 종류 중 하나다. 피의사실 또는 범죄사실이 중대할 경우 검사가 법원에 정식재판을 청구(공소의 제기)해 공판을 진행한다.
** 기소의 종류 중 하나다. 피의사실 또는 범죄 사실은 인정되지만 그 사실이 경미하여 벌금형이 예상되는 경우에 정식재판과 달리 피고인을 출석시키지 않고 약식명령을 구하는 재판(서면재판이라고 한다)을 청구(舊 약식기소)한다.

그런데 대검찰청 범죄분석통계를 재구성해보면, 2014~18년(5년) 사이 고소 및 고발사건 평균 기소율은 20.8%이고 벌금형이 예상돼 약식명령에 그치는 기소를 제외한 정식재판 청구 기소는 겨우 6.45%에 불과하다. 그리고 또 강력범죄 기소율은 점점 낮아지는 추세이며 재범률은 21~25% 사이에서 오히려 늘어나고 있다. 따라서 다음과 같이 계산할 수 있다. 최근 5년 평균 형사사건 접수는 약 200만 건이다. 기소율 6.45%에 재범률을 제외하면 실제 기소율은 4%대 후반, 약 5% 미만이다. 그래서 기소율 5%를 적용하면 연간 약 10만 건이다. 즉 재범률까지 감안해 계산하면 실제 검사에게 정식으로 기소를 당해 형사재판을 받는 경우는 매년 10만 명 정도라는 얘기다.

⟨표 40-1⟩ 전체 형법범죄 기소율 (단위 : %)

	2014년	2015년	2016년	2017년	2018년
전체	30.2	28.5	29.6	30.3	29.8
재산범죄	25.3	25.4	27.4	28.3	27.6
흉악범죄	52.3	47.8	44.6	47.8	48.2
폭력범죄	29.0	25.2	24.7	25.8	26.8

※ 출처 : 대검찰청, 범죄분석통계

⟨표 40-2⟩ 고발 및 고소사건 처리현황 (단위 : 건, %)

		2014년	2015년	2016년	2017년	2018년	합계
접수		684,402	705,689	685,301	668,360	714,111	3,457,863
처리	계	680,782	708,905	683,655	661,220	704,080	3,438,642
	구공판	46,110 (6.77)	43,221 (6.10)	45,478 (6.65)	43,122 (6.52)	43,932 (6.24)	221,863 (6.45)
	구약식	106,845 (15.69)	103,890 (14.65)	98,853 (14.46)	92,479 (13.99)	90,408 (12.84)	492,475 (14.32)
	불기소	363,072	400,838	373,318	366,444	400,216	1,903,888
	기타	158,755	160,956	166,006	159,175	168,524	813,416

※ 출처 : 데이터정경연구원(2020)/원시데이터 : 대검찰청 검찰통계시스템

연도	2014년	2015년	2016년	2017년	2018년
비율	22.1	21.4	24.8	24.7	25.7

※ 출처 : 법무부 법무연감/재범률 = 3년 이내 재복역률

결국 평균수명 80세를 적용하면 800만 건이기 때문에 한 평생 동안 법정에서 검사와 마주보고 얼굴을 붉히며 유·무죄를 다퉈야 하는 비율은 이론적으로 최대치를 잡아도 15% 남짓이다. 그렇기 때문에 문재인 정부가 검찰개혁, 공수처, 촛불혁명 완수 등등을 3년 동안 부르짖었지만 사실 일반 서민들에게는 피부로 썩 와닿지 않는다.

::::: 정치개혁에도 표가 없다

검찰개혁만큼이나 공허한 사건은 노무현 정부 당시 집권 열린우리당이 추진한 4대 개혁입법이다. 사실상 입법 실패는 물론이고 그 결과로 정권을 잃었다. 2004년 4월 총선에서 열린우리당은 152석을 얻어 과반수를 확보했다. 1987년 민주화 이후 여대야소(與大野小)는 이때가 처음이었다. 여당은 정기국회에서 반드시 통과시켜야 할 주요 핵심 법안을 채택했는데, 국가보안법·사립학교법·과거사진상규명법·언론관계법 등이 그것이다. 새로 진입한 초선 108명 가운데 진보성향을 띄는 의원들이 다수 포진해 개혁 드라이브를 거세게 요구했기 때문이다.

열린우리당은 이 법안들을 '4대 개혁입법'으로 명명했지만, 한나라당은 '4대 악법(惡法)'이라는 조어(造語)로 비아냥거렸다. 특히 박근혜 당시 대표는 국론분열법이라고 부르며 완강하게 저항했다. 여야가 4개 법안을 놓고 강경하게 충돌한 이유는 자신들의 지지기반인 진보 또는 보수층의 입장을 대변하고 있기 때문이었다.

17대 국회에서 발생한 사실상 첫 몸싸움은 바로 국가보안법 폐지안 상정을 둘러싼 충돌에서 발생했다. 첫 정기국회 폐회를 3일 남겨둔 2004년 12월 6일, 다급해진 열린우리당은 법사위 회의실에서 '국가보안법 폐지안' 변칙 상정을 시도했고 한나라당이 이를 저지하는 과정에서 육탄전을 벌였다. 같은 날 사학법 개정안에 대해 여야 모두 한 발짝도 물러서지 않는 모습 역시 각각 전교조와 사립학교 재단으로 대표되는 두 진영이 국민에게 사실상의 '보(保)-혁(革)' 갈등을 보여주었다. 신문법 등 언론관계법은 진보 여권에게 비판적인 논조를 보이고 조·중·동 등 보수언론사에 대한 표적입법이라는 야당의 주장이었다. 과거 권위주의 시절 권력의 부당한 행사로 인한 피해를 규명하겠다는 취지로 추진해온 과거사법에 대하여 한나라당은 이 법이 내용적으로 박근혜 대표의 부친인 박정희朴正熙 전 대통령을 겨냥하고, 자신들의 원조 격인 제5공화국을 공격하겠다는 의도라고 비난했다. 정기국회는 강(强) 대 강(强)의 대치가 이어지며 예산안조차 처리하지 못하고 말았다. 전체 의원의 63%가 초선의원으로 구성돼 새로운 정치를 선보일 것이라는 기대는 첫해에 이미 사라졌다. 법률안 처리를 보면, 개원 첫 정기국회 실적으로 역대 최저인 10%대에 불과한 초과한 성적표를 남겼다.

〈표 41〉 15~17대 첫해 정기국회 법률안 처리 실적 (단위 : 건)

	법률안 접수	가결	의원입법 가결	정부입법 가결
17대 첫해 정기국회	972	170(17.5)	92	78
16대 첫해 정기국회	524	122(23.3)	67	55
15대 첫해 정기국회	396	121(30.6)	45	76

※ 출처 : 데이터정경연구원(2020)/원시데이터 : 국회 의안정보시스템

한편 우여곡절 끝에 2004년 마지막 날 임시국회를 열어 신문법 하나만 겨우 통과시켰다. 그것조차 여야 협상과정에서 과점신문사의 점유율 산출범위

를 당초 여당(안)인 11개 중앙일간지에서 전국 140여개 일간지로 바꿈으로써 조·중·동의 독주를 막겠다던 입법취지는 온데간데없게 만들어버렸다. 그리고 2005년 새해를 맞았다.

상반기 국회의원 재선거는 당선이 무효가 된 전국 여섯 군데 선거구에서 4월 30일 국회의원을 새로 뽑았다. 개표결과 열린우리당은 전패했고 한나라당은 5석, 무소속 1석 등을 나눠가졌다. 이로써 국회는 열린우리당 146석, 한나라당 125석, 민주노동당 10석, 새천년민주당 9석, 자민련 3석, 무소속 6석 등으로 재편되었다. 야당은 147석(무소속 제외)이며 다시 여소야대가 돼버렸다. 4대 개혁입법은 더 이상 동력을 잃었다. 재선거 직후인 5월 3일 여야는 합의를 통해 과거사법을 통과시켰다. 여당 내 진보성향 의원들이 소리 높여 반대를 했음에도 '누더기 과거사법'은 찬성 159, 반대 73, 기권 18표로 본회의 문턱을 넘었다. 반대토론에 나선 의원들은 시민단체 출신 또는 언론사 관계자를 위원으로 위촉할 수 없다는 독소조항을 문제 삼았다.

마지막으로 '사학법 개정안'도 전격적으로 국회를 통과했다. 이번에는 한나라당의 반대 속에 김원기金元基 국회의장이 직권상정을 한 후 강행·처리했다. 2005년 정기국회 마지막 날인 12월 9일 한나라당의 불참 속에 재석 154, 찬성 140, 반대 4, 기권 10표로 16대 국회부터 끌어온 사학법 개정안은 마침내 종지부를 찍었다. 그리고 여야 대표 간 수정안을 제안한 국가보안법은 끝내 타협이 되지 않음으로써 미완으로 남게 되었다. 여당 내 적지 않은 강경파 의원들이 폐지만을 고집했기 때문이다.

해를 넘겨 2006년 5월 지방선거에서 열린우리당은 완패했다. 여당으로서는 1960년 총선에서 자유당이 참패한 이후 최악의 성적표이다. 16곳 시·도지사 가운데 전북지사 단 1곳만을 건졌다. 심지어 국회의석 9석에 불과한 미니정당 민주당(2곳)에게도 뒤졌다. 기초단체장에서도 수도권 단 1곳(구리시장)을 포함해 19석에 그쳤다. 한나라당은 230석 중에 155석(점유비중 67.4%),

민주당도 호남지역에서만 20석을 가져갔다. 정당득표율(광역의원 비례대표)로 비교해 봐도 여당은 처참했다. 열린우리당은 21.6%로 한나라당(53.8%)의 40% 수준밖에 얻지 못했다. 패인은 경제문제, 특히 부동산폭등 때문이었다. 참여정부는 행정중심복합도시, 혁신도시, 기업도시 등을 추진하며 보상비로만 무려 100조 원가량을 풀었다. 공시지가를 기준으로만 해도 무려 1천872조 원의 땅값이 참여정부 때 올라 전국을 땅 투기장으로 만들다시피 했다. 김근태金槿泰 열린우리당 의장이 계급장을 떼고 분양원가 공개토론을 붙자고 했지만, 노무현 대통령은 끝까지 이를 거부했다.

여당이 정치색 짙은 4대 개혁입법에 매달려 있는 사이 강남지역을 중심으로 아파트가격은 폭등했다. 참여정부 5년 동안 아파트 가격이 가장 많이 오른 곳은 송파구(82.8%)와 강남구(79.9%), 서초구(79.4%) 등 강남3구다. 정부는 주로 투기수요억제를 통해 부동시장 가격을 안정시키겠다는 정책을 30여 개 이상이나 쏟아냈다.

2003년에는 5·23 부동산가격안정대책과 10·29 주택시장안정 종합대책을 발표했다. 2004년에도 2·4 주택거래신고제 및 토지거래허가요건 강화대책을 내놓았다. 2005년은 가장 핵심인 8·31 서민주거안정과 부동산 투기억제를 위한 부동산제도 개혁방안이 발표됐다. 그리고 2006년 지방선거를 앞두고 8·31 대책의 후속 대책으로 발표된 3·30 서민주거복지 증진과 주택시장 합리화 방안 등이 그것이다. 그나마 당시 그래도 실효성이 있다는 8·31대책은 보유세를 0.15% 수준에서 1%까지 끌어올리겠다는 야심찬 계획이었으며 다행히 2005년 정기국회에서 입법에도 성공했다.

하지만 대안은 이미 너무 늦어버렸다. 대통령 국정지지도는 20%대로 내려앉았고 여당도 과반의석이 허물어진 상태였다. 부동산시장의 반응은 보수정부로 정권이 교체되면 원위치될 것이라고 굳게 믿었다. 정부가 아무리 얘기해도 강남불패 신화는 결코 꺼질 줄 몰랐다. 2005년 1월에는 서민주거 안정과 부동산투기 억제를 목적으로 종합부동산세(종부세)를 도입해서 그 해 2005년에 4천413억 원, 2006년 1조3천375억 원, 2007년 2조4천143억 원까지 엄청나게 늘리며 징수했다. 하지만 야당은 물론이고 중산층 지지자들로부터 '세금폭탄'이라는 역풍을 만났다. 이 여파까지 겹쳐 2007년 12월 대선에서 여당의 정동영 후보는 역대 최다 표 차이로 정권을 빼앗겼다.

〈표 42〉 역대 정부별 아파트매매가격 변동률 (단위 : %, 단, 2015년 12월 = 100)

정부	전국	서울	서울강북	서울강남	부산	대구
노태우	70.0	70.7	68.1	69.5	78.0	35.0
김영삼	3.2	2.0	−0.5	3.5	−9.5	−11.2
김대중	38.5	59.8	31.0	77.9	32	32.1
노무현	33.8	56.6	41.4	67.0	5.9	15.0
이명박	15.9	−3.2	0.6	−6.5	55.2	22.1
박근혜	9.8	10.1	8.4	11.5	12.1	33.6

※ 출처 : 중앙일보 2017년 6월 11일 기사/원시데이터 : KB국민은행 아파트매매가격 지수/정권 초기 2월부터 말기 2월까지 변동률 비교/박근혜 정부는 탄핵된 2017년 3월까지의 변동률임

10

반공·반북은 전가의 보도인가

　목사인가? 극우 정치인인가? 2019년 한여름부터 겨울까지 온 나라를 뜨겁게 달군 이슈는 단연 조국 전 법무부장관 사건이다. 그 반대편에 선 인물은 이른바 광화문 태극기부대로 상징하는 전광훈全光熏 목사이다. 공식적으로는 목사직을 갖고 있는 종교인이지만 그는 오히려 극우성향 정치활동으로 악명을 떨치고 있다. 2019년 2월 대부분의 개신교 교단이 집단 탈퇴한 한기총(한국기독교총연합회) 대표회장이 되면서부터 본격적으로 반 문재인 집회에 선봉을 서고 있다. 이 과정에서 온갖 막말과 기이한 행동, 지역 주민들에 대한 민폐, 불법 모금 의혹 등 각종 물의를 일으키고 결국 불법선거운동 등 혐의로 2020년 2월 구속되었다.

　학력 위조 논란도 불거지면서 실제로 안양대학교의 전신인 대한신학교를 다녔는지에 대해 의혹이 제기된 상태이다. 한국교회 8개 교단으로 구성된 이단대책위원장협의회는 전광훈을 이단 옹호자로 규정하였으며, 2019년 9월 예장총회(백석대신)에서 면직을 함으로써 그는 목사직이 박탈되었다. 그러나 같은 달 문재인하야범국민투쟁본부(범투본)를 출범시키고 스스로 총괄

'조국수호 검찰개혁' 서초동 집회

대표에 취임했으며 광화문집회와 청와대 인근 농성 등을 주도하면서 극우 포퓰리스트로서 주가를 올린 바 있다. 한때 미래통합당 황교안黃敎安 대표가 공동 집회에 참여하기도 했으나 여러 가지 이유 때문에 2020년 1월부터 갈라섰다.

전광훈의 본격적인 정치활동은 2007년부터 등장한다. 그는 17대 대통령선거를 앞두고 마산의 교인집회에 참석해 "올해 12월 대선에서는 무조건 이명박을 찍어! 만약 (이 후보를 찍지 않으면) 내가 '생명책*'에서 지워버릴 거야"라고 말한 사실이 대선을 앞두고 공개돼 파문이 일었다. 대선이 끝난 직후 전광훈은 2008년 1월 "친북좌파 척결"을 구호로 내걸고 가칭)사랑실천당 창당을 주도했다. 이후 기독민주복지당(전신 한국기독당)과 통합해 18대 총선에 나섰으며 정당득표 2.59%와 지역구에 나선 3명의 후보가 평균 1.66% 득표에 그쳐 당선인 단 1명도 내지 못하고 말았다.

한편 1인 2표제가 처음 실시된 2004년 17대 총선에서 기독교계 정당이 등장하는데 한국기독당(약칭 기독당)이다. 기독당은 11대 민한당 의원을 지낸 최수환崔守桓 장로를 대표로, 고 김준곤金俊坤 한국대학생선교회(CCC) 목사가 상임대표고문, 순복음교회 조용기趙鏞基 원로목사가 상임고문 등을 맡아

---

* '하늘나라에 기록되는 의인들의 명부'라는 뜻의 기독교 용어이다.

처음 선보였다. 이들도 타 종교를 배척하고 북한을 적대시 하는 등 기독교 근본주의, 반공주의, 우익포퓰리즘 색채를 명확하게 하였다. 그 때문에 오히려 정당투표에서 22만 8천여 표, 1.08% 득표율에 그쳤다. 지역구 후보로는 총 9명 출마시켜 평균 1.07%라는 미미한 존재를 보여주고 말았다.

전광훈은 2012년 4월 총선 때 원내진입을 위한 재수에 나선다. 2008년에는 최수환과 함께 공동대표를 맡으며 직접 정치 일선에 나서기도 했던 그는 이번에는 중앙당 고문을 맡아 19대 총선에 사력을 다했으나, 정당득표율은 기독당 사상 최저인 1.2%로 추락했다. 지역구 후보는 4명이 출전해 평균 0.65%, 1%도 얻지 못하는 대 망신을 당했다. 2016년 20대 총선에서도 전광훈은 세 번째 총선 도전을 감행한다. 이때 그의 역할은 중앙당 후원회장이었으나 사실상 막후 실력자로 알려져 있다. 기독자유당은 에이즈를 유발하는 동성애 반대, 간통죄 부활, 이슬람 특혜 반대, 종북좌파 척결 등 역대 기독교정당 가운데 가장 근본주의적 기독교사상과 반공주의 등을 표방했으나 역시 정당투표 득표율은 원내진입에 필요한 3%를 얻지 못하고 말았다. 물론 기독당 역사상 최고 득표수(62만 6천여 표)와 최고 득표율(2.63%)은 경신했다. 지역구 후보자는 간신히 1명*을 냈는데 1.95% 득표에 그쳤다.

〈표 43〉 17대 총선 이후 기독당 득표현황 (단위 : %, 명)

연도	정당명	정당득표율	지역구후보 평균득표율(후보자 수)	전광훈 역할
2004년	한국기독당	1.08	1.07(9)	
2008년	기독사랑실천당	2.59	1.66(3)	공동대표
2012년	기독자유민주당	1.20	0.65(4)	당 고문
2016년	기독자유당	2.63	1.95(1)	후원회장

※ 출처 : 데이터정경연구원(2020)

* 고영석(高永晳) 후보는 충남 당진에서 17대(1.96%), 18대(4.05%), 20대(1.95%) 등 기독당으로 꾸준히 출마했다.

2020년 총선을 앞두고 전광훈은 이번에도 김문수를 끌어들여 반 종북, 반 주사파, 반 문재인을 표방하는 자유통일당을 창당했다. 그러나 김문수가 일 방적으로 조원진(趙源震)의 우리공화당과 전격적으로 통합선언을 해버리자 전광훈은 구속 상태임에도 불구하고 옥중서신을 통해 친기독교계 광화문세 력 재규합에 나섰다.

선거에서 극우 마케팅의 역사는 꽤 오래이며 일정한 재미를 봐왔다. 하지 만 최근에는 그 약발이 상당히 떨어졌다. 안보장사는 남북대치 상황 그 자 체를 오랫동안 자신들의 선거마케팅으로 활용해온 보수정당과 보수언론, 그리고 보수단체 등이 만든 합작품에 불과하다. 지만원(池萬元) 등 일부 지식 인들조차 5·18 민주화운동을 부정하며 때 북한군 침투 설을 퍼트려왔다. 마치 '합리적인 의심'을 가장한 싸구려 안보마케팅을 부추기고 있으나 2019 년 4월 3일 실시된 보궐선거에서 진보정당 후보가 경남 창원에서 당선되는 데 전혀 문제가 없었다. 박정희-전두환(全斗煥)-박근혜에 이어 낙선한 19대 대선에서 홍준표 전 자유한국당 대선 후보까지 줄곧 이를 앵무새처럼 반복 했고, 최근 보수당 리더라는 이들도 역시 이와 전혀 다르지 않다.

하지만 안보장사는 하루가 다르게 그 효용성이 점점 떨어지고 있다. 21대 총선을 앞두고 심재철(沈在哲) 미래통합당 원내대표는 극우 신당을 창당한 김 문수, 전광훈을 향해 보수통합에 합류하라는 메시지를 보낸 바 있다. 활동 보폭을 넓혀가고 있는 홍준표 전 경남지사 역시 "보수우파가 대통합을 해야 하는 것이 시대가 요구하는 정신인데 서로 자기들만 살기 위해 작은 계산하 기 바쁘고 태극기 세력은 조원진(趙源震)·홍문종(洪文鐘)·김문수 당으로 핵분 열 하고 있다"고 비판 대열에 가세했다.

"창원에는 빨갱이들이 많다." 제7회 지방선거 기간 중이던 2018년 5월 2 일 홍준표 당시 자유한국당 대표가 창원컨벤션센터에서 열린 '자유한국당 지방선거 필승결의대회'에 참석해 손 팻말을 들고 시위하는 사람들을 향해 쏟아낸 막말 발언이다.

2017년 5월 조기대선을 치르며 트럼프 대통령 흉내로 2위를 지켜낸 홍준표 전 대표는 반공·반북주의 전략이 상당히 먹혔다고 생각한 모양이다. 그래서 그는 2018년 6월 지방선거 국면에서 나 홀로 "반공·방첩과 김정은의 위장평화 공세!"를 외쳤다. 로키 선거운동을 펼치며 차분하게 한 표 한 표 득점을 올리려고 했던 김태호金台鎬 경남지사 후보조차 오죽하면 자기당 대표 비판대열에 공개적으로 나섰겠는가?

홍 전 대표를 포함한 이른바 '자유대한민국 수호자'들의 반공·반북주의 구호가 얼마나 유효했는지는 개표결과를 통해 한 눈에 알아볼 수 있다. 그나마 합리적인 보수노선을 표방한 김태호 후보의 득표율(42.95%)이 낙선한 시·도지사 후보자 가운데 도드라진 1위였으나 창원지역 득표율은 여기에도 1.6% 미치지 못하고 말았다. 또한 홍 전 대표는 자신이 경남지사 재직시절 정무부지사와 경남개발공사 사장으로 일한 측근인 조진래趙辰來 전 국회의원을 창원시장 후보로 무리하게 전략 공천했으나 고작 30% 득표율로 참패하고 말았다. 경상남도 전체유권자의 31% 이상이나 밀집한 창원이라는 대도시에서 선거 전략으로 행한 반공발언이 오히려 마이너스로 작용한 셈이다.

트럼프와 김정은의 역사적인 만남

<표 44-1> 2018년 지방선거 접경지역 10개 시·군 정당(광역비례)별 득표현황 (단위 : %)

	민주당	한국당	바른미래당	민주평화당	정의당
접경지역 득표율	51.98	29.49	6.17	0.71	9.39
전국득표율	51.42	27.98	7.81	1.96	8.97

※ 출처 : 데이터정경연구원(2020)

<표 44-2> 접경지역 시·군협의회 소속 10개 지방자치단체

시	파주시, 김포시
군	강화군, 옹진군, 연천군, 고성군, 인제군, 화천군, 양구군, 철원군

※ 출처 : 데이터정경연구원(2020)

한편 2018년 지방선거는 선거일 하루 전에 열린 사상 최초의 북미 정상회담이 이미 승부를 갈랐다. 최저임금 인상 후폭풍과 같은 경제문제나 여당 경기지사 후보를 겨냥한 특정 여배우의 폭로사건 등도 아무런 소용이 없었다. 100년에 한 번 나올까 말까 하는 빅 이슈에 묻혀서 반공보수주의는 맥없이 무너져 내렸다. 심지어 '반공 구호'가 가장 잘 먹힌다는 인천·경기·강원도 접경지역시군협의회 소속 10개 시·군 득표율을 비교해 보더라도 더불어민주당은 전국 정당득표율과 엇비슷하다. 이른바 전국적 동조화 현상을 불러온 것이다. 이는 대구·경북을 제외하고 부산·울산·경남 등 전 지역이 마찬가지다.

<표 45> 중도후보가 출마한 역대 대선 개표결과 비교 (단위 : %)

대수	민주당계열	통합당계열	중도당계열	진보당계열	기타정당
14대	김대중(33.82)	김영삼(41.96)	정주영(16.31)	백기완(1.00)	박찬종(6.37)
15대	김대중(40.27)	이회창(38.74)	이인제(19.20)	권영길(1.19)	
19대	문재인(41.08)	홍준표(24.03)	안철수(21.41)	심상정(6.17)	유승민(6.76)

※ 출처 : 데이터정경연구원(2020)

미래통합당 계열의 보수정당은 과거 선거 때마다 안보장사로 쏠쏠한 재미를 보아왔다. 2017년 5월 대통령선거에서 홍준표 후보가 선거벽보에 사용한 메인 슬로건은 "지키겠습니다 자유대한민국"이다. 선거공보에서도 그는 "경남지사 시절 민주노총·전교조 등 좌파와 맞서 싸웠고, 대통령이 되어 북핵 위협으로부터 대한민국을 지키겠다"고 공언했다. 그러면서 전술핵 재배치와 사드배치 조기 완료 등 북한에 대한 힘의 우위 정책을 안보 공약으로 내세웠다. 이에 대해 당시 정의당 심상정 후보는 낡아빠진 안보장사를 이제 그만 걷어치우라며 TV토론회에서 거듭 면박을 줬다. 결국 심 전 후보 말대로 홍준표 전 후보는 13대 대선 이후 가장 큰 표 차이로 패배한 2등이라는 불명예를 안게 되었다. 또한 아무리 박근혜 전 대통령 탄핵 직후라고 해도 중도성향 후보들이 출마한 비슷한 조건(14~15대 대선)과 비교해도 터무니없이 낮은 지지율이다.

처음으로 평화적 정권교체가 이루어진 1997년 대선 당시 한나라당 이회창李會昌 후보는 전국 득표율과 접경지역 득표율 격차가 거의 없었다. 경기지사 출신으로 중부권에서 상대적으로 높은 지지를 받은 이인제 후보가 +13.74%를 기록하면서 김대중 후보는 −11.03%를 나타냈다. 이때는 수도권에서 김대중−이인제李仁濟 후보 지지층이 상당 부분 겹쳤기 때문이다. 30여 년 전 대선에서는 겨우 30%대 득표율로 당선된 민정당 노태우 후보가 접경지역 10개 시·군에서만큼은 60%에 근접한 압승을 거두었다. 대선 일에 임박한 KAL폭파사건이 결과적으로 '반공주의' 표심을 자극한 셈이다. 1992년 대선 때는 "경제대통령, 통일대통령" 구호를 내걸고 심지어 '공산당 합법화' 주장까지 제기한 정주영鄭周永 통일국민당 후보가 가세함으로써 김영삼 당선인은 전국 득표율과 접경지역 득표율이 거의 비슷해졌다.

〈표 46〉 1997년 대선 접경지역 10개 시·군 후보별 득표현황 (단위 : %)

	김대중	이회창	이인제	권영길
접경지역 득표율	29.24	36.13	32.94	0.67
전국 득표율	40.27	38.74	19.20	1.19

※ 출처 : 데이터정경연구원(2020)

하지만 개표 데이터를 살펴보면 2002년 대선 이후로 반공·반북 구호도, 북풍 공작도 더 이상 선거결과에 거의 영향을 미치지 못하고 있다. 10개 접경지역 시·군 유권자들은 2002년 대선 당시 오차 범위 이내에서 노무현−이회창 후보를 골고루 지지함으로써 노 후보는 신승의 발판을 마련할 수 있었다. 민주당계열 정당이 국회 내 과반수를 차지한 2004년 총선 때도 접경지역 10개 시·군은 열린우리당의 손을 들어주었다.

2017년 5·9 대선에서 문재인 후보의 전국 득표율과 접경지역 득표율 격차는 +2.62%로 거의 무시해도 좋을 수치다. 홍준표(+0.96%) 후보 등 나머지 후보도 전부 전국 득표율과 접경지역 득표율 격차는 3% 이내였다. 다만 2007년 17대 대선 때만 이명박 후보의 10개 접경지역 시·군 득표율이 이례적으로 높은 72.74%이다. 이는 역대 대선 사상 가장 낮은 투표율(63.03%)과 보수 성향 이회창(무소속) 후보 표를 잠식한 게 가장 큰 까닭이다.

따라서 이제 대한민국 선거에서는 북한변수보다는 오히려 먹고사는 문제, 즉 일자리나 소득불평등 등과 같은 빅 이슈가 더 중요하게 등장하고 있다. 반공·반북에 기반 한 보수주의는 더 이상 설 땅이 없다. 덮어 놓고 "반공·반북 강화!"만을 부르짖는다고 더 많은 득표를 보장한다고 할 수 없다. 미래통합당과 유사 극우 정당에서 벌어지고 있는 철 지난 매카시즘은 더 이상 시간 낭비일 뿐이다.

<表 47> 1987년 대선 접경지역 10개 시·군 후보별 득표현황 (단위 : %)

	노태우	김영삼	김대중	김종필
접경지역 득표율	58.91	23.40	12.83	4.58
전국 득표율	36.64	28.03	27.04	8.06

※ 출처 : 데이터정경연구원(2020)

<표 48> 1992년 대선 접경지역 10개 시·군 후보별 득표현황 (단위 : %)

	김영삼	김대중	정주영
접경지역 득표율	42.84	21.59	27.53
전국 득표율	41.96	33.82	16.31

※ 출처 : 데이터정경연구원(2020)

<표 49> 2002년 대선 접경지역 10개 시·군 후보별 득표현황 (단위 : %)

2002년	노무현	이회창	권영길
접경지역 득표율	46.20	48.01	4.31
전국 득표율	48.91	46.58	3.89

※ 출처 : 데이터정경연구원(2020)

<표 50> 2004년 총선 접경지역 10개 시·군 정당비례대표 득표현황 (단위 : %)

'04년 총선비례	열린우리당	한나라당	민주당	민주노동당
득표수	137,160	135,629	19,386	38,407
득표율	39.08	38.64	5.52	10.94

※ 출처 : 데이터정경연구원(2020)

<표 51> 2017년 대선 접경지역 10개 시·군 후보별 득표현황 (단위 : %)

	문재인	홍준표	안철수	유승민	심상정
접경지역 득표율	38.46	24.99	22.33	6.80	6.82
전국 득표율	41.08	24.03	21.41	6.76	6.17

※ 출처 : 데이터정경연구원(2020)

민족주의(nationalism) 또는 인종주의(racism)는 보편적인 인류애의 가치에 위배되기 때문에 엄격하게 금지해야 하지만 현실 정치세계에서는 위력을 발휘한다. 트럼프 대통령은 "멕시코 국경에 장벽을 설치해 히스패닉의 입국을 막겠다"고 공약을 해서 집권에 성공했다. 영국 보수당은 유럽연합 탈퇴 (Brexit)를 신속하게 마무리하기 위해 2017년과 2019년 조기 총선카드를 잇따라 꺼내들었음에도 불구하고 연승을 거두고 있다.

"일본 제품 구매를 하지 않는다. 일본여행을 가지 않는다." 2019년 여름부터 아베 신조安倍 晋三 정부의 대(對) 한국 수출규제조치에 대항하는 수단으로 전국 방방곡곡에서 수많은 시민들이 동참한 가운데 'NO JAPAN운동'이 뜨거웠다. 자발적인 캠페인은 2016~17년 촛불집회를 거치며 높아진 시민의식 때문에 식을 줄 모르고 타오른 바 있다.

일본정부 관광청 자료를 들여다보면, 2017년을 기준으로 여행·관광산업의 생산유발효과는 57조 8천억 엔이다. 이는 전체 GDP 대비 5.0%를 점유한

〈표 52–1〉 일본여행·관광 산업의 경제효과 (단위 : 조엔, 만명)

연도	일본 내 관광소비	관광GDP	생산유발 효과	관광산업 취업자	직접고용효과	간접고용 효과
2015	25.5	9.8	52.0	635	440	230
2016	26.4	10.6	53.8	644	459	243
2017	27.1	10.7	55.2	648	472	249

〈표 52–2〉 2017년 일본여행소비액 (단위 : 조엔)

방일외국인	일본인 해외여행	일본인 숙박여행	일본인 당일여행	계
4.1	1.4	16.5	5.0	27.1

※ 출처 : 일본정부 관광청/일본인 해외여행은 국내소비 분

다. 일자리의 경우 직접 및 간접효과를 통틀어서 721만 명, 약 7.0%를 차지한다. 그런데 방일 외국인의 여행소비액은 2017년을 기준으로 15.1%를 차지하고 있기 때문에 방일 외국인의 생산유발효과는 8조 엔 이상, 고용효과는 약 110만 명 가까이 된다. 또한 거칠게 계산해도 우리나라 사람들의 일본 내 여행·관광산업 생산유발효과는 약 2조 엔, 직·간접 고용효과는 27~28만 명 정도이다. 아베 정권 기간인 2013~18년 사이 일본을 방문한 한국인 및 관광객은 각각 2.7배와 3.4배가 늘었다.

한편 방일 외국인과 관광객은 계속해서 늘고 있다. 아베 정권 기간만 해도 2018년까지는 연평균 45.3%와 62.2%씩 급증하였다. 우리 한국 사람의 방일도 각각 45%와 57%씩 신장세를 보였다. 이에 2019년 일본정부는 전년 대비 440만 명 증가(14.9%)한 3천 559만 명을 목표로 세웠다. 하지만 'NO JAPAN 운동'이 결정적인 발목을 잡았다. 즉 2019년 방일 외국인은 전년보다 2.2%가 증가한 3천 188만 명으로 잠정 집계됐다. 이는 'NO JAPAN운동'에 운동에 참여한 한국인들 때문이다. 우리 한국인은 195만 명, 25.9%가 줄었으며 특히 하반기에만 집중적으로 177만 명, 무려 51.1%가 감소했다.

그런데 한국인은 이웃집 드나들 듯 재방문 횟수가 많고 중국인은 1회 차

〈표 53〉 연도별 방일 외국인 및 한국인 추이 (단위 : 명, %)

연도	방일 외국인	전년 대비	방일 한국인	전년 대비
2016	24,039,700	21.8	5,090,302	27.2
2017	28,691,073	19.3	7,140,438	40.3
2018	31,191,856	8.7	7,538,952	5.6
(하반기)	(15,292,793)	(2.4)	(3,522,582)	(△5.9)
2019	31,882,100	2.2	5,584,600	−25.9
(하반기)	(15,248,486)	(△0.3)	(1,721,942)	(△51.1)

※ 출처 : 일본정부 관광국(JNTO)

방문이 많다. 그래서 중국인은 쇼핑이 많아서 1인당 지출 금액이 아시아 4개 국 가운데 가장 높다. 재방문 횟수가 중국인에 비해 2배 가까이 되는 한국 사람들은 일본 체류기간도 평균 2.8일에 불과하기 때문에 평균 지출금액도 전체 방일 외국인의 절반에도 미치지 않는다. 즉 대부분의 한국 관광객은 주말을 이용해 저가 항공기를 타고 일본여행을 훌쩍 다녀오는 경우가 흔하다고 할 수 있다. 그래서 평균 체제일도 2.8일에 불과하고 평균 지출금액*도 약 7만 엔, 약 70만 원 미만이다. 이들 한국인은 음식, 숙박, 일본 현지교통, 오락 등 기본 여행·관광에 지출하는 비중이 약 71%이며 쇼핑은 불과 28%이다.

따라서 한국 사람들의 일본 내 여행·관광산업 생산유발효과는 실질적으로 약 1조 엔, 고용효과는 14만 명 안팎으로 볼 수 있다. 그 절반이면 7만 명 일자리에 영향을 주는 것이니 주로 지방관광지에 미치는 위력은 엄청나다.

관광업(음식·숙박서비스)은 적은 투입 비용으로 신규 일자리를 창출하는 데 매우 유리할 뿐만 아니라 내수를 진작시키는 데에도 크게 기여할 수 있는 산업이다. 우리 한국도 2014년 당시 한국은행 산업연관 표를 보면, 최종수요 10억 원에 의해 유발되는 품목별 취업유발계수와 고용유발계수는 전 업종 평균이 각각 11.6명과 8.0명이었지만 관광업에 해당하는 음식점 및 숙박 서비스업이 25.9명과 12.7명, 각각 2위로 나타났다.

나카소네 야스히로中曾根 康弘 전 총리 집권 시기인 1984년 일본은 방일 외국인 200만 명 시대를 맞았다. 하지만 2년 후인 1986년 11.4%나 급감하며 첫 위기를 겪었다. 그런데 노련한 나카소네는 미일 무역마찰과 유가하락 등을 헤쳐 나가기 위해 자민당과 신자유구락부의 합당 카드로 돌파했다. 일

---

* 다음 몇 가지 표를 보면 한국인과 중국인이 일본관광 시 숙박비와 음식 값으로 지출하는 금액을 비교해볼 수 있다. 체제일수 대비 숙박비와 음식비가 오히려 한국인이 약간 더 많다. 중국인은 쇼핑지출이 많은 것으로 나타난다. 이는 중국인의 일본 관광이 초행길인 경우가 많은 까닭과 관련이 깊다.

본정부는 2008년 국토교통성 산하 외청 조직으로 관광청을 신설했고, 이와 별도로 일본정부 관광국(JNTO, 독립행정법인 국제관광진흥기구)을 설치할 만큼 국가 차원에서 관광업 진흥에 힘을 쏟고 있다.

JNTO를 설립하면서 일본 정부는 방일 외국인 1천 만 명을 목표로 '일본 방문의 해(Visit Japan Campaign) 2010'을 전개했다. 하지만 세계금융위기 등 영향으로 이듬해인 방일 외국인 숫자가 156만 명, 무려 18.7% 급감하며 자민당은 두 번째 정권을 내주고 말았다. 고용과 연관성이 많은 관광산업 영향이 크다고 할 수 있다.

한편 2003년 김포-하네다 항공셔틀노선 개설을 계기로 한-일간 교통인 프라 확충이 이루어졌다. 2006년은 한-일간 90일 이내 비자면제협정이 체

〈표 54-1〉 국적별 방일 관광객 평균 체제일수 추이 (단위 : 일)

	2012년	2013년	2014년	2015년	2016년	2017년
전체	6.3	5.8	5.6	5.3	5.3	5.2
한국인	3.8	3.5	3.3	3.1	2.9	2.8
중국인	8.2	9.2	7.0	5.8	5.9	6.1
홍콩인	3.9	4.0	4.0	4.2	4.3	4.3
대만인	3.7	3.5	3.5	3.6	3.7	3.7

※ 출처 : 일본정부 관광국(JNTO)

〈표 54-2〉 국적별 방일 관광객 평균 숙박요금·음식비 지출금액 추이 (단위 : 엔)

	2012년	2013년	2014년	2015년	2016년	2017년
한국인	33,160	36,718	38,704	37,570	36,893	38,021
중국인	61,819	68,169	76,628	87,349	79,072	80,747
홍콩인	64,337	68,279	79,346	78,035	76,571	75,564
대만인	48,546	52,352	59,651	60,168	57,747	56,665

※ 출처 : 일본정부 관광국(JNTO)

결되며 관광객은 더욱 늘어난다. 이때 두 번 모두 고이즈미 준이치로小泉 純一郞가 이끄는 자민당이 중의원선거에서 승리하는 계기로 작용하였다. 2012년 중의원선거 이후 2차 내각을 출범시킨 아베 정권은 관광업에서만큼은 높은 성장률을 구가해오고 있다. 2013~18년 사이 실질 경제성장률 1.15%라는 처참한 성적표를 남겼지만, 방일 외국인과 관광객은 급증해왔다.

〈표 54-3〉 방일 관광객 평균 지출금액 (단위 : 엔)

	2012년	2013년	2014년	2015년	2016년	2017년
전체	124,236	127,014	146,711	175,994	155,017	150,341
중국인	192,712	210,822	229,206	277,972	228,374	227,258
홍콩인	134,255	137,962	149,998	171,650	161,778	154,148
대만인	101,483	108,626	120,840	139,292	121,351	122,260
한국인	64,699	69,524	69,751	70,443	66,359	68,499

※ 출처 : 일본정부 관광국(JNTO)

〈표 54-4〉 한국인의 일본 재방문 횟수 및 중국인의 1회 차 방문 횟수 (단위 : %)

	한국인의 2회 이상 방문	중국인의 1회차 방문
2014년	39.4	24.8
2017년	63.5	36.7
2018년	73.3	39.2

※ 출처 : 일본정부 관광국(JNTO)

〈표 54-5〉 2017년 방일 한국인 관광객의 비목별 내역 (단위 : 엔, %)

숙박료	음식값	교통비	오락서비스	쇼핑	기타
20,669	17,352	6,965	4,018	19,414	81
30.2	25.3	10.2	5.9	28.3	0.1

※ 출처 : 일본정부 관광국(JNTO)

아이러니컬하게도 3.4배나 늘어난 우리 한국 관광객 영향도 상당하다. 어쩌면 아베 정권을 지탱하고 있는 주요한 힘 가운데 하나일 지도 모른다. 4차 아베 내각을 출범하게 한 2017년 10월 중의원선거에서 자민당과 공명당 연립여당은 313석을 획득해 의석의 3분의 2를 유지했다. 역시 관광업 일자리가 한 몫을 담당했다. 이와 반대로 잃어버린 20년(1992년~2012년) 기간 동안 방일 외국인 숫자는 연평균 6.7% 증가에 그쳤다. 따라서 'NO JAPAN 운동'은 단순한 아베 거부운동이 아니라 실질적인 아베 정권에 정치적 타격까지 될 수도 있다.

〈표 55〉 연도별 방일 외국인 추이와 중의원선거 상관관계 (단위 : 명, %)

연도	방일 외국인	전년 대비	중의원선거 결과 등
1985	2,327,047	10.3	
1986	2,061,526	△11.4	자민당–신자유구락부 합당, 총선 승리
1987	2,154,864	4.5	
1988	2,355,412	9.3	
1989	2,835,064	20.4	
1990	3,235,860	14.1	자민당 과반수 유지, 2차 가이후 내각 출범
1991	3,532,651	9.2	
1992	3,581,540	1.4	
1993	3,410,447	△4.8	비자민–비공산 연립8당으로 정권교체
1994	3,468,055	1.7	
1995	3,345,274	△3.5	
1996	3,837,113	14.7	자민당 소수정권 + 사민당 및 신당 각외협력
1997	4,218,208	9.9	
1998	4,106,057	△2.7	
1999	4,437,863	8.1	
2000	4,757,146	7.2	
2001	4,771,555	0.3	
2002	5,238,963	9.8	

연도	방일 외국인	전년 대비	중의원선거 결과 등
2003	5,211,725	△0.5	고이즈미 2차내각 출범
2004	6,137,905	17.8	
2005	6,727,926	9.6	고이즈미 3차내각 출범
2006	7,334,077	9.0	
2007	8,346,969	13.8	
2008	8,350,105	0.0	
2009	6,789,658	△18.7	두 번째 정권교체(민주당 집권)
2010	8,611,175	26.8	
2011	6,218,752	△27.8	
2012	8,358,105	34.4	자민당(아베)으로 정권교체
2013	10,363,904	24.0	
2014	13,413,467	29.4	
2015	19,737,409	47.1	
2016	24,039,700	21.8	
2017	28,691,073	19.3	4차 아베내각 출범
2018	31,191,856	8.7	
2019	31,882,100	2.2	참의원선거, 자민당과 공명당 개헌선에 근접

※ 출처 : 데이터정경연구원(2020)/원시데이터 : 법무성 출입국 통계 및 총무성 선거결과

역대 일본 총리 가운데 식민지 지배에 대하여 가장 적극적으로 사과한 인물은 무라야마 도미이치村山 富市이다. 1994년 6월 자민당-사회당-사키가께 연립내각의 수반에 오른 그는 이듬해 8월 15일 종전 50주년 담화를 발표한다. "식민지 지배와 침략으로 아시아 제국의 여러분에게 많은 손해와 고통을 줬다. 의심할 여지없는 역사적 사실을 겸허하게 받아들여 통절한 반성의 뜻을 표하며 진심으로 사죄한다"라고 해서 한국과 중국 등으로부터 평가를 받았다.

하지만 그가 속한 사회민주당은 그해 7월 참의원 통상선거에서 71석에서 37석으로 감소하는 참패를 당했으며, 이듬해 중의원 총선에서도 70석이 단

15석으로 줄어드는 대 망신을 당했다. 일본유권자들의 극우민족주의가 용납하지 않은 것이다. 그나마 무라야마 담화를 계승한 정부는 2009년 탄생한 민주당 정부라고 할 수 있다.

2009년 8월 실시된 중의원 총선거에서 하토야마 유키오鳩山 由紀夫가 이끄는 민주당은 480석 가운데 308석(점유비중 64.2%)을 얻어 단일정당으로 과반의석을 확보했다. 1955년 자민당 체제가 성립한 이래 비 자민당으로는 처음 있는 대사건이었다. 게다가 하토야마 전 총리는 취임 직후 외신기자 회견을 통해 "무라야마 담화를 실제로 계승하겠다"고 밝혔으며 총리 퇴임 이후 우리나라를 방문해 서대문형무소에서 무릎을 꿇어 화제가 된 바도 있다. 그는 또한 태평양전쟁 전범이 합사된 야스쿠니 신사를 대체할 '국립추도시설'을 짓겠다는 발언을 쏟아놓기도 했다.

그러나 민주당은 재정난 때문에 핵심공약인 무상복지정책을 실현할 능력이 없었다. 때문에 2012년 12월 실시된 조기 총선에서 58석을 얻고 폭삭 망했다. 이에 반해 자민당(294석)과 극우 유신회(54석)는 개헌선인 3분의 2를 훌쩍 넘어섰다. 극우민족주의를 자극해 평화헌법을 개정하겠다는 포퓰리즘이 꽤나 먹힌 셈이다.

한편 반일 민족주의 선동을 통한 진보 결집이 가능하다는 명제가 성립한다면 이론적으로는 그 반대의 경우도 결코 배제할 순 없다. 즉 보수 결집은 반공·반북주의가 아니라 반중 민족주의 선동으로도 얼마든지 가능하다. 한일문제가 역사문제이듯 한·중 관계 역시 단순히 경제적으로만 바라볼 수 없다.

2003년 6월 중국 관영 《광명일보》가 '고구려는 중국의 소수민족정권'이라는 논문을 게재하며, 이른바 동북공정*을 둘러싼 한·중 갈등이 정점으로 치

* 동북변강역사여현상계열연구공정(東北邊疆歷史與現狀系列硏究工程)의 줄임말이다. 중국

달았다. 그럼에도 불구하고 바로 다음 달 들끓는 국내여론을 뒤로 하고 중국 방문길에 오른 노무현 대통령은 후진타오胡錦濤 국가주석과 회담을 진행한 후 '전면적 협력 동반자 관계'를 선언한다. 이는 매우 노무현스럽고 이상주의자다운 행동이었다. 다행히 한·중은 2004년 2월 고구려사 문제 등을 민간 차원의 학술문제로 해결하는 데 합의하였다. 그래서 우리나라의 경우 동북아역사재단 설립법안이 발의되고 이듬해 2005년 공식 출범한다.

하지만 합의안에 대한 잉크가 채 마르기도 전인 2004년 8월 5일, 중국 외교부 홈페이지에서 해방 이전 한국사가 통째로 사라졌다. 우리 정부의 거듭된 항의를 받은 중국이 고구려사를 포함해 해방 이전 동북지역 역사를 아예 들어내는 방식으로 대응한 것이다. 아이러니하게도 이 해 말 이미 중국은 한국의 최대 교역 상대국으로 부상한 상태였다.

시간은 흘러 2006년 6월 중국정부 싱크탱크 사회과학원 변강사지(邊疆史地) 연구센터가 웹사이트에 동북공정을 강화하는 다수의 논문요약본을 게재했다. 주요 내용은 고구려, 고조선, 발해, 부여 등 우리 고대사를 중국 내 고대 소수민족정권으로 편입한 것이다. 특히 고구려와 발해가 중국사의 일부이기 때문에 결과적으로 한강 이북도 원래 중국영토라는 해괴한 논리까지 펴고 있다.

이듬해 2007년 12월, 중국은 한국의 최대 수입국으로 떠올랐지만 여당의 정동영 대선 후보가 사상최다 표 차이로 참패하는 걸 막지는 못했다. 결국 적지 않은 유권자는 먹고사는 문제 못지않게 민족적 자존심의 문제, 즉 정서에 반응한다. 2019년 중국 우한에서 발생해 퍼져나간 코로나19가 과연 2020년 4·15총선에 얼마나 영향을 미칠까?

영토 안에서 명멸한 모든 역사를 중국의 것으로 만들기 위해 2002년부터 정부 승인과 사회과학원 주관으로 추진한 동북 변경지역의 역사와 현상에 관한 연구프로젝트를 말한다.

3장

우리 편을
최대한 동원하라

11

이유 있는 지역주의, 유권자 탓인가?

지난 1997년 15대 대선 당시 새정치국민회의 소속 김대중 후보는 사상 처음으로 평화적 방법에 의한 정권교체를 성사시켰다. 이때 DJ는 고향 광주 · 전남북에서 94.41%라는 전무후무한 득표율 대기록을 남겼다. 한편 2012년 18대 대선에 새누리당 후보로 나선 박근혜 당선인은 텃밭 대구 · 경북에서 역시 비교적 높은 80.5%의 득표율을 기록했다. 이 역시 당분간 보수당 후보로서는 깰 수 없는 득표율로서 최초로 80%를 초과한 수치이다. 이러한 특정

〈표 56〉 역대 대통령후보의 텃밭 득표율 (단위 : 명, %)

	7대	13대	14대	15대	16대	17대	18대	19대
5% 이상 득표자	2	4	4	3	2	4	2	5
대구·경북	박정희	노태우	김영삼	이회창	이회창	이명박	박근혜	홍준표
	75.62	68.13	72.83	66.89	75.49	71.08	80.50	47.06
광주·전라	김대중	김대중	김대중	김대중	노무현	정동영	문재인	문재인
	62.31	88.40	91.88	94.41	93.20	80.03	88.96	61.99

※ 출처 : 데이터정경연구원(2020)/원시데이터 : 중앙선거관리위원회/단, 14대 김영삼 후보는 부산 · 경남임

지역의 특정정당 후보에 대한 몰표는 1987년 대통령직선제 부활 이후 두드러진다. 광주·전남북과 대구·경북지역 유권자들이 보이고 있는 이러한 당파적인 현상은 후보자 구도와도 밀접한 관련이 있다. 양자 구도일 경우 더욱 심화되고 다자 구도일수록 조금은 완화되는 특성을 보인다.

1963년 민정(民政) 이양 후 첫 선거인 5대 대선에서 공화당 박정희 후보와 통합야당 민정당의 윤보선尹潽善 전 대통령이 격돌했다. 결과는 약 15만 6천 표, 1.05%p 차이로 박정희 후보가 신승했다. 윤보선 후보는 서울에서만 65%대 30%로 더블스코어 이상, 표수로는 43만 표나 앞서 나갔다. 그는 경기도에서도 23만 표 가량을 승리했고, 영남의 중심이자 제2도시 부산에서는 단 3만 표밖에 뒤지지 않았다. 윤 전 대통령은 강원도와 고향인 충청도에서도 승리했다. 이와 반대로 박정희 후보는 호남에서 무려 35만 표 이상을 이겼다. 그는 유권자 숫자가 51만 명 이상이나 많은 영남권에서 겨우 28만 표밖에 이기지 못했으니 이때는 사실 지역주의라는 게 없었다고 봐도 무방하다.

〈표 57〉 5·6대 대선 후보별 최고 및 최저 득표율 (단위 : %)

	박정희		윤보선	
	최고	최저	최고	최저
1963년(5대)	제주	서울	서울	제주
	69.88	30.17	65.12	22.32
1967년(6대)	경남	경기	경기	경남
	68.61	40.98	52.62	23.03

※ 출처 : 데이터정경연구원(2020)/원시데이터 : 중앙선거관리위원회

4년 뒤 실시된 1967년 6대 대선에서도 박정희 대통령과 윤보선 전 대통령 간 재대결이 이루어졌다. 윤보선 후보는 서울과 경기도, 그리고 충남 이외에 전남북에서 처음으로 앞섰지만 근소한 차이(3.7%p)에 불과했다. 4년 전에는

앞섰던 충북에서 이번에는 패배했지만 겨우 3%p 차이에 그쳤다.

이렇듯 박정희 후보와 윤보선 후보가 격돌한 두 번의 대통령 선거는 대체로 지역주의가 없었고 오히려 서울과 같은 대도시는 야당의 우세, 농촌에서는 여당 우세 현상이 나타났다. 이른바 여촌야도(與村野都) 현상이다. 또한 눈에 확 뜨이는 내용을 보면 박정희 후보의 고향인 경북(대구는 행정구역 분할 이전이다)이 두 번 다 시·도 득표율 순위에서 1위가 아니었다.

6대 총선은 5대 대선 한 달 뒤 야권분열 속에서 실시됐다. 민정당, 민주당, 자유민주당, 국민의당 등 야권 4당은 과반을 넘는 50.5%의 득표율을 올렸지만 분열로 인해 33.5%의 득표율에 그친 집권 공화당에게 지역구 의석 131석 가운데 무려 88석(의석비율 67.2%)을 넘겨줘야 했다. 단 1명만을 선출하는 소선거구제 선출방식 때문이었다. 제1야당인 민정당은 20.1%의 득표율로 지역구에서 간신히 27석을 획득하는 데 만족해야 했다.

그러나 도시지역의 경우 총 35개 의석을 공화당 16석 및 야권 4당 19석 등 야당이 우세하게 나누어 가졌다. 특히 서울 14개 선거구는 야권이 분열한 속에서도 공화당에게 단 2석밖에 내어주지 않았다. 역시 대선 한 달 후에 치른 7대 총선도 전형적인 여촌야도 현상은 계속 이어진다. 이번에는 사실상 통합 야당인 신민당이 도시지역에서만 24석을 차지해 11석에 그친 공화당을 더블 스코어 넘게 압도했다. 특히 서울은 14석 중 13석을 석권했고, 한 달 전 대선에서 하프스코어로 패배했던 부산에서도 7석 중 단 2석만을 내주었다.

그러나 전·남북 30석은 공화당이 27석을 석권하며 한 달 만에 전세를 역전시켜버렸다. 한편 신민당은 겨우 2석, 대중당이 1석을 가져가는 데 그쳤다. 경·남북은 35석 의석 가운데 32석을 공화당이 쓸어 담았다. 신민당은 대구시의 조일환曺逸煥 후보 등 3명 당선에 만족해야 했다.

〈표 58〉 6·7·8대 총선 여야별 획득 의석수 및 도시지역 의석수 (단위 : 석)

	공화당		야권	
	의석수	도시지역	의석수	도시지역
6대 총선	88	16	43(26)	19(13)
7대 총선	101	11	29(28)	24(24)
8대 총선	86	8	67(65)	36(36)

※ 출처 : 데이터정경연구원(2020)/원시데이터 : 중앙선거관리위원회/괄호는 제1야당 의석

〈표 59〉 1971년 제7대 대선 시·도별 개표 현황 재구성 (단위 : 표, %)

	박정희	김대중	비고
전국	6,342,828(53.19)	5,395,900(45.25)	
서울	805,772(39.95)	1,198,018(59.39)	
부산	385,999(55.65)	302,452(43.61)	
대구	259,010(67.10)	124,872(32.32)	당시는 경북에 포함
인천	106,902(42.10)	144,379(56.86)	당시는 경기에 포함
대전	71,322(48.58)	74,217(50.55)	당시는 충남에 포함
광주	39,303(22.73)	131,447(76.02)	당시는 전남에 포함
경기	581,083(50.35)	552,203(47.85)	인천 제외 기록
강원	502,722(59.84)	325,556(38.75)	
충북	312,744(57.31)	222,106(40.70)	
충남	485,310(54.30)	387,761(43.38)	대전 제외 기록
전북	308,850(35.48)	535,519(61.52)	
전남	440,434(37.27)	743,527(62.92)	광주 제외 기록
경북	1,074,041(78.03)	286,244(20.80)	대구 제외 기록
경남	891,119(73.35)	310,595(25.56)	
제주	78,217(56.85)	57,004(41.43)	

※ 출처 : 데이터정경연구원(2020)/원시데이터 : 중앙선거관리위원회

⁝⁝⁝ 영 · 호남 지역주의보다 여촌야도(與村野都)

40대 기수 김대중 후보가 출마한 1971년 7대 대선에서도 도시지역 야당 강세(野都) 현상은 재현되었다. DJ는 이전의 윤보선 후보처럼 서울에서 압승을 이어갔고 경기도에서는 신승했다. 그는 4년 전 윤보선 후보가 하프스코어 이상으로 패배했던 부산에서 겨우 12%p 차이로 따라붙는 등 선전을 기록한다. 또한 고향인 전 · 남북은 무려 27.5%p 차이로 승리하는 등 상당한 격차를 벌려 놓았다.

한편 DJ는 시 · 도별 개표에서 광주 · 전남북과 서울, 인천, 대전에서 승리했으며 시 · 군별 구분으로는 시 지역에서 6.5%p 이상 우위를 보였다. 이는 고향을 제외하고는 도시지역에서 강세를 보였음을 알 수 있다. 그러나 결정적으로는 경 · 남북에서 50.5%p 차이로 대패했다. 특히 경북(현재의 대구시도 포함)에서 52.3%p 차이로 패배했는데 표수로는 무려 92만 표이다. 따라서 김대중 후보의 94만 표 패배는 바로 이 경북에서의 패배가 치명적이다.

결국 선거데이터로 보면, 우리나라 지역주의 투표는 바로 이때부터 시작되었다고 말할 수 있다. 이것이 16년 후 1987년 13대 대선 때 직선제 대통령 선거가 부활하면서 지역주의 투표가 온존 · 강화된다. 한 달 뒤 1971년 8대 총선 때도 여당인 공화당은 전 · 남북에서 34석 중 21석을, 신민당은 13석을 가져갔다. 부산은 8석 중 신민당이 6석을, 공화당은 겨우 2석을 건졌다. 경 · 남북은 42석 중 공화당이 24석, 신민당은 17석을 나누어 가졌다. 특히 산업화가 한참 진행 중인 경남은 9 대 9석으로 팽팽했다.

도시지역 전체의석을 따로 살펴보면 신민당이 36석, 공화당은 8석으로 신민당 절대 우위였다. 구체적으로 살펴보면 대구지역 5개 선거구는 대선 낙선자 DJ가 지원유세를 했음에도 불구하고 신민당 한병채(韓炳寀), 김정두(金正斗), 신진욱(申鎭旭), 조일환 당선인 등 4명이 휩쓸었다. 경상북도 시 · 군 복합선거구 4곳 중에도 경주시·월성군의 심봉섭沈鳳燮과 안동시·안동군의 박해충朴海充 후보 등 2명이 승리해 반타작을 거뒀다. 경상남도 시·군 복합선거구 3곳에서는 충무시·통영군의 김기섭金杞燮과 진해시·창원군의 황낙주黃珞周 당선인이 승리함으로써 오히려 야권이 우위에 섰다. 이상과 같이 선거데이터를 분석해보면, 1971년 8대 총선까지만 해도 명명백백하게 '보수는 농촌, 진보는 도시'가 지지기반이었다.

1985년 2·12 총선 때까지도 여촌 야도 현상은 지속됐다. 마지막 1구 2인 동반 당선 선거제도가 시행된 12대 총선에서 야권은 신민당과 민한당 및 국민당 등으로 분열했으나 여당인 민정당은 득표율이 겨우 35.2%에 그치고 말았다. 지역구 의석도 184석 가운데 87석만을 차지해 야권(93석)에게 패배했다. 특히 서울 28석 중 13석을 비롯하여 부산은 12석 중 3석, 대구는 6석 중 2석을 민정당이 획득해 3개 대도시에서만 10석을 뒤졌다. 부산과 대구에서는 YS계 문정수文正秀와 유성환兪成煥이 처음으로 금배지를 거머쥐며 신민

〈표 60〉 1971년 제7대 대선 개표 현황 시·군 지역별 재구성 (단위 : 표, %)

	박정희	김대중	비고
전국	6,342,828(53.19)	5,395,900(45.25)	
시 지역	2,218,727(46.88)	2,474,941(52.30)	64개 개표구
군 지역	4,124,101(57.35)	2,920,959(40.62)	134개 군

※ 출처 : 데이터정경연구원(2020)/원시데이터 : 중앙선거관리위원회

〈표 61〉 1985년 12대 총선 결과 (단위 : 석, %)

	민주정의당	신한민주당	민주한국당	한국국민당	신정사회당	신민주당
지역구의석	87	50	26	15	1	1
여야 구분	여당 87	야당 93				
득표율	35.2	60.1				

※ 출처 : 데이터정경연구원(2020)/원시데이터 : 중앙선거관리위원회

당 돌풍의 주역이 됐다. 민정당은 지역구 1위 정당에게 전국구 3분의 2를 몰아주는 비민주적인 선거법 때문에 무려 61석을 배분받아 간신히 과반의석을 넘길 수 있었다.

소선거구제가 부활된 1988년 13대 총선부터는 여촌야도 현상은 사라지고 오히려 도시지역에서 특정 정당 독주현상이 새롭게 등장한다. 13대의 경우 대구에서 민정당 후보가, 광주는 평민당 후보가, 그리고 대전에서 공화당 후보가 100% 당선된다. 부산에서 단 1석만을 민정당 김진재金鎭載 의원에게 3선을 허용하고 YS계의 공천자는 무려 93.3% 승률이다.

그런데 대구와 달리 경북은 21석 중 4석이 민주당과 공화당 등 비 민정당 소속이며, 충남 역시 14석 가운데 마찬가지로 비 공화당이 9석이나 있다. 경남은 오히려 22석 중 고작 9석만 민주당 소속 당선인이었다. 따라서 특정 정당 텃밭 싹쓸이는 평민당의 광주·전남북이 유일하다.

〈표 62〉 1988년 총선 여야 4당 텃밭 의석 확보현황 (단위 : 석)

	민주정의당	평화민주당	통일민주당	신민주공화당	기타
대구	8				
광주		5			
부산	1		14		
대전				4	
경북	17		2	2	
전남		18			1*
경남	12		9		1
충남	2		2	9	1

※ 출처 : 데이터정경연구원(2020)/원시데이터 : 중앙선거관리위원회

* 전남 신안군으로 출마한 한화갑이 공민권 회복이 이루어지 않았음이 확인됨에 따라 평민
  당은 한겨레민주당 공천자 박형오를 밀었다. 박형오는 당선 즉시 한겨레민주당을 탈당하

1987년 13대 대선 이후를 보면 특히 광주·전남북지역에서 지지층 결집이 도드라지게 나타난다. 이는 1960년 제2공화국 성립 이래 첫 정권교체에 대한 기대감의 표출이 김대중 후보에 대한 절대적인 지지로 표현된 것으로 해석이 가능하다. 대구·경북 역시 이에 뒤질세라 지역연고 후보에 대한 70%대의 꾸준한 득표율을 유지하고 있다. 지역 내에 형성된 포항제철산업산지 등 외지인 비율이 높다는 점을 감안한다면 대구·경북의 70%대 지지도는 광주·전남북의 90%대 지지도에 비하여 결코 낮은 수치는 아니다.

소선거구제가 부활된 1988년 13대 총선 이후 제1당의 지역구 득표율이 45%를 넘어선 경우는 단 한 차례도 없었다. 17대 열린우리당은 지역구에서 41.99% 득표율로 152석을 차지했다. 18대 한나라당도 지역구득표율 불과 43.45%로 153석을 획득했다. 19대 새누리당 역시 지역구에서 43.28% 득표율에 그쳤지만 의석은 152석을 얻었다. 이렇게 40%를 가까스로 넘는 득표율로 2석 내지 3석 많은 여당 과반수 국회가 출현하고 있으니 이는 순전히 불합리한 선거제도 탓이다.

사실상 다당 체제임에도 불구하고, 프랑스식 결선투표가 없고 독일식 정당명부비례대표도 아니기 때문에 제3세력에 대한 유권자의 일정한 지지의사는 철저하게 무시되는 게 현행 선거제도다. 유권자가 던지는 투표 절반쯤을 사표(死票)로 만들어버리는 소선거구제 탓에 국회를 독점한 거대 양당이 사표에서 나오는 초과 의석을 거저 나눠 먹는 매우 후진적인 정치다. 대선의 경우에도 유권자의 과반수 지지를 얻지 못하는 소수파 대통령이 연이어 선출되고 있으나 2012년 18대 때는 야권이 인위적인 선거연대를 통해 1 대 1 구도를 만듦으로써 처음으로 과반수 대통령을 탄생시켰다.

고 평민당에 입당하였다.

그러나 현행 대통령제를 유지하면서 프랑스와 같이 결선투표제를 도입하지 않는다면 근본적으로 국민통합관련 시비는 반복될 것이다. 특히 과반수 미달에 더하여 특정 지역에서의 몰표로 당선된 대통령이라면 과연 국정운영을 힘 있게 추진해 나갈 수 있을까?

박정희 대통령후보 춘천유세 장면(1971년)

12

미국에도 지역주의 몰표는 있다

미국연방은 이민자들이 건국한 나라다. 유럽에서 건너온 백인을 비롯해 아프리카계 노예를 조상으로 둔 흑인, 중남미 히스패닉, 아시아 이주민, 수천 년부터 거주해온 아메리카인디언, 하와이와 태평양원주민 등 인종전시장이고 불러도 과언이 아니다. 2019년 1월 임기를 개시한 제116대 상원에는 정원 100명 가운데 백인이 아닌 의원은 9명 있다. 소속 정당별로 보면 민주당 6명과 공화당 3명으로 민주당 절대 우세다.

우선 민주당 소속 의원은 중남미 히스패닉인 로버트 메넨데스Robert Menendez(뉴저지, 쿠바계)와 코르테즈 마스토Cortez Masto(네바다, 멕시코계, 여) 등 2명이 있다. 아시아 출신 의원도 마지에 히로노Mazie Hirono(하와이, 일본계, 여)와 태미 덕워스Tammy Duckworth(일리노이, 태국계, 여) 등 역시 2명이다. 아프리카계 의원은 코리 부커Cory Booker(뉴저지)가 있으며, 카말라 해리스Kamala Harris(캘리포니아, 여) 의원은 흑인–아시안(인도계) 혼혈이다. 공화당 소속 가운데 2명은 쿠바계 히스패닉 의원이다. 마르코 루비오Marco Rubio(플로리다)와 테드 쿠르즈Ted Cruz(텍사스)가 그들이다. 나머지 1명은 흑인으로 팀 스콧Tim Scott(사우스캐롤라이나) 의원이다. 미국은 1870년 첫 유색인종 출신 상원의원인 하이람 레벨Hiram Revels(흑인)을 선출한 이후 지금까지 총 28명을 배출하고 있다.

정당별 분포 역시 민주당 17명 대 공화당 11명으로 민주당이 훨씬 많다. 그만큼 민주당은 히스패닉과 아프리카계, 그리고 아시아인을 주된 지지기반으로 삼아왔다. 주별로 살펴보면 하와이가 가장 많은 5명이고, 일리노이가 4명, 뉴멕시코가 3명이다. 그리고 뉴저지, 캘리포니아, 매사추세츠, 미시시

〈표 63-1〉 최근 5차례 미국 대선에서 5차례 모두 특정 정당이 승리한 주 (민주당 득표율 순)

	워싱턴DC		하와이		매사추세츠	
	민주	공화	민주	공화	민주	공화
2000년	85.16	8.95	55.79	37.46	59.80	32.50
2004년	89.18	9.34	54.01	45.26	61.94	36.78
2008년	92.46	6.53	71.85	26.58	61.80	35.99
2012년	90.91	7.28	70.55	27.84	60.65	37.51
2016년	90.48	4.07	62.88	30.36	60.01	32.81
5회 평균	90.02	6.98	63.35	33.30	61.01	35.24

※ 출처 : 데이터정경연구원(2020)/원시데이터 : 미국연방선거통계

〈표 63-2〉 최근 5차례 미국 대선에서 5차례 모두 특정 정당이 승리한 주 (공화당 득표율 순)

공화 우세	와이오밍		오클라호마		아이다호	
	공화	민주	공화	민주	공화	민주
2000년	67.76	27.70	60.31	38.43	67.17	27.64
2004년	68.86	29.07	65.57	34.43	68.38	30.26
2008년	64.78	32.54	65.65	34.35	61.21	35.91
2012년	68.64	27.82	66.77	33.23	64.09	32.40
2016년	67.40	21.63	65.32	28.93	59.25	27.48
5회 평균	67.52	27.75	64.83	33.74	63.73	30.87

※ 출처 : 데이터정경연구원(2020)/원시데이터 : 미국연방선거통계

피, 플로리다가 각각 2명씩이다. 이 중에서 하와이, 일리노이, 뉴저지, 캘리
포니아, 매사추세츠가 전통적으로 민주당 텃밭이다.

2000년 대선(공화, 조지 W. 부시), 2004년 대선(공화, 조지 W. 부시), 2008년
대선(민주, 버락 오바마) 2012년 대선(민주, 버락 오바마), 2016년 대선(공화, 도널
드 트럼프) 등 최근 다섯 차례 대선에서 민주당 또는 공화당이 다섯 차례 모두
승리한 주들이 제법 있다. 이를 '안전주(safe state)' 또는 '우세주'라고 부른다.

이에 반하여 대개 3% 이내 박빙 승부가 펼쳐지며 대선 때마다 승자가 바
뀌는 경우를 '경합주(swing states)'로 분류한다. 미국 대통령은 선거인단이라
는 독특한 방식을 거쳐 선출한다. 그런데 메인과 네브래스카를 제외한 나머
지 48개 주와 워싱턴DC는 선거인단 승자독식제도를 채택하고 있다. 그 주
에 할당된 선거인단 전체를 그 주에서 승리한 후보가 독차지하는 제도이다.
따라서 승리 또는 패배가 빤하게 예상된 안전주에서 맹렬하게 선거운동을
할 까닭이 없다. 대통령후보마다 경합주로 집중하는 전략은 그 때문이다.

워싱턴DC는 선거인단이 비록 3명에 불과하지만 최근 다섯 차례 대선에서
평균득표율 90%를 넘겼을 만큼 전통적으로 가장 강력한 민주당 우세지역이
다. 와이오밍 역시 선거인단이 3명뿐인지만 5차례에 걸친 공화당 평균득표

〈표 63-3〉 최근 5차례 미국 대선에서 5차례 모두 특정정당이 승리한 주 (인구 천만 명 이상)

	뉴욕		캘리포니아		일리노이		텍사스		조지아	
	민주	공화	민주	공화	민주	공화	공화	민주	공화	민주
2000	60.22	35.22	53.45	41.65	54.60	42.58	52.23	43.24	54.67	42.98
2004	58.37	40.08	54.31	44.36	54.82	44.48	57.17	41.38	57.97	41.37
2008	62.88	36.03	61.01	36.95	61.92	36.78	55.45	43.68	52.20	46.99
2012	63.35	35.17	60.24	37.12	57.60	40.73	61.09	38.22	53.30	45.48
2016	59.01	36.52	61.73	31.62	55.83	38.76	59.30	37.98	50.77	45.64
평균	60.75	36.63	58.11	37.84	57.02	40.56	56.76	40.89	54.44	44.64

※ 출처 : 데이터정경연구원(2020)/원시데이터 : 미국연방선거통계

율은 3분 2가 넘는다. 또한 민주딩은 하와이(63.35%)와 매사추세츠(61.01%) 순으로, 공화당은 오클라호마(64.83%)와 아이다호(63.73%) 주 등 순으로 5회 평균득표율이 매우 높다.

〈표 64-1〉 미국 인종별 분포 및 외국출생 비율 (단위 : %)

	백인	히스패닉	흑인	아시안	원주민	혼혈인	기타	외국출생
미국 전체	63.7	16.3	12.2	4.7	0.9	1.9	0.2	12.9
워싱턴DC	34.8	9.1	50.0	3.5	0.2	2.1	0.2	13.5
와이오밍	85.9	8.9	0.8	0.8	2.2	0.1	1.5	2.8
오클라호마	68.7	8.9	7.3	1.7	8.3	0.1	5.1	5.5
매사추세츠	76.1	9.6	6.0	5.3	0.2	1.9	0.9	15.0
하와이	22.7	8.9	1.5	37.7	9.6	19.4	0.1	18.2
뉴욕	58.3	17.6	14.4	7.3	0.3	0.4	1.7	22.2
캘리포니아	40.1	37.6	5.8	12.8	0.7	2.6	0.2	27.2

※ 출처 : 데이터정경연구원(2020)/원시데이터 : 2010년 인구조사 데이터

〈표 64-2〉 미국 내 히스패닉의 인종별 분포 (단위 : %)

백인	흑인	인디언·원주민	아시안	혼혈인	기타	계
53.0	2.5	1.5	0.4	6.0	36.6	100

※ 출처 : 데이터정경연구원(2020)/원시데이터 : 2010년 인구조사 데이터

그런데 이상 열거한 주들 가운데 인구가 수십만에 불과한 작은 주들도 많다. 1천만 명 이상인 9개 주 가운데도 뉴욕(민주), 캘리포니아(민주), 일리노이(민주), 텍사스(공화), 조지아(공화) 등 5곳도 각각 민주당 또는 공화당이 몰표를 받고 있다. 특히 인구 2천만 명에 달하는 뉴욕 주는 민주당 5회 평균득표율이 60%가 넘고, 인구 약 4천만 명인 캘리포니아도 민주당 5회 평균득표율이 58%나 된다.

미국의 주별 투표성향은 인종, 종교, 언어, 문화 등 순으로 쉽게 파악이 가능하다. 소수인종은 주로 민주당에, 복음주의 기독교도는 대개 공화당에 투표한다. 유대계는 극소수지만 막강한 금융자본을 바탕으로 똘똘 뭉치고 공화당 자금줄을 자처해왔다. 히스패닉은 백인, 흑인, 혼혈인 등 인종도 다양하고 출신 국가도 중남미지역에서 30개 가까이 있지만 스페인어와 가톨릭이라는 단일문화권으로 뭉친다. 이들은 민주당의 주된 지지기반이다. 아시아인도 아랍계는 이슬람권, 중국인은 화상(華商)을 중심으로 집단문화를 형성하며, 역시 이민문제에 좀 더 개방적인 민주당에 대부분 투표한다.

따라서 워싱턴DC가 민주당 90% 몰표지역인 이유는 바로 인종별 구성을 보면 알 수 있다. 이 지역 거주 백인은 미국 전체평균(63.7%) 대비 무려 29%나 적다. 전국 인종분포 3위에 그치는 흑인(12.2%)은 이곳에서 만큼은 무려 50%이며 2017년 추정치는 51.6%까지 늘었다. 아프리카에서 노예로 팔려온 조상을 둔 경우가 대부분인 이들은 당연하게도 절대적으로 민주당 지지층이다. 워싱턴DC 시의회 정원은 13명이며 2019년 현재 11명이 민주당, 2명은 무소속이다. 공화당은 아예 맥을 못 춘다. 1975년부터 선출을 시작한 직선 시장은 총 7명을 배출했는데 현직 뮤리얼 바우저Muriel Bowser(여)를 포함해 100%가 민주당이고 100%가 흑인이다.

공화당은 2006년 시장선거에서 6% 대 89%로 대패한 이후 2010년, 2014년, 2018년 등 3연속으로 후보조차 내지 못하고 있다. 마찬가지로 민주당 텃밭인 하와이에는 미국연방 전체비중 4.7%에 불과한 아시아인이 무려 37.7%로 가장 많이 거주하고 있다. 그 가운데 필리핀계(14.5%)와 일본계(13.6%)가 압도적이고 중국계(4.0%)가 뒤를 잇는다. 본토와 멀리 떨어져 있는 까닭에 하와이와 태평양섬 원주민 비중 또한 평균보다 10배가량으로 엄청 높다. 거기에 더하어 아시안–백인 사이 혼혈을 중심으로 한 혼혈인 비중도 평균보다 10배 이상 많다.

이렇게 아시안, 태평양 원주민, 혼혈인 등 이 세 유색인종만 인구에서 점유하는 비중이 3분의 2가 넘기 때문에 하와이는 민주당 텃밭일 수밖에 없다. 거기에 더하여 미국 이외 외국에서 태어난 인구도 18.2%나 차지한다. 소수인종이 하와이 주류라는 사실은 연방 상원의원 분포에서도 알 수 있다.

1959년 연방 편입 이후 총 7명의 상원의원을 선출했는데 단 2명만이 백인이고 5명이 아시안(일본계 3명, 중국계 1명, 중국계–원주민 혼혈 1명)이다. 특별히 호놀룰루 국제공항을 1962년부터 2012년까지 한 번도 낙선하지 않은 일본계 상원의원의 이름인 대니엘 이노우에Daniel Inouye(민주)로 바꿔 부를 만큼 아시아인의 지역사회 영향력이 아주 크다. 그리고 이들 상원의원의 당적은 6명이 민주당, 1명이 공화당으로 민주당이 절대 우세다. 캘리포니아는 히스패닉과 아시안, 그리고 흑인 비중을 더하면 인구 과반이 넘는다. 그 때문에 늘 민주당 안전주가 되는 것이다.

뉴욕 주는 백인이 과반은 넘지만 외국 출생비율(22.2%)이 캘리포니아(27.2%)에 이어서 두 번째로 많고 히스패닉과 흑인, 그리고 아시안 등 소수인종이 비교적 높게 분포하기 때문에 역시 민주당 표밭이다. 매사추세츠는 백인 비중이 4분의 3 이상이고 소수인종도 많지 않다. 그런데도 민주당 강세인 까닭은 몇 가지가 있다. 가장 큰 이유는 청교도와 가톨릭이다. 청도교가 미국에 첫 발을 내디딘 지역이 바로 이 곳 매사추세츠이며 남북전쟁 이후 아일랜드 이민이 대규모로 유입되면서 가톨릭 전통이 비교적 강력하게 자리 잡았기 때문이다. 즉 청교도 전통과 가톨릭 문화가 민주당을 주로 지지해온 것이다. 그 유명한 케네디 가문도 바로 이곳 매사추세츠 가톨릭교회를 기반으로 한다.

미국 내 인구가 다섯 번째로 큰 주인 일리노이도 민주당 소굴이다. 20세기 초 남부지역 노예 후손들이 이주해와 시카고로 정착한 까닭에 흑인 비율이 상대적으로 높다. 즉 히스패닉(15.8%)이나 아시안(4.5%) 비중은 전국평균과 엇비슷하지만 흑인(14.3%)은 약간 더 많이 거주한다. 일리노이는 뚜렷한 도·농 복합지역으로 도시는 민주당, 농촌은 공화당 강세다. 그런데 인구 3분의 2가 대도시 시카고메트로폴리탄에 살고 있어서 민주당이 절대 우위에 서 있다. 또한 시카고를 중심으로 철강, 자동차, 농기구 제조 및 식품가공, 보잉사 본사 등이 다양하게 분포한 대표적인 공업주이다. 그 때문에 진보적 노동계급이 일찍부터 조직화됐으며 민주당의 몰표지역이다. 이러한 영향으로 역대 흑인 연방 상원의원 10명 중 오바마 등 3명이 이곳 일리노이 출신이고, 에이브러햄 링컨Abraham Lincoln과 오바마 전 대통령은 다른 주에서 태어났으나 일리노이 주의원을 거치며 정치적 기반을 쌓았다.

한편 공화당 제1 강세지역인 와이오밍은 백인비중만 86%에 달하며 흑인이나 아시아인은 각각 1%에도 미치지 않는다. 외국 태생 역시 전국평균 대비 5분의 1 수준으로 매우 낮다. 그럴 정도로 깡촌인 까닭에 주 자체가 보수적일 수밖에 없다. 공화당이 오랫동안 절대 우위를 지켜온 이유는 바로 이 때문이다.

오클라호마 역시 외국에서 태어난 인구비중이 전국평균 대비 절반에도 훨씬 미달한다. 대평원이 끝없이 펼쳐지고 광물자원이 풍부해 공업화가 뒤떨어졌기 때문에 아시아인을 비롯한 유색인종 유입도 극히 미미하다. 이에 반하여 인디언 언어가 25종이나 사용될 만큼 미국 본토에서는 원주민비중이 가장 높은 주이다. 원래가 인디언준주로부터 시작되었기 때문이다. 또한 근본주의 및 복음주의 기독교가 널리 퍼져 있는 가운데 진화론 교육을 금지했던 이른바 옛 바이블 벨트(Bible Belt)이다. 따라서 가장 보수적인 색채가 짙게 흐르는 기독교 전통이 지금껏 남아 있을 수밖에 없다. 그 결과로 최근 60년 동안 대선에서 민주당 출신이 승리한 건 1964년 당시 린든 존슨 전 대통령이 유일히다.

텍사스도 공화당의 가장 큰 근거지로 분류된다. 텍사스는 스페인 식민지에서 멕시코 영토 일부로, 그리고 텍사스 독립공화국에서 미국연방 편입 등 독특한 역사를 거쳐 왔다. 특히 1845년 28번째 주가 되는 과정에서 노예제도를 인정하는 문제로 북부 주들이 반대했다. 이곳은 캘리포니아에 이어 인구 2위이며 면적은 알래스카 다음으로 넓은 대표적인 농업주로 면화·곡물 재배, 육우 및 낙농업, 양모업 등 대농장 경영을 위해 오랫동안 노예제를 유지해야 했다. 지금은 백인(45.3%)과 히스패닉(37.6%) 비중이 엇비슷하고 흑인(11.5%)은 상대적으로 많지 않다. 흑인들 상당수가 북부 공업지대로 이주해 갔기 때문이다. 멕시코계가 상당수인 히스패닉은 소수인종 티를 내지 않고 공화당에 투표하는 것도 특징이다.

그런데 미국 내 히스패닉 백인은 약 4분의 1가량이 텍사스에 몰려 살고 있으며 이는 캘리포니아와 엇비슷한 수준이다. 그 때문에 이들은 텍사스에서만큼은 자신들을 소수파라고 인식하지 않는다. 따라서 2차 대전 이후 배출한 13명의 대통령을 살펴보면 드와이트 아이젠하워(텍사스 출생), 린든 존슨(연방 상원의원), 조지 H.W. 부시(연방 하원의원), 조지 W. 부시(주지사) 등 4명이나 텍사스가 연고지다. 이 중 존슨만이 민주당 소속이다.

이상에서 살펴본 바와 같이 미국에서는 인종과 종교(언어), 그리고 문화와 산업 등이 당파성을 가르는 중요한 기준이 되며 서로 영향을 미치기도 한다. 인종차별(racism)에 저항하기 위해, 또한 고유의 문화를 지키기 위해 똘똘 뭉치는 건 우리나라와 비슷한 현상이다. 왕따와 싸워온 호남의 저항적 지역주의나 미국 흑인 또는 히스패닉의 날선 지역주의 투표는 현재 진행형이다.

13

독일에도 전국정당은 없다

　안철수 국민의당 대표는 19대 대선 패배 충격이 가실 무렵부터 유승민 전 대표의 바른정당과 합당계획을 수립·추진하였다. 호남기반 국민의당과 대구·경북기반 바른정당 간 통합으로 이른바 빅 텐트가 만들어지면 전국정당이 가능해진다는 판단을 했기 때문이었다. 그는 2017년 12월 20일 국회 기자회견을 통해 대표직을 걸고 전 당원투표를 부쳐 통합 여부를 결정하겠다고 밝혔다.

　12월 31일 개표가 진행됐는데, 투표율은 23%이고 찬성비율은 74.6%로 안대표의 재신임과 통합(안)은 확정된다. 하지만 이에 반발한 박지원朴智元 의원 등 비 안철수 계파의원 14명이 탈당해 민주평화당을 창당하고 손금주孫今柱, 이용호李容鎬 의원은 무소속으로 이탈해버렸다. 비례대표 가운데는 박주현朴珠賢과 장정숙張貞淑 의원이 민주평화당으로, 박선숙朴仙淑과 이상돈李相敦 의원은 바른미래당 합류 자체를 거부하였다. 결국 국민의당으로 당선된 호남 지역구의원 가운데 겨우 5명만 남았고* 비례대표의원도 13명 중 9명이 잔류하게 된다. 이후 통합 전국정당 바른미래당은 한국갤럽 및 리얼미터 정기여론조사에서 단 한 번도 두 자리 수 지지율을 찍어보지 못했다.

한편 합당 바로 직전 여론조사에 나타난 두 정당의 지지율은 단순합계로 리얼미터가 11.8%(국민의당 4.9% + 바른정당 6.9%)이고 한국갤럽은 13%(국민의당 5% + 바른정당 8%)였다. 이른바 빅 텐트는 허상으로 드러난 셈이다.

DJP연합으로 정권교체에 성공한 김대중–김종필

누가 뭐라고 해도 20대 국회에 등장한 국민의당은 호남기반 정당이다. 지역구 25석 가운데 압도적으로 23석이 호남이었다. 비례대표 득표수는 총 635만여 표인데, 그중 호남지역에서 확보한 비중만 19.3%가 넘는다. 유권자 비율 10%에 불과한 호남이 두 배 가까운 성적표를 낸 것이다. 그러므로 이 사실을 부인한다면 곧 당의 존립기반을 허물어뜨리는 일이다. 1997년 대선에서 승리한 김대중 전 대통령의 국민회의가 바로 대표적인 호남지역 당이었다. 국민회의는 15대 총선에서 지역구의석 66석 중 광주·전남 전부를 석권하고 전북은 단 1석만을 내주었다. 이렇게 호남지역에서 획득한 의석이 총 36석이다. 나머지 지역에서 배출한 당선인은 출향 호남인이 다수 거주

* 2명은 선거법 위반으로 의원직을 상실하였다.

하는 서울 강북과 경기도의 서울 위성도시 및 인천지역 공단을 중심으로 겨우 30명이다. 그럼에도 불구하고 국민회의는 DJP연합 전술과 이인제 후보의 독자출마라는 행운이 겹쳐 평화적 정권교체의 과업을 달성한 첫 번째 정당으로 기록된다. 하지만 1997년 대선 당시 DJ가 얻은 득표율을 살펴보면 광주·전남북이 최고로 94.4%, 대구·경북은 최저인13.5%로 아주 극명하게 대비된다.

:::: 독일대안당은 작센주 지역당

민주주의 선진국이라고 하여 우리나라와 특별하게 다른 양상을 보이지 않는다. 2017년 9월 실시된 제19대 독일연방하원의원선거에서 4연승을 내리 달성한 앙겔라 메르켈Angela Merkel의 집권 기민·기사연합(Union)*은 과연 완벽한 전국정당이었을까? 이 당이 얻은 전국 득표율은 32.9%이지만 16개 주에서 고른 지지를 얻지 못했다. 최고인 바이에른(38.8%)부터 최저인 베를린(22.7%)까지 그 편차는 무려 16%가 훌쩍 넘는다. 심지어 옛 동독지역** 평균득표율(27.4%)은 옛 서독지역*** 평균(34.1%)보다 약 7% 가까이 낮다. 특히 옛 동독 작센 주는 신설정당이자 반 난민과 반 이슬람 등 민족주의 포퓰리즘을 전면에 내세운 '독일을 위한 대안당(AfD)'에게도 뒤진 2위로 밀렸다. 대안당(27%) 대 기민·기사연합(26.85%) 간 득표율은 간 발 차이이다.

대안당은 제1투표****를 통하여 지역구의원 3명을 배출했는데 모두 강세

---

* 독일 기독교민주연합(기민련)과 기독교사회연합(기사련)은 연방하원에 하나의 원내교섭단체로 활동하는 사실상 단일정당이라고 보면 된다. 기사련은 유일하게 바이에른 주에서만 활동하는 지역정당이며, 나머지 15개 주에서는 기민련이 후보를 낸다.
** 옛 동독지역은 5개 주 및 동베를린
*** 옛 서독지역은 11개 주 및 서베를린
**** 독일식 정당명부비례대표제는 제1투표로 지역구 후보를 선택하고 제2투표로 정당을 선택

지역인 작센 주 출신이다. 공동대표로 나시시 총선을 지휘한 프라우케 페드리Frauke Petry는 젝시셰 슈바이츠-오스터츠게비르게(Sächsische Schweiz-Osterzgebirge) 선거구에서 당내 최고득표율(37.4%)로 당선되었다. 이 지역은 수백 년 간 주석을 비롯한 광물자원이 풍부해 채광업이 활발했으나 이제는 대부분 문을 닫고 20군데 이상 유네스코 문화유산으로 등재돼 관광업으로 근근이 버티는 실정이다. 당연히 정부여당에 대한 분노가 하늘을 찌를 수밖에 없다. 티노 크루팔라Tino Chrupalla가 당선된 괴를리츠(Görlitz) 선거구 (32.4%)와 카스텐 힐제Karsten Hilse 의원이 승리한 바우첸(Bautzen) 1선거구 (33.2%)는 기계, 자동차, 철강, 섬유산업 등 공업이 번성했던 동독지역 내 중요한 산업거점이었다. 역시 독일판 러스트벨트로 변하면서 공장들은 문을 닫고 사람들이 떠나며 민심도 흉흉해졌다.

한편 전국 득표율 12.6%를 기록한 대안당은 창당 겨우 4년 만에 연방하원 진출과 함께 사민당(SPD) 다음으로 제3당에 오르는 기염을 토했다. 특히 옛 동독지역은 확실하게 제2당으로 올라섰는데, 이는 옛 동독지역 득표율 (21.8%)이 옛 서독지역(10.6%)보다 두 배 이상 높았기 때문에 가능한 일이었다. 따라서 대안당은 동독지역 당이라고 불러도 전혀 손색이 없다.

동독 5개 주에서는 대안당에게, 동베를린에서는 좌파당에게 밀려 3위에 그친 사민당은 서독-동독지역 간 득표율 격차가 8%나 났으니 거꾸로 서독지역당 신세로 전락해버렸다. 2018년 2월 연방고용청(Federal Employment Agency) 발표를 보면 흥미로운 대목이 곳곳에서 등장한다. 가장 최신 통계인 2017년 9월 자료에는 460만 명의 실업보험금 수혜인원 가운데 무려 55.2%가 난민 내지 이주민(Immigrant) 출신이다. 이 수치는 2013년에도 43%였으나

한다. 지역구 당선인은 우선 결정되지만 제2투표 득표율 전국 5% 이상 정당은 주별로 의석 할당을 따로 받는다.

그래도 과반까지 넘지는 않았다. 이 사실은 2018년 4월 29일 보수자유주의 성향 주요 조간신문인 《디벨트Die Welt》가 처음으로 언론을 통해 공개한다. 참고로 연방고용청은 통계법 규정에 따라 본인 또는 한 명 이상이 독일 시민으로 태어나지 않은 경우를 이주민으로 분류한다. 구직센터와 고용기관이 실시하는 출신국가 표시는 자발적이며, 실업보험금 신청자의 79%가 여기에 답변을 했기 때문에 그들의 정보는 비교적 정확하다고 볼 수 있다.

대부분의 난민들은 언어 능력이나 자격, 그리고 기술이 부족하여 망명 절차를 다 마친 후에도 즉시 일자리를 찾지 못한다. 그 때문에 처음에는 취업센터에 머무르거나 기본적인 생활보호를 받으며 일자리를 구해 나선다. 2013년 총선에서 대안당 득표수는 205만 표, 득표율은 4.7%에 머물렀다. 5% 봉쇄조항에 걸린 까닭으로 연방하원에 단 1명의 의원도 진출시키지 못했다. 4년 후 득표수는 587만 표, 득표율은 12.6%로 껑충 뛰었다. 단숨에 94명의 연방의원이 탄생하게 된 배경은 바로 단 4년 사이에 난민들의 실업보험금 수혜인원이 43%에서 55.2%로 급증한 것이 주요 원인은 아닐까?

〈표 65〉 2017년 독일 연방하원의원선거 주요 3당 비례대표득표율 (단위 : %)

	기민·기사연합	사민당	대안당	비고
전국	32.93	20.51	12.64	
옛 동독지역	27.41	13.97	21.79	
옛 서독지역	34.14	21.94	10.62	
바이에른 주	38.82	15.30	12.39	기사련득표율 1위
베를린 주	22.70	17.88	12.05	기민련득표율 16위
브레멘 주	25.10	26.76	10.00	사민당득표율 〉 기민련득표율
니더작센 주	34.94	27.44	9.09	사민당득표율 1위
작센 주	26.85	10.53	27.02	대안당득표율 1위, 사민당 16위
함부르크 주	27.23	23.50	7.82	대안당득표율 16위

※ 출처 : 데이터정경연구원(2020)/원시데이터 : 독일연방선거관리위원회

연방 재무부가 2016년 발간한 연례보고서를 살펴보면 "독일경제는 8년 연속 매우 양호한 모습을 보이며 성장했다. 그 결과 통일 이후 가장 높은 고용과 최저실업률(6.1%)을 기록했다. 임금, 급여 및 연금은 수년간 현저하게 상승했다. 메르켈 총리가 집권한 2005년 이래 실업자 수는 절반으로 줄었고 청년실업은 약 60%나 감소했다. 사회보장 급여대상자는 약 600만 명 증가했다. 실질 국내총생산(GDP)은 지난해 1.9% 증가하여 2011년 이후 가장 높았다."

이상과 같은 자화자찬 끄트머리에는 자성의 목소리도 뒤따른다. "하지만 통독 27년이 되었으나 여전히 동독의 경제력은 EU평균치보다 여전히 낮다. 실업률 역시 계속해서 감소했으나, 2016년 8.5%로 서독지역 평균(5.6%)보다 훨씬 높다. 속도를 내는 경제성장 과정에도 불구하고, 새롭게 편입된 동쪽 5개 주 대부분은 구조적 약점 때문에 여전히 저개발 지역에 속한다. 2016년 1인당 GDP는 서쪽 대비 73.2%였다. 따라서 연방정부는 이 동쪽 지역의 경제적 활력을 강화하는 것을 주요 목표로 삼아야 한다. 동부독일 기업들을 위한 투자, 혁신 및 국제화 촉진에 중점을 둔 법률제정에 힘써야 한다."

자, 이만 하면 독자 여러분도 눈치를 챘으리라. 극우 포퓰리즘 정당으로 분류되는 대안당이 2017년 총선 당시 과거 공산권에 속했던 동독지역에서 중도좌파 사민당을 상대로 8% 가까이 득표율에서 앞서며 2위를 차지한 건 결코 우연이 아니다. 2017년을 기준으로 독일통일 27년이 흘렀으나 동독인은 서독인과 비교하여 GDP기준 73% 국민, 실업률 기준 1.5배인 2등 국민이다. 즉 무늬만 독일연방에 속했다고 해서 다 같은 독일 국민이 아니라는 사실이다. 주별로 살펴보면 더 한심하다.

2016년 1인당 GDP는 옛 서독지역 함부르크가 최고인 6만 2천78유로이고 옛 동독지역의 메클렌부르크–포어포메른이 2만 5천722유로이다. 두 주 사이에는 2.4배 이상 격차가 나고 있다. 실업률 역시 같은 해 옛 서독의 바이에른은 완전고용상태(5%)를 크게 벗어난 3.5%인 반면 메클렌부르크–포어포메른은 무려 9.7%로 그 격차는 2.7배를 상회한다.

동–서독 간 그리고 각 주별로 경제력 격차가 이렇게 크게 나타나는 이유는 한마디로 생산성과 실업률 차이 때문이다. 함부르크 같은 대도시 주는 제조업과 현대적인 서비스 산업이 잘 발달되어 있는 반면, 동독지역 대부분의 주는 낙후된 산업을 구조개혁 하는 과정에서 실업률이 지속적으로 높을 수밖에 없었다. 바이에른은 농업주이면서도 자동차크러스트 등을 결합하고 있어서 유럽 안에서도 독자적으로 경쟁할 만한 막강한 경제력과 낮은 실업률을 자랑한다. 이 같은 지역적 격차는 동·서독 간 격차뿐만 아니라 동독지역 안에서도 발생한다.

튀링겐 주 예나시는 과학연구기관을 유치하고 혁신에 앞장서면서 빠른 성장과 함께 경제구조의 개선이 현격하게 이루어지고 있다. 몇몇 동독 도시들은 이처럼 모범을 보이는가 하면 아직도 침체에서 벗어나지 못하고 있는 지역도 많이 있다. 이런 낙후도시는 주민이 일자리를 찾아 서독으로 떠나면서 동·서독 간 경제력 차이가 인구격차로까지 확대된다. 결국 정치적 영향력에도 문제가 생길 수 있다.

메르켈 총리는 3기 집권 4년간 경제성장률 평균 2.2% 가까이 올리며, 선진국 치고는 그래도 썩 괜찮은 성적표를 남겼다. 그러나 4기 총리직에 오른 2018년부터 7분기 평균 1.5% 미만 성장률로 매우 고전하고 있다. 일자리와 사회복지 혜택비율은 점점 줄고 있으며, 이와 반대로 세금부담은 더욱 늘어남에 따라 잔뜩 화가 난 유권자들이 메르켈 정부가 펼쳐온 개방적 난민정책에 노골적인 불만을 표현하기에 이른다. 즉 대책도 없이 극좌 포퓰리즘을 표방하는 좌파당의 달콤한 유혹에 넘어가거나 또는 반 난민과 반 이슬람을 표방하는 극우 대안당의 혐오선동을 지지하는 일이다.

그런데 이 선동은 가난한 동독지역부터 먹히기 시작한다. 2017년 연방하원선거에서 베를린 12개 선거구 가운데 좌파당이 1위를 차지한 지역은 미테(Mitte), 판코우(Pankow) 등 옛 동베를린 6개 선거구 100%이다. 가난한 순서 맨 꼴찌를 서로 앞다투며 차지하고 있는 옛 동독지역은 지방선거에서도 극우 · 극좌파 쏠림 현상이 더욱 뚜렷하게 나타나고 있다.

〈표 66〉 2016년 기준 독일연방 주별 경제력 비교 (단위 : 유로, %)

구분	GDP 순	독일연방 평균	1인당 GDP 38,370	피용자보수 40,672	실업률 6.1
서독	1	함부르크	62,078	48,614	7.1
서독	2	브레멘	47,051	41,688	10.5
서독	3	바이에른	44,875	43,211	3.5
서독	4	헤센	44,085	45,005	5.3
서독	5	바덴뷔르템베르크	43,590	43,794	3.8
	6	베를린	37,662	40,995	9.8
서독	7	노르트라인베스트팔렌	37,151	41,040	7.7
서독	8	니더작센	35,151	37,420	6.0
서독	9	자를란트	34,737	38,367	7.2
서독	10	라인란츠팔츠	34,502	38,609	5.1
서독	11	슐레스비히홀슈타인	31,121	35,964	6.3
동독	12	작센	29,012	33,733	7.5
동독	13	튀링겐	27,787	33,743	7.0
동독	14	작센안할트	26,674	33,375	9.6
동독	15	브란덴부르크	27,526	33,923	8.0
동독	16	메클렌부르크포어포메른	25,722	32,468	9.7

※ 출처 : 데이터정경연구원(2020)/원시데이터 : 독일연방통계청 및 주별 통계작성 실무그룹 발간보고서(2019)/1인당 GDP는 2010년 EU회계기준/피용자보수는 시장가격 기준

2019년 10월 27일 실시된 동독 튀링겐 주의회선거는 좌파당과 대안당 등 양극단에 서 있는 정당이 과반득표율을 훌쩍 넘어섰다. 기민당은 2004년까지만 해도 과반의석으로 단독정부를 구성해 운영했다. 2009년에는 득표율이 다소 하락했으나 기민-사민당 대연정을 출범시키며 나름 버텼다. 하지만 2014년에는 독일 통일 이후 처음으로 옛 동독계열 좌파당 출신 주총리를 배출하며 적(좌파당)-적(사민당)-녹(녹색당) 연정을 출범시키기에 이른다. 그럼에도 불구하고 제 정신을 차리지 못한 좌파연정은 독일연방 최대의 태양광 클러스터를 유치하고 삼림 및 지하자원 보존에만 힘을 쏟는 등 일자리와는 거리가 먼 친 환경행정을 이어갔다. 서민경제는 계속해서 내리막길을 걸었고 적색정당이 연정에 참여한 10년 세월에 유권자들은 준엄한 심판을 내렸다.

14

프랑스 청년실업자는 양극단을 찍는다

프랑스 하면 떠오르는 단어가 다양성과 관용(tolerance)이다. 이는 헌법 제
1조 제1항에 잘 표현돼 있다. "La France est une République indivisible,
laïque, démocratique et sociale. Elle assure l'égalité devant la loi de
tous les citoyens sans distinction d'origine, de race ou de religion. Elle
respecte toutes les croyances. Son organisation est décentralisée." (프랑스
는 종교에 의해 통치되지 않으며, 사회적 민주공화국이며, 분할할 수 없다. 프랑스는
출신, 인종 혹은 종교의 구분 없이 모든 시민이 법 앞에 평등하다. 프랑스는 모든 신
념을 존중한다. 프랑스는 지방분권으로 이루어진다.)

혁명의 광장에서 황제의 목을 치고 왕정을 폐지한 독기가 있었기 때문에
절대 선이란 없다. 그러므로 극좌에서부터 극우까지 다양한 정치적 스펙트
럼이 공존한다. 직선 대통령제를 유지하면서도 국회 다수 정치연합이 일정
하게 권력을 나눠 갖는 특이한 형태의 정치시스템을 유지하는 거의 유일한
선진국이다. 다종교와 다인종을 무제한 허용함으로써 아프리카 이민자들이
도시를 활보하는 가운데 전통 가톨릭과 이슬람 사원이 묘한 조화를 이루며

한 곳에서 만나는 나라가 바로 프랑스다. 하지만 인류사를 살펴보면 서로 다른 문화 간 융합은 늘 충격이 따르게 마련이다.

일드프랑스(Ilede-France)는 파리를 비롯한 8개 주(Departement, 데파르트 망)를 관장하고 있는 수도권 핵심 레지옹(Région)이다. 우리나라로 치면 경기도에 해당한다. 그 8개 주 가운데 지난 2017년 대선 1차 투표 당시 에마뉘엘 마크롱 대통령 대신에 극좌파 장 뤽 멜랑숑을 압도적으로 지지한 주가 있는데, 바로 센생드니(Seine-Saint-Denis)이다. 이어진 총선에서도 센생드니에 걸린 12개 하원의석은 극좌파가 7석(불복프랑스 6석, 공산당 1석)으로 압도적이었고 여당연합은 겨우 3석에 그쳤다. 멜랑숑의 불복프랑스(La France Insoumise)는 총 17석 가운데 6석을 이곳에서 획득했으며, 주 정부 자체를 오랫동안 공산당이 장악해온 센생드니는 그야말로 극좌파의 소굴이라고 할 수 있다. 그리고 이곳을 포함해 파리 동북부 일대를 이른바 프랑스판 러스트벨트라고 부른다.

〈표 67〉 2017년 센생드니 주 대선 및 총선 개표결과 (단위 : %, 석)

2017년 대선	마크롱	르펜	피용	멜랑숑	아몽
득표율	24.04	9.59	12.76	34.02	8.41
2017년 총선	중도연합	극우파	우파연합	극좌파	좌파연합
의석	3		2	7	

※ 출처 : 데이터정경연구원(2020)/원시데이터 : 프랑스 내무부

유력 일간지 《르피가로Le Figaro》가 2018년 7월 5일에 내보낸 뉴스를 보면, 이 지역 빈곤률은 28%로 프랑스 대도시의 2배이다. 실업률은 전국평균보다 3%가 높고, 주가 속한 일드프랑스보다 4%나 높다. 불법 이민자는 공공정책을 수행할 수 없을 정도인 인구의 8~20%로 추정한다.

국립통계청(INSEE) 데이터를 들여다보면 더 심각하다. 2016년 1월 현재

센생드니는 추정 이민자와 외국인 비율이 선국병균 대비 각각 3배 이상으로 매우 높은 아주 특이한 지역이다. 비교적 높다는 이웃 발드마른(Val-de-Marne)이나 파리 주에 비하여도 꽤 높은 수치를 보인다. 원래 프랑스는 이민과 외국인 거주가 자유롭기 때문에 통계청 추정치로는 6명 가운데 1명이 이민자 또는 외국인이다. 프랑스법이 인구조사에서 인종파악을 금지하기 때문에 흑인이나 아랍계 등 정확한 소수인종 비율은 알 길이 없다. 다만 이민자와 외국인 가운데 아프리카 출신(전국 평균)이 44.5%와 40.7%로 압도적이다. 터키 출신까지 포함하면 이슬람 출신 유입 인구는 사실상 절반에 육박한다. 그 구체적인 근거는 여론조사기관 IFOP*가 2001년 이민자 인식조사에서 또 한 번 밝힌 바 있다. 즉 이슬람을 믿는 비율은 42%, 믿고 따르는 비율은 36%, 무슬림을 자신의 뿌리라고 인식하는 경우는 16%, 그밖에 무종교가 5%였다.

〈표 68〉 2016년 1월 1일 현재 프랑스 이민자 및 외국인 비율 (단위 : %)

출신	프랑스 전체	센생드니 주	발드마른 주	파리 주
이민자 비율	9.4	30.0	21.0	20.3
외국인 비율	6.7	23.6	15.2	14.4

※ 출처 : 데이터정경연구원(2020)/원시데이터 : 프랑스 국립통계청/일드프랑스 레지옹 내 이민자 비율이 높은 3개 주 순서임

---

* IFOP는 프랑스여론연구소(Institut Français D'opinion Publique)의 약칭으로 1938년 설립된 프랑스 3대 조사기관이다.

2018년 5월 실비 샤리에르Sylvie Charrière 의원이 공공정책평가위원회 활동결과를 하원에 「센생드니 정보보고서」*로 제출했다. 요약하면 다음과 같다. "프랑스 본토에서 모든 유형의 어려움에 직면하고 있는 유일한 주이다. 사회적 취약성을 보면 30%가 가난하고, 가족 취약성을 보면 23%가 한 부모 가정으로 프랑스 평균(19.5%)보다 높다. 문화적 취약성을 보면 학사학위 이상을 소지하지 않은 부모 비율이 39.9%로 프랑스 평균(21.9%)과 대비된다. 또한 18세 미만 아동의 44%는 부모가 이민자 출신이다. 센생드니는 프랑스 대도시 가운데 생활수준이 가장 낮다. 균등화** 가처분소득은 월 1,394유로로 주가 속한 일드프랑스(1천877유로)보다 74.3%에 불과하다. 프랑스대도시 평균(1천697유로)과 비교해도 82.1% 수준이다."

〈표 69〉 센생드니에 관한 주요 지표 (단위 : 유로, %)

	센생드니	일드프랑스	오드프랑스	프랑스 대도시
월평균 균등화 가처분소득	1,394	1,877	2,163	1,697
실업률	12.7	8.7	7.5	9.7
빈곤률	28.6	15.6	12.2	14.7
가난한 한 부모 가정비율	34.1	23.9	20.0	29.9
RSA를 받는 비율	23.5	12.7	9.6	13.6
도시거주 인구비율	39	15	6	13

※ 2014~2016년 센생드니 사회조사데이터/RSA는 장기 비소득자에 대한 최소한의 정부지원금

* 2017년 개원한 하원에서 공화당 정책그룹의 제안에 의해 정책평가 활동이 개시된다. 공화당은 센생드니에 12석 중 단 1석만을 보유하고 있다.
** 가구당 가구원 숫자가 서로 다르기 때문에 OECD 기준에 따라 균등화(일치) 시키는 절차를 거쳐 1인 가구소득으로 환산한다.

또 다른 데이터를 확인해보자. 1천 명 당 범죄율(2017년 기준) 역시 센생드니가 가장 높다. 폭력공격은 무려 3만 건이나 발생했으며 이 중 폭력강도만 1만 1천 건 이상이다. 프랑스 마약범죄의 18%가 바로 이 지역에서 신고되었다. 2015년 주민 가운데 무려 55.4%가 범죄 희생자로 사실상 범죄자 소굴이다. 그 때문에 2005년 10월 당시 20세기 이후 프랑스에서 가장 격렬하게 벌어졌다는 파리 폭동이 이곳 센생드니에서 무슬림으로부터 시작된다.

2017년 2월에도 역시 생드니지역 빈민가 흑인 청년에 대하여 경관들이 부당하게 법집행을 하자 그 항의가 폭동으로 이어진다. 국립통계청 고용조사를 살펴보면, 2015년 현재 전체 이민자 가정의 월평균 균등화 가처분소득(1천152유로)은 비 이민자 가정(1천762유로)과 비교하여 약 35% 가량이나 낮다. 그중에서도 특히 아프리카 출신 이민자(1천95유로)는 더욱 더 열악하다. 센생드니는 주가 속한 일드프랑스 실업률(12.7%)보다 6%가 높고 청년실업률은 8.7%나 높다. 또한 30세 미만 빈곤률은 30.8%로 일드프랑스(19.2%) 안에서 특별하게 높다. 이민자와 외국인이 유난히도 몰려 사는 이곳에서, 특히 상대적으로 청년도시인 이곳이 과연 기성 정당인 온건중도 좌·우파를 지지하겠는가?

〈표 70〉 2017년 센생드니 주에서 극좌파가 당선된 7개 선거구 현황 (단위 : 세, %, 유로)

	평균연령	고등교육 이수율	평균소득	실업률
프랑스 전체	41.1	29.1	20,520	14.1
제1선거구	34.0	24	14,087	26
제2선거구	33.3	20	12,287	26
제4선거구	33.8	15	12,703	26
제6선거구	35.1	22	12,172	27
제7선거구	36.3	32	16,485	26
제9선거구	36.1	27	16,651	25
제11선거구	34.9	19	16,469	24

※ 출처 : 데이터정경연구원(2020)/원시데이터 : 프랑스 국립통계청/2016년 현재/평균소득은 균등화 가처분소득임

〈표 71〉 2016년 프랑스 주별 청년실업률 비교 (단위 : %)

	프랑스 전체	일드프랑스	파리 주	센생드니 주	파드칼레 주
전체 실업률	14.1	12.7	12.1	18.7	17.5
청년 실업률	29.4	25.5	20.5	34.2	38.9

※ 출처 : 데이터정경연구원(2020)/원시데이터 : 프랑스 국립통계청/청년연령 : 15~24세

⁙ 난민반대와 지역주의는 쌍둥이 관계

한편 2017년 대선 결선투표까지 진출하며 저력을 과시한 마린 르펜이 이끄는 극우파 국민전선(FN)도 선거연합 없이 사상 최대인 의석 8개를 확보했다. 한마디로 프랑수아 올랑드 전 대통령의 경제실정 때문이었다. 그중 절반인 4석을 파드칼레(Pas-de-Calais) 주에서 얻었다. 그런데 국민전선은 파드칼레 12개 선거구 가운데 11곳에서 결선에 진출(5곳 1위)했으며 르펜을 포함한 4명의 당선인을 배출했다. 하원의원 577명 가운데 최연소인 루드비히 빠조Ludovic Pajot도 이곳 제10선거구에서 선출됐는데 만 23세였다. 당시 그는 국민전선 소속으로 꼬뮨의원(선출 당시 만 20세)과 레지옹의원(선출 당시 만 22세)을 겸직하고 있었다.

파드칼레는 파리 북쪽 오드프랑스(Hauts-de-France) 레지옹에 속한 공업지대로 석탄과 철강산업이 번창하는 등 프랑스 제조업의 중심이었다. 그러나 산업 전반이 쇠퇴하면서 〈표 69〉 '센생드니에 관한 주요 지표'에서 보듯 오드프랑스 레지옹 자체는 지표가 괜찮았으나 유독 파드칼레 만큼은 급격한 쇠락의 길을 걷는다. 마치 미국 러스트벨트와 마찬가지 현상이다. 그 때문에 국민전선이 당선된 4개 선거구는 평균소득이 프랑스 대비 4분의 3에 불과하다.

그러나 실업률은 2배를 훨씬 초과한다. 파드칼레 30세 미만 빈곤률은 센생드니보다 높은 32.4%이다. 고등교육을 받은 사람들이 적어서 다른 직업을

찾아 떠나지도 못한다. 이래저래 극단적인 선백, 극우파에게 표를 던진 것이다. 극우 국민전선 의원을 배출한 나머지 4곳 선거구 역시 마찬가지이다. 파드칼레 서북쪽에 위치한 노르(Nord) 주 19선거구는 실업률이 무려 36%이다. 이곳 또한 석탄 채굴량 감소와 섬유산업 사양화에 따라 오랫동안 좌파 몰표 지역에서부터 오히려 극단적 투표성향으로 변했다.

남부 지중해 연안 3개 선거구 역시 실업률이 35~39%로 거의 살인적이다. 이곳은 아프리카 이민자들이 바다를 건너와 우선 거쳐 가는 곳으로 비 이민자들과 보잘 것 없는 파트타임 일자리조차 다퉈야 한다. 급증하는 세금과 재정난 속에서도 장기간 소득 없는 사람에 대한 정부지원금 등 각종 사회복지 혜택까지 난민들과 나누고 또 쪼개야 한다. 국민전선이 내건 반 난민, 반 이슬람 구호가 엄청나게 먹힌 까닭이다.

〈표 72〉 2017년 파드칼레 주에서 극우파가 당선된 4개 선거구 현황 (단위 : 세, %, 유로)

	평균연령	고등교육 이수율	평균소득	실업률
제1선거구	38.6	13	14,330	32
제10선거구	39.2	15	15,896	29
제11선거구	38.0	15	15,608	29
제12선거구	37.6	16	16,062	29

※ 출처 : 데이터정경연구원(2020)/원시데이터 : 프랑스 국립통계청

〈표 73〉 2017년 기타지역에서 극우파가 당선된 4개 선거구 현황 (단위 : 세, %, 유로)

	평균연령	고등교육 이수율	평균소득	실업률
노르 주 19선거구	37.0	16	15,296	36
피레네조리앙탈 주 2선거구	43.8	20	17,554	37
에로 주 6선거구	43.0	20	15,970	39
가르드 주 2선거구	40.8	24	19,021	35

※ 출처 : 데이터정경연구원(2020)/원시데이터 : 프랑스 국립통계청

2017년 프랑스 대선 1차 투표 득표율을 레지옹별로 살펴보면 흥미로운 대목을 알 수 있다. 본토를 기준으로 마크롱이 1위를 차지한 지역은 수도권 일드프랑스와 북서부 브르타뉴(Bretagne), 서부 페이드라루아르(Pays de la Loire) 레지옹 등이다. 중산층과 화이트칼라가 주로 지지를 보냈다는 사실을 알 수 있다. 결선에 진출한 극우파 마린 르펜이 1위를 차지한 지역은 파드칼레 주

〈표 74〉 2017년 프랑스대선 1차투표 레지옹별 득표현황 (단위 : %)

		중도 마크롱	극우 르펜	우파 피용	극좌 멜랑송	좌파 아몽
	프랑스 전체	24.01	21.30	20.01	19.58	6.36
중남동부	오베르뉴론알프스	24.50	20.72	20.20	19.24	6.13
동부	부르고뉴프랑슈콩테	21.89	25.09	19.70	17.93	5.66
북서부	브르타뉴	29.05	15.33	19.04	19.28	9.04
중부	상트르발드루아르	22.68	23.08	21.04	17.67	5.85
남동부 지중해	코르시카	18.48	27.88	25.56	13.81	3.74
북동부	그랑테스트	20.72	27.78	19.73	16.31	5.09
최북단	오드프랑스	19.50	31.04	16.13	19.59	5.15
북북서부	노르망디	22.36	23.93	19.57	19.16	6.01
남남서부	누벨아키텐	25.12	18.89	17.79	20.75	7.09
최남단	옥시타니	22.32	22.98	17.07	22.14	6.52
서부	페이드라루아르	26.27	16.62	23.56	18.41	6.55
남동부	프로방스알프코트다쥐르	18.94	28.16	22.38	18.74	4.12
수도권	일드프랑스	28.63	12.57	22.19	21.75	7.64
남미 북동부	프랑스령 기아나	18.75	24.30	14.66	24.71	5.70
카리브해	과들루프	30.23	13.51	14.53	24.13	9.95
카리브해	마르티니크	25.53	10.94	16.84	27.37	9.76
모잠비크 북서	마요트	19.21	27.19	32.62	8.42	4.33
모리셔스 남서	레위니옹	18.91	23.46	17.26	24.53	7.67
	재외 프랑스국민	40.40	6.48	26.32	15.83	6.87

※ 출처 : 데이터정경연구원(2020)/원시데이터 : 프랑스 내무부

가 속한 오드프랑스와 북동부 그랑테스트(Grand Est) 레시옹 등 러스트벨트와 프로방스알프코트다쥐르(Provence-Alpes-Côte d'Azur) 및 옥시타니(Occitanie)와 같은 남부 가난한 농어촌지역이다. 르펜은 이 지역에서는 결선투표 때도 상당히 선전하였다. 이는 그대로 총선 성적표로 이어진다. 극좌파 돌풍을 몰고 온 멜랑숑은 본토에서는 득표율 1위 지역이 없으나 평균 이상 성적표를 낸

〈표 75〉 2017년 프랑스대선 결선투표 레지옹별 득표현황 (단위 : %)

		중도 마크롱	극우 르펜
	프랑스 전체	66.10	33.90
중남동부	오베르뉴론알프스	67.13	32.87
동부	부르고뉴프랑슈콩테	60.48	39.52
북서부	브르타뉴	75.36	24.64
중부	상트르발드루아르	63.32	36.68
남동부 지중해	코르시카	51.48	48.52
북동부	그랑테스트	57.94	42.06
최북단	오드프랑스	52.94	47.06
북북서부	노르망디	61.96	38.04
남남서부	누벨아키텐	68.65	31.35
최남단	옥시타니	62.99	37.01
서부	페이드라루아르	72.42	27.58
남동부	프로방스알프코트다쥐르	55.47	44.53
수도권	일드프랑스	78.73	21.27
남미 북동부	프랑스령 기아나	64.89	35.11
카리브해 섬	과들루프	75.13	24.87
카리브해 섬	마르티니크	77.55	22.45
모잠비크 북서	마요트	57.11	42.89
모리셔스 남서	레위니옹	60.25	39.75
	재외 프랑스국민	89.31	10.69

※ 출처 : 데이터정경연구원(2020)/원시데이터 : 프랑스 내무부

곳이 바로 일드프랑스 일부 주와 옥시타니와 같은 높은 실업률에 신음하는 지역들이다. 이상에서 볼 때 프랑스 역시 지역주의 투표 현상은 명확하다. 그리고 그 이유를 단 한 가지만 든다면 바로 먹고 사는 문제 때문이다.

메르켈 총리와 담소를 나누는 마크롱 대통령

15

기호 1, 2번만 달면 무조건 당선이다?

"이번에는 2번으로 바꿉시다." 1997년 김대중 전 대통령이 대통령에 당선될 때까지 기호 2번은 수십 년간 민주당의 상징과 같은 구호였다. 새천년민주당은 집권 후 2000년 16대 총선에서도 제1당을 차지하지 못해서 노무현전 대통령도 기호 2번으로 대선 전을 치렀다. 2004년 17대 총선에서 열린우리당이 과반의석을 확보하고 나서야 비로소 기호 1번을 차지하였으나 2008년 총선으로 겨우 4년 만에 다시 한나라당에게 빼앗긴다.

2016년 20대 총선 당시 더불어민주당은 단 1석 차이로 제1당을 탈환하였다. 실로 8년 만의 일이다. 그 결과 2017년 5월 문재인 대통령후보와 이듬해 6월 지방선거에 나선 수천 명의 여당 후보들은 낯선 기호 1번을 달고 선거운동에 임했다. 즉 박원순朴元淳 서울시장, 최문순崔文洵 강원지사, 이시종李始鍾 충북지사 등 3선에 도전하는 3명의 더불어민주당 시·도지사 후보들이 처음으로 기호 1번을 달았다.

광주·전남북은 더불어민주당의 아성이다. 13대 이후 총 여덟 차례 총선에서 민주당 기호 1번 또는 2번만 간판만 걸면 당선 확률 80% 이상을 보장

지역구 합계	더불어민주당		미래통합당		비고
	광주·전남북	수도권	수도권	대구·경북	
13대(224)	36/37(97.3)	18/77(23.4)	32(41.6)	25/29(86.2)	
14대(237)	37/39(94.9)	34/92(37.0)	39(42.4)	22/32(68.8)	
15대(253)	36/37(97.3)	30/96(31.3)	54(56.3)	13/32(37.5)	자민련 10석
16대(227)	25/29(86.2)	56/97(57.7)	40(41.2)	27/27(100)	
17대(243)	25/31(80.6)	76/109(69.7)	33(30.3)	26/27(96.3)	
18대(245)	25/31(80.6)	26/111(23.4)	81(73.9)	17/27(63.0)	
19대(246)	25/30(83.3)	65/112(58.0)	43(38.4)	27/27(100)	
20대(253)	3/28(10.7)	82/122(67.2)	35(28.7)	21/25(84.0)	국민의당 23석
소계	212/262(80.9)	387/816(47.4)	357(43.8)	178/226(78.8)	

※ 출처 : 데이터정경연구원(2020)/원시데이터 : 중앙선거관리위원회

한다. 국민의당이 대안정치세력으로 잠깐 등장한 20대 총선을 제외하면 승률은 90% 가까이 훌쩍 뛴다. 대구·경북 역시 이에 못지않다. 자민련이 위력을 떨친 1996년 15대 총선에서 30%대 당선률에 그쳤지만 16대와 19대는 '공천 = 100% 당선'일 만큼 미래통합당 텃밭이다. 문재인 대통령이 당선된 2017년 조기대선 때도 17개 시·도 가운데 자유한국당 홍준표 후보가 더블스코어 이상을 벌리며 압승한 지역은 대구와 경북 단 2곳*뿐이었다. 이듬해 6월 지방선거에서 더불어민주당의 싹쓸이 속에서도 자유한국당의 빨강 깃발이 나부낀 시·도청은 역시 대구와 경북이 유이(有二)했다.

더불어민주당과 미래통합당이 각각 텃밭으로 내세우고 있는 광주·전남북과 대구·경북지역은 13~20대 사이 여덟 차례 총선에서 당선비율이 각각 80.9%와 78.8%이다. 두 정당 평균을 내면 488개 선거구에서 390명이 당선

* 홍준표 후보는 경상남도에서도 이겼으나 단 0.51% 차이로 신승하였다.

됐으니 무려 80%이다. 자민련이 대구·경북에서 강세를 보인 15대와 국민의 당이 광주·전남북을 싹쓸이 했던 20대 총선결과를 감안해도 엄청난 승률임에 틀림없다. 따라서 당선 보증수표나 마찬가지인 민주당 또는 미래통합당 공천장을 확보하기 위해 당내 권력자에게 줄을 대거나, 밤낮을 가리지 않고 엄청난 시간과 정력을 들여 당원을 모집하는 일에 혈안인 예비후보자들을 비난하기도 사실은 어렵다.

하지만 뜻밖에도 '묻지 마, 당선'은 양당 텃밭이 아닌 오히려 수도권이 더 심각한 현상하다. 13대부터 20대까지 수도권 지역구 당선인은 총 816명이다. 이 가운데 744명, 무려 91.1%가 더불어민주당 공천 아니면 미래통합당 공천으로 출격한 이들이다. 결국 1번 또는 2번 공천장은 텃밭인 광주·전남북과 대구·경북보다 접전지역 수도권에 더 위력이 있다는 점이다. 그 까닭은 이렇게 추정할 수 있다.

수도권은 이제 인구 절반이 거주한다. 주민등록을 두지 않고 학업이나 사업을 하는 경우까지 포함하면 그 이상이다. 따라서 서울이나 경기도 원주민

〈표 77〉 20대 총선 전국 및 수도권 개표결과 (단위 : %, 명, 석)

	새누리당	더불어민주당	국민의당	정의당	무소속
전국 단순득표율	38.33	37.00	14.85	1.65	
전국 후보자	248	234	171	51	
전국 실질득표율	39.11	39.71	21.46	7.86	
의석	105	110	25	2	11
수도권 후보자	120	120	101	26	
수도권 실질득표율	38.44	42.77	18.31	7.65	
수도권 의석률	28.69	67.21	1.64	0.82	1.64
수도권 초과의석	−11	+31	−16	−1	

※ 출처 : 데이터정경연구원(2020)/원시데이터 : 중앙선거관리위원회/전국 실질득표율 및 수도권 실질득표율은 후보자가 출마한 선거구만 계산한 것임/무투표(통영·고성) 지역을 제외한 전국 252개 선거구 대상임

보다 전국 팔도에서 몰려드는 대부분 사람들 때문에 한 곳에 오래 머물러 있는 정주성(定住性)이 비교적 떨어진다. 수도권 3개 시도는 거주기간 평균이 7.1~7.5년(「통계청 인구총조사(2015)」), 전·월세만 한정하면 3.8~4.4년이다. 따라서 이들은 정보가 취약하기 때문에 지역구국회의원도 지지정당을 중심으로 선택하는 당파성(partisan)이 강력하게 작동하기 쉽다. 그런 까닭으로 오히려 기호 3번 이하 또는 무소속 당선인 배출이 어려운 지역이 바로 수도권이다.

⁞⁞⁞⁞ 문제는 선거제도 때문이야

그렇지만 이는 순전히 소선거구 단순 다수득표자 당선제도라는 현행 선거방식 때문이다. 지난 2016년 20대 총선 당시 더불어민주당의 경우 정당 비례대표에서는 새누리당과 국민의당에 이어 3위를 기록했다. 수도권 3개 시·도 전부에서도 마찬가지로 국민의당에게 밀린 3위였다. 하지만 지역구 투표 결과는 전혀 달랐다.

〈표 78〉 13~20대 총선 더불어민주당–미래통합당 지역구득표현황 (단위 : 표)

	유권자 수	총 투표수	유효투표수	민주당 득표수	통합당 득표수
1988년	26,198,205	19,850,815	19,642,040	3,783,279	6,670,494
1992년	29,003,828	20,843,482	20,583,812	6,004,578	7,923,718
1996년	31,488,294	20,122,799	19,653,073	4,971,961	6,783,730
2000년	33,482,387	19,156,515	18,904,740	6,780,625	7,365,359
2004년	35,596,497	21,581,550	21,330,770	8,957,665	8,083,609
2008년	37,796,035	17,415,920	17,203,518	4,977,508	7,487,776
2012년	40,205,055	21,806,798	21,545,996	8,156,045	9,324,911
2016년	42,100,398	24,430,746	24,002,420	8,881,369	9,200,690
평균	34,483,837	20,651,078	20,358,296	6,564,129	7,855,036

※ 출처 : 데이터정경연구원(2020)/원시데이터 : 중앙선거관리위원회

보수 내지 중도보수 유권자들은 새누리당과 국민의당 후보들에게 각각 분할투표를 함으로써 더불어민주당 지역구후보들은 엄청난 이득을 챙겼다. 수도권에 출마한 더불어민주당 지역구후보들이 얻은 득표율(42.77%)은 새누리당 후보들(38.44%)보다 평균 겨우 4% 남짓 앞섰으나 당선의석은 82 대 35명으로 2배 이상을 뛰어넘었다. 이는 일반의 상식을 뛰어넘고 민주주의 국가라면 용납되기 어려운 수준이다. 접전지역구에서 국민의당 후보들이 대부분 새누리당 표를 잠식했기 때문에 가능한 일이었다. 즉 더불어민주당이 제1당으로 올라선 까닭이 바로 '선거제도'가 낳은 함정인 셈이며, 민주당의 실력이라기보다 어부지리 성격이 아주 짙다.

유시민柳時敏 전 보건복지부 장관은 2016년 1월 4일 JTBC 방송토론에 출연해 그 유명한 '새누리당 35% 최소지지율 이론'을 주장한다. 그는 20대 총선 지형에 대해 언급하던 중 "솔직히 말해 (박근혜) 대통령이 나라를 팔아먹어도 35%는 지지할 것"이라면서 "35%가 새누리당의 최소 지지율이다. (17대 총선) '탄핵 역풍' 때도 새누리당(당시 한나라당)은 정당 득표율 36%를 얻었고 열린우리당이 38%였고, 1987년 13대 대선 때 노태우 전 대통령 득표율이 36%였다"며 구체적인 수치까지 공개했다. 이어서 총선 전망에 대하여 "새누리당의 180석 확보도 가능하다. 그렇게 될 가능성이 7 대 3"이라고 장담했다. 그 이유로 "안철수 신당과 더불어민주당이 야권경쟁 프레임에서 선거를 치르면 새누리당이 수도권 122개 지역구 가운데 3분의 2를 차지할 수 있다"라고 언급했다. 이 '35% 지지율이론'에 대하여 당시 새누리당은 "역대 급 막말"이라며 강력하게 반발했다.

그런데 20대 총선에서 한나라당 정당투표 득표율은 유시민 전 장관이 예측한 바와 달리 33.5%로 뚝 떨어졌다. 하지만 지역구 후보자들의 평균득표율은 35%를 훨씬 넘어서서 39.1%까지 기록했다. 그럼에도 불구하고 새누리당이 180석은커녕 더불어민주당에게도 뒤져 2당으로 밀려난 건 앞서 설명한 것처럼 선거제도 때문이다. 보수 및 중도보수 분열에 따라 적어도 수도권에서만큼 새누리당은 11석의 의석손실을, 국민의당은 16석의 의석손실을 입었다. 이에 반해 민주당은 그 반대로 무려 31석의 초과의석이라는 엄청난 이득을 얻었다. 물론 새누리당이나 박근혜 전 대통령의 콘크리트 지지층은 탄핵 직전 4%까지 추락했다. 하지만 탄핵 직후 곧바로 실시된 2017년 조기대선에서 홍준표 후보를 내세운 자유한국당은 궤멸하지 않고 득표수 785만 표, 득표율 24%로 고스란히 되살아났다. 자유한국당을 이탈해 개혁보수를 표방한 유승민 후보의 득표율을 더하면 30%도 넘는다.

이처럼 제3당 수도권득표율(18.3%)이 가장 강력했던 20대 총선은 역설적으로 더불어민주당이 가장 큰 이득을 보았다. 하지만 제15대 총선은 오히려 보수당인 신한국당이 수도권의석 96석 가운데 54석을 차지해 국민회의(30석)를 압도했다. 제3의 원내교섭단체인 자민련과 통합민주당이 9석을 획득해 의석에서는 20대 국민의당(2석)보다 성적표가 더 좋았으나, 득표율만큼은 반대의 결과가 나타났기 때문이다. 즉 자민련(14.8%)과 통합민주당(13.6%)이 서로 경쟁하면서 신한국당 표를 거의 잠식하지 못했다.

:::: 무조건 보수당 찍는 35%를 두려워해야

13대부터 20대 총선까지 미래통합당(당명 변경 포함, 더불어민주당도 같음)이 얻은 지역구에서 득표수는 최소 667만 표에서 최고 932만 표, 평균치는 785만 표이다. 이를 득표율로 환산하면 38.6%이다. 더불어민주당은 최소 378만 표에서 최고 897만 표, 평균 656만 표이며 득표율은 32.2%이다. 1인 2표 제도를 도입한 17대 총선 때부터 다시 계산하면 미래통합당은 지역구득표수 852만 표에 득표율 40.55%이고 민주당은 지역구득표수 774만 표에 득표율 36.8%이다. 2004년 총선 이후 미래통합당은 지역구득표수도 700만 표 이상으로 고정이다. 민주당은 투표율이 유난히 낮았던 18대 총선(46.1%)을 제외하면 17대 이후 지역구득표수 800만 표 이상을 유지하고 있다.

한편 17대 이후 지역구 대 비례대표 의석비율은 82.4%(987석) 대 17.6%(211석)로 지역구의석이 압도적이다. 정당비례대표제도가 도입되었으나 연동형*이 아니고 그 비중도 이처럼 미미하기 때문에 강력한 당파성을 갖는 유권자들은 지역구투표에서, 정당비례대표투표는 분할투표**로 행사하는 경향이 뚜렷하게 나타나고 있다. 그 결과 17~20대 정당득표율을 살펴보면 미래통합당이 37.3%, 민주당은 31.5%이다. 따라서 지역구후보자의 평균득표율과 정당득표율 간 괴리는 미래통합당이 3.25%이고 민주당이 5.3%이다. 이 정도 수치라면 총선에서 수십 군데 선거구의 당락을 좌우할 수 있다.

〈표 79-1〉 17~20대 총선 더불어민주당–미래통합당 지역구득표현황 (단위 : 표)

총선	2004년	2008년	2012년	2016년
유권자 수	35,596,497	37,796,035	40,205,055	42,100,398
총 투표수	21,581,550	17,415,920	21,806,798	24,430,746
민주당 득표수	8,957,665	4,977,508	8,156,045	8,881,369
통합당 득표수	8,083,609	7,487,776	9,324,911	9,200,690

※ 출처 : 데이터정경연구원(2020)/원시데이터 : 중앙선거관리위원회

* 지역구 후보와 정당에게 각각 투표하는 독일식 선거제도를 부르는 이름이다. 정당득표율을 기준으로 의석을 배분한다.
** 2017년 10월 실시된 제48회 일본중의원 총선거에서도 집권 자민당은 소선거구 지역구에서 47.8%를 얻었으나 정당비례대표는 33.3% 득표에 그쳤다.

〈표 79-2〉 17~20대 총선 더불어민주당-미래통합당 비례대표득표현황 (단위 : 표)

	유권자 수	총 투표수	유효투표수	민주당 득표수	통합당 득표수
2004년	35,596,497	21,581,550	21,285,984	8,145,824	7,613,660
2008년	37,796,035	17,415,920	17,131,537	4,313,645	6,421,727
2012년	40,205,055	21,806,798	21,332,061	7,777,123	9,130,651
2016년	42,100,398	24,430,746	23,760,977	6,069,744	7,960,272
평균	34,483,837	20,651,078	20,877,640	6,576,584	7,781,577

※ 출처 : 데이터정경연구원(2020)/원시데이터 : 중앙선거관리위원회

역대 선거데이터를 보면 '민주당+미래통합당' 득표수는 일정하게 고정되어 있음을 알 수 있다. 유시민 전 장관 말처럼 득표율 고정이 아닌 득표수 고정이다. 민주당은 2006년 지방선거, 2007년 대선, 2008년 대선 등 3연패 이후 2010년 지방선거에서 승리한 뒤로 2012년부터 꾸준하게 자기 득표수(득표율이 아님)를 유지하고 있다. 열린우리당이 완승을 기록한 2004년 총선 때도 새천년민주당과 합하면 1천만 표 가까이 된다. 미래통합당 역시 1천만 표를 최대치로 하고 700만 표가 최저치이다. 2012년 대선은 1 대 1 구도라서 특이하게 많이 나온 경우이다. 2017년 대선과 2018년 지방선거는 각각 유승민 후보와 바른미래당 때문에 보수분열은 있었지만 그래도 득표율은 나올 만큼 나왔다. 미래통합당은 오히려 2017년 대선 득표율 24%에서 2018년 지방선거 득표율 27.8%로 상승했다.

〈표 80〉 민주당 선거별 득표현황 (단위 : 표)

	2004년 총선	2006년 지선	2012년 대선	2017년 대선	2018년 지선
유권자	35,596,497	37,064,282	40,507,842	42,479,710	42,907,715
투표수	21,581,550	15,055,319	30,721,459	32,807,908	25,825,401
득표수	8,145,824	4,055,367	14,692,632	13,423,800	12,996,592

※ 출처 : 데이터정경연구원(2020)/원시데이터 : 중앙선거관리위원회/2004년 새천년민주당 1,510,178표/2006년 민주당 1,863,239표

	2004년 총선	2006년 지선	2012년 대선	2017년 대선	2018년 지선
유권자	35,596,497	37,064,282	40,507,842	42,479,710	42,907,715
투표수	21,581,550	15,055,319	30,721,459	32,807,908	25,825,401
득표수	7,613,660	10,086,355	15,773,128	7,852,849	7,017,554

※ 출처 : 데이터정경연구원(2020)/원시데이터 : 중앙선거관리위원회/2004년 자민련 600,462표/2017년 유승민 2,208,771표/2018년 바른미래당 1,973,141표

현재의 정치체제는 1990년 1월 있었던 3당 합당으로 형성된 1990년 체제라고 할 수 있다. 호남을 포위하는 영남정당 대 호남정당 간 지역구도가 고착된 점이 특징이다. 그 이후 1992년 14대부터 19대까지 치러진 여섯 차례 대선 개표결과를 보면, 전체 유권자 대비 보수당 득표율은 3분의 1 정도이다. 민주당계통은 30%를, 중도를 표방한 정당은 7분의 1 정도를 얻었다. 그리고 민주노동당으로부터 정의당에 이르기까지 진보정당은 평균득표율 2.5%이다.

형식적으로 우리나라와 똑같은 대통령제를 채택하고 있는 프랑스 선거데이터도 흥미롭다. 1997년부터 2017년까지 총선 1차 투표에 나타난 결과를 데이터정경연구원이 분석하였다. 그 결과 전체유권자 대비 득표율은 우파가 25.2%, 중도파 7.5%, 좌파 24.2%, 기타 0.8%이다. 우파와 좌파는 그 격차가 1%에 불과하지만 결선투표제도가 있는 프랑스는 우파와 중도가 선거연합으로 똘똘 뭉쳐왔기 때문에 명백하게 중도·우파에게 기울어진 운동장이다.

당파성 연구에 몰두해온 플로리다 주립대학교 정치학자 더글라스 아흘러 Douglas Ahler가 발표한 여러 논문을 들여다보면 「연방인구센서스U.S. Census Bureau」에 나타난 성별, 연령별, 인종별 통계 외에도 다양한 ANES* 선거데이

---

* ANES는 'American National Election Studies'의 약자이다. 1948년부터 미국 대선 전과 후에 유권자 조사를 실시해 선거결과를 정밀 분석한다. 이를 통하여 각종 정책 참고용 등으

터를 비교 · 분석하는 방법론을 사용한다.

미국은 대부분 주에서 유권자 등록제를 채택하거나 개방형 경선제를 실시하더라도 투표기록을 남기기 때문에 연구를 위한 정확한 데이터가 추출된다. 즉 공화당원이 강세인 65세 이상 노인 비율, 남부인 비율, 연소득 25만 달러 이상인 부자 비율, 히스패닉이 아닌 백인 비율, 복음주의 기독교도 비율 등등이 그것이다. 민주당원도 히스패닉과 흑인 비율, 노동조합원 비율, 동성애자 비율, 무신론 또는 불가지론자 비율 등등을 자세하게 뽑아낸다.

이처럼 미국 ANES선거데이터를 토대로 수십 년 이상 진행된 연구결과에서는 미국인의 3분의 1은 보수주의자, 5분의 1은 자유주의자라고 한다. 미국 역시 보수 공화당에게 유리한 선거지형이다.

이미 선거데이터를 통해 확인했지만 2016년 총선에서 더불어민주당이 승리한 이유 중 하나가 바로 보수 · 중도보수 유권자들이 새누리당과 국민의당으로 각각 분할 투표했기 때문이다. 2018년 지방선거에서도 민주당이 역사적인 승리를 할 수 있었던 배경 역시 자유한국당(전 새누리당)과 바른미래당*으로 각각 분열된 보수의 각개약진이 한 몫을 했다.

2017년 대선 당시도 문재인 대통령이 2위와의 표차를 신기록까지 세우며 싱겁게 승리한 데에는 새누리당을 탈당해 독자 출마한 유승민 후보 및 보수층을 적지 않게 잠식한 안철수 후보가 큰 역할을 했다. 문재인 대통령은 전체 유권자로부터 31.6%밖에 지지를 받지 못했으나 유리한 후보구도 때문에 손쉬운 선거를 치를 수 있었다.

그러나 이는 반대로 표현하면 허약한 지지기반이다. 역대 대통령당선인

로 사용한다. 현재는 연방정부 보조금을 받아 스탠포드대학과 미시간대학이 공동으로 운영한다.
* 안철수의 국민의당과 유승민의 바른정당이 2018년 2월 지방선거를 앞두고 합당한 정당이다. 새누리당 출신인 바른정당계 때문에 보수색채가 강화되었다.

가운데 유권자대비 기준으로 보면 이명박 전 대통령 다음으로 낮은 득표율이다. 심지어 양김 분열에 의한 어부지리로 당선된 노태우 전 대통령보다 낮다. 집권초반 높은 국정운영여론지지도는 일종의 신기루다. 새롭게 출범하는 정부와 대통령에 대한 힘을 실어주고 기대감을 표시하는 것을 단단한 지지로 착각해서는 곤란하다. 투표장까지 나와서 '문재인 후보'를 찍은 유권자는 다시 한 번 말하지만 겨우 31.6%였다.

〈표 82〉 13대 대통령선거 이후 당선인 득표율 (단위 : %)

대수	13대	14대	15대	16대	17대	18대	19대
당선인명	노태우	김영삼	김대중	노무현	이명박	박근혜	문재인
투표수 대비	36.64	41.96	40.27	48.91	48.67	51.55	41.08
유권자 대비	32.01	33.91	31.98	34.33	30.52	38.94	31.60
후보 구도	4자	4자	3자	3자	5자	2자	5자
투표율	89.2	81.9	80.7	70.8	63.0	75.8	77.2

※ 출처 : 중앙선거관리위원회/구도는 득표율 3% 이상 후보만을 대상으로 함

이에 반해 보수 쪽은 홍준표 및 유승민 후보(합 23.69%)와 안철수 후보(16.47%)를 지지한 일부를 포함하면 오히려 31.6%보다 더 많을 수 있다. 그렇기 때문에 보수가 단결하기만 하면 더욱 위력적이다.

16

누가 고정 지지층인가

2014년 미국연방 중간 선거를 분석한 《미국연방선거연구소ANES》 데이터에는 다음 표와 같은 귀중한 내용을 발견할 수 있다. 즉 공화당은 남부인, 기독교근본주의자(또는 복음주의자), 65세 이상 노인, 연소득 25만 달러 이상 부자가구 등이 주된 지지기반이다. 이에 반하여 민주당은 아프리카 출신 흑인과 조직된 노동계급, 종교를 갖지 않는 무신론자, 성 소수자 등 주로 소수자들의 지지를 얻고 있음을 알 수 있다.

CNN과 NBC 등 유력 언론사와 주요 조사기관들은 이를 토대로 여론조사를 설계하는데 ANES데이터와 크게 다르지 않다. NBC가 2014년 중간선거 당시 실시한 출구조사결과를 살펴보면 공화당 또는 민주당 '우세'로 분류되는 계급, 계층, 인종, 종교, 지역 등은 이렇게 해서 축적한 ANES데이터와 거의 정확하게 맞아 떨어진다. 70년 가까이 선거연구와 분석에 투자해온 미국연방의 위대한 힘이 아니라 할 수 없다.

〈표 83〉 2014년 미국연방 중간선거 유권자 분석현황 (단위 : %)

공화당원	남부인 (35.7)	복음주의자 (34.3)	65세 이상 (21.3)	25만$이상 소득자 (2.2)
민주당원	흑인 (23.9)	노동조합원 (10.5)	무신론자/불가지론자 (8.7)	성 소수자 (6.3)

※ 출처 : 데이터정경연구원(2020)/원시데이터 : 미국 연방선거연구소

〈표 84-1〉 2014년 미국연방 중간선거 NBC출구조사 결과 (단위 : %)

	투표자 비중	공화당	민주당
남부지역 주 거주자	33	59	38
기독교근본주의자/복음주의자	26	78	20
65세 이상 노인	22	57	41
20만$이상 소득자	7	57	42
흑인	12	10	89
가구원 중 노동조합원 있음	17	38	60
성 소수자	4	24	75
무종교인	12	29	69

※ 출처 : 미국 NBC/20만$이상 소득자는 2013년 가구소득임

　　NBC가 발표한 2014년 연방 중간선거 출구조사결과에 따르면, 공화당은 예상대로 투표에 참여한 유권자 비중 4분의 1이 넘는 기독교근본주의자 · 복음주의자 그룹에서 80% 가까운 몰표를 쓸어 담았다. 투표자 비중 3분의 1을 차지하는 남부지역 주에서도 60%에 육박하는 엄청난 득표를 기록했다. 그리고 65세 이상 노인층과 소득 20만 달러 이상 가구에서조차 과반 득표율을 훨씬 초과하며 상대 민주당을 압도했다. 그 결과 상원은 9석을 늘리며 54석으로 2년 만에 다수당 지위를 탈환하였다. 하원 역시 13석을 불리며 다수당을 유지하고 상 · 하원 양원 전부를 지배하게 되었다. 이로써 공화당은 2년 뒤에 다가올 정권교체 준비를 착착 진행하게 된다. 물론 민주당도 전통적

표밭인 흑인 층에서는 90% 가까운 표가 쏟아졌다. 민주당은 무종교인* 사이에서도 70% 정도 지지를 받았다. 비록 투표참여 비중으로는 미미하지만 성소수자들도 4분의 3이 민주당에게 표를 몰아줬으며, 가족 중에서 노동조합 활동을 하는 경우에는 60%가 민주당을 지지했다. 이처럼 공화당과 민주당을 지지하는 고정지지층은 아주 뚜렷하게 구분된다. 이러한 현상은 트럼프와 힐러리가 각각 공화당과 민주당 후보로 나선 2016년 대선에서도 똑같이 반복된다.

〈표 84-2〉 2016년 미국대선 NBC출구조사 결과 (단위 : %)

	투표자 비중	트럼프	힐러리
남부지역 주 거주자**	33.5	50.4	38.5
기독교근본주의자/복음주의자	26	80	16
65세 이상	16	52	45
25만$이상 소득자***	5	46	46
흑인	12	8	89
가구원 중 노동조합원 있음	18	42	51
성 소수자	5	14	77
무종교	15	25	67

※ 출처 : 데이터정경연구원(2020)/원시데이터 : 미국연방 선거통계 및 NBC 출구조사/출구조사 표본 = 24,558명

2012년 버락 오바마는 재선 성공 당시 초선 때에 비해 상대 후보보다 득표율에서 그 격차(3.86%)가 다소 줄었다. 그럼에도 불구하고 공화당 강세지역 남부 주에서는 거의 맥을 추지 못했다. 선거인단 각각 13명과 29명이 걸

* 미국은 백인 이민자 후손의 경우 대부분 기독교를 믿는다. 무종교인은 흑인이나 아시아인 등 소수인종 사이에서 주로 발견된다.
** 남부지역은 플로리다, 조지아, 켄터키, 노스캐롤라이나, 사우스캐롤라이나, 텍사스, 버지니아 등 7개 주를 대상으로 한 조사임
*** 25만$ 이상 소득자는 2015년 가구소득임

린 버지니아(+3.88%)와 플로리다(+0.88%) 단 2곳에서만 그것도 손에 땀이 나는 승리를 가까스로 일궈냈다. 2016년 대선 때 트럼프는 한 걸음 더 나아가 버지니아(-5.32) 단 1곳만을 내주었을 뿐 남부 전역을 공화당의 빨강색으로 물들였다.

시계열로 살펴봐도 또한 마찬가지이다. 백인이 다수인 기독교근본주의자 또는 복음주의자들은 1980년대 이후 공화당 대선후보에 대한 절대적 신뢰를 허물어뜨리지 않고 있으며, 소수인종이 대부분을 차지하는 무종교인들은 민주당 후보 지지가 압도적이었다. 세계금융 위기가 발생한 직후 치러진 2008년 대선 당시 민주당 오바마 대통령은 고소득자 층에서 존 매케인을 6% 앞섰지만(출구조사 표본 = 17,836명), 그 외 나머지 공화당 후보들은 20년 이상 우위를 점해왔다. 즉 부자들은 주로 공화당 지지가 많다. 성 소수자들의 투표성향을 살펴보면 1992년 빌 클린턴 시절부터 민주당 후보들이 휩쓸어오고 있다.

인종 소수자인 흑인과 히스패닉은 민주당을, 다수자인 백인은 공화당 절대 선호가 뚜렷하다. 그리고 보수적인 65세 이상 노인들은 공화당을, 대학원 이상 고학력자는 최근 선거에서 민주당 후보들을 점점 더 지지하는 경향이 뚜렷하게 나타나고 있다. 이와 같이 공화·민주 양당의 고정지지층은 결국 당파성(partisan) 투표를 통해 결정적으로 자신들의 당파를 표현한다. NBC출구조사에 나타난 수치를 보면 공화당과 민주당 출신이 각각 2회씩 당선된 최근 네 차례 미국 대선에서 지지층의 평균 충성강도는 공화당원이 91%, 민주당원은 90%에 약간 못 미친다. 따라서 2016년 대선을 기준으로 민주당 지지층은 투표에 참여한 유권자 가운데 36%로 공화당(33%)보다 3%p 더 많았지만 힐러리 패배의 한 원인으로 작용했다. 그렇기 때문에 모든 선거는 지지층을 동원하는 전략이 가장 우선이라고 할 수 있다.

〈표 84-3〉 2004~16년 미국대선 NBC출구조사 결과 (단위 : %)

후보자	2004		2008		2012		2016	
	부시	케리	매케인	오바마	롬니	오바마	트럼프	힐러리
복음주의자	79	21	73	26	79	20	80	16
무종교	31	67	23	75	26	70	26	68
20만$ +	63	35	46	52	55	42	48	46
성 소수자	23	77	27	70	22	76	14	77
65세 이상	52	47	53	45	56	44	52	45
흑인	11	88	4	95	6	93	8	89
히스패닉	44	53	31	67	27	71	28	66
대학원교육	44	55	40	58	42	55	35	58

※ 출처 : 데이터정경연구원(2020)/원시데이터 : NBC 출구조사/2012년과 2016년은 25만$이상 가구 소득자이며 전년도 기준임

〈표 85〉 당파성에 관한 NBC출구조사 결과 (단위 : %)

후보자	2004		2008		2012		2016	
	부시	케리	매케인	오바마	롬니	오바마	트럼프	힐러리
공화당 지지자	93	6	90	9	93	6	88	8
민주당 지지자	11	89	10	89	7	92	8	89

※ 데이터정경연구원(2020)/원시데이터 : NBC출구조사

:::: 우리 편 동원하기는 기본 전략

이와 같이 지지층의 고정이라고 하는 법칙성은 우리 대한민국도 결코 예외는 아니다. 고정지지층은 크게 세 종류로 분류해볼 수 있다. 첫째 세대투표이다. 생애 첫 투표 후 잘 바뀌지 않는 투표성향을 말하며 세대를 공유한 집단의식이 그 근거로 작용한다. 60대 이상은 선거 때마다 높은 보수당 지지율을 보인다. 이는 일제 강점기와 해방, 그리고 한국전쟁 등을 거치는 동안 보

수우위의 정치지형과 무관하지 않다. 이른바 박정희 신화라고 불리는 산업화 시대의 유산이기도 하다. 그 자식들인 86세대는 민주진보 지지가 높다. 이들은 1970년대 후반 및 1980년대 민주화운동의 주역이었으며, 대학진학률이 급증해 화이트칼라 비중이 높고 1980년대 중반 3저 호황을 겪으며 소득 또한 급격하게 오르며 황금기를 보낸 세대이다. 이들은 서유럽의 68세대에 비견할 만하다. 86세대의 자식들은 다시 IMF 외환위기와 세계금융위기 등을 거치며 자란 세대로 부모세대보다 훨씬 더 고학력임에도 불구하고 낮은 소득과 불투명한 미래에 특정 당파에 대한 지지를 유보하고 있다. 낮은 투표율이 특징인 이들 2030 세대는 민주진보 고정 지지층이 아니라 스윙보터(swing voter)일 가능성이 높다.

둘째는 이익에 의한 투표, 즉 직업별 지지가 일정하게 고정돼 있다. 미국 노동조합원 가정에서 민주당 지지가 높은 사례와 같다. 화이트칼라 또는 대기업노조 조합원은 민주진보 지지가 높다. 비정규직이나 영세한 자영업자는 보수당 지지가 높다. 이것은 아이러니하지만 선거데이터로 확인된다. 서울 강남지역 등 초고소득층 거주지역도 보수당 지지가 매우 높다. 따라서 미래통합당은 초고소득층과 하층연합으로 묶여 있음을 알 수 있다. 이익연합은 또한 지역과 밀접한 관련이 있다. 산업이 고도화 된 도시는 민주진보 정당을, 노인층이 많은 농촌은 보수정당을 지지한다. 역시 노동계급과 농민이라는 직업 차이가 가장 크다.

셋째 유전에 의한 투표이다. 광주·전남북지역은 20대 총선을 제외하고 민주당 지지가 높았다. 이와 반대로 대구·경북권역은 자민련을 분산 지지한 15대 총선을 제외하고 주로 미래통합당을 지지해왔다. 민주화세대 자녀는 주로 민주진보 정당을 지지한다. 이북에서 월남한 1세대와 그 자녀들은 보수당 지지가 많다. 이는 1963년 5대 대선 및 6대 총선부터 계속 이어져왔기 때문에 사실상 유전적 요인도 적지 않다고 보인다.

특히 유전적 요인은 3절 '진보와 보수는 DNA가 달라요'에서 이미 그 개요를 소개한 바 있다. 위에서 살펴본 것과 같이 미국 민주당은 가구소득 연 3만 달러 미만 저소득층에서 공화당과 비교해 절대 우세이고, 25만 달러 이상 고소득층에서는 약보합 내지 열세이다. 즉 대체적으로 미국 민주당은 가난뱅이를 대변하고, 공화당은 부자를 대변한다.

남북전쟁 당시 남부 농장주의 이익을 위해 총을 든 남부동맹과 새롭게 형성되기 시작한 산업화세력(자본가와 노동계급) 및 서부개척을 위해 도전에 나선 북부지역 연방주류를 비교해보면 잘 알 수 있다. 하지만 우리나라는 대략 그 정반대이다. 사실상 한민당 후예를 자처하는 더불어민주당은 부자들을 대변하는 전통이 DNA에 고스란히 남아 있다. 더불어민주당은 1955년 9월 18일 탄생한 민주당을 생일*로 쇠고 있다. 당시 민주당은 민주국민당(민국당)과 무소속 의원들이 이승만 독재에 반대해 결성한 정당이다. 그런데 민국당은 8·15 해방 직후 활동한 지주정당 한민당(한국민주당)이 1949년 1월 대한국민회와 대동청년단을 흡수·통합해 만든 제1야당이었다.

:::: 민주당도 친일 지주들이 뿌리인가

또한 한민당은 송진우宋鎭禹, 김성수金性洙, 백관수白寬洙가 앞장서서 대지주, 자산가, 지식인 그룹을 주축으로 결성한 우익보수정당이다. 이승만은 초대대통령 선출과정 당시 결정적 도움을 받은 한민당에게 초대내각 구성에서는 장관 단 1석만을 배정했다. 그리고 대부분 대지주로 구성된 한민당 기반을 약화시킬 필요가 있었기 때문에 좌익계열 출신 조봉암曺奉岩을 농림장관으로 앉혀 1949년 6월 농지개혁을 전격 단행해버린다. 이로써 민국당(한민

* 더불어민주당은 2019년 9월 18일 오전 11시 중앙당사 2층 강당에서 이해찬 대표와 이인영 원내대표 등 주요 관계자들이 참석한 가운데 창당 64주년 기념식을 개최하였다.

당)은 본격적인 야당의 길에 들어선다.

민주당은 이승만 독재에 저항한다는 명분으로 출범했으나 그 전신인 한민당은 창당 초기부터 호남 갑부정당이라는 비난을 받았다. 전북 출신인 김성수, 백관수, 김병로金炳魯, 임영신任永信, 유진산柳珍山, 이철승李哲承과 전남출신의 송진우, 김준연金俊淵 등이 그들이다.

결국 현재 더불어민주당 DNA는 바로 부자정당 한민당에 그 기원을 두고 있다고 볼 수 있다. 이와 반대로 이승만은 농지개혁을 단행했고 호남 일대의 대지주들, 심지어 일부 친일 부역자들과 맞서 싸운 중·소농 및 소작농이 주된 지지기반이었다. 한국전쟁까지 겹치면서 지방의 토호로 군림하고 토지를 기반으로 부를 축적해온 부자들은 하나둘씩 사라져갔다. 그렇지만 낙동강에 방어선을 침으로써 영남지역 지주들은 상대적으로 피해가 덜 했다. 이 때문에 농지개혁 과정에서 현금(지가증권)을 쥐게 된 이들이 영남지역 적산을 불하받아 기업가로 성장할 수 있는 토대를 마련하게 된다. 그리고 한국전쟁이 끝나면서 자영농도 서서히 자리를 잡기 시작한다. 자영농이 성장하면서 그 자녀들은 소를 팔고 논을 팔아 마련한 돈으로 어렵게 공부한 후 한강의 기적을 일구는 주축으로 참여하게 된다.

따라서 보수정당인 미래통합당은 산업화를 통해 자본가를 육성했고 결과적으로 노동계급을 양산했다. 미래통합당이 초고소득층과 하층연합 형태로 남아 있는 이유이다. 자칭 민주진보라는 민주당은 당초 지주계급의 이익, 기득권을 수호하기 위해 개혁에 저항하며 출범하였다. 그렇기 때문에 지금도 역시 상대적 고소득층인 소득 상위 20% 또는 대기업 정규직 등이 주된 지지기반이다.

2017년 5월 대선에서 더불어민주당 문재인 후보는 유효 투표수의 41.08% 득표율을 올렸다. 전체 유권자 대비로 환산하면 31.6%이다. 따라서 31.6%라는 민주당의 정체성은 다음 〈표 86〉과 같이 추정할 수 있다. 즉 소득상위

20% 계층과 3040 세대 및 수도권 지역기반 정당이다.

2017년 6월 1일 국회에서 열린 '2017년 대통령 선거와 한국 민주주의 미래' 학술회의에서 성균관대 김보미 선임연구원이 발표한 촛불집회 참여현황을 보면 연령은 20~40대가, 학력과 소득은 높을수록, 주관적 계층의식은 중층에서 참여가 두드러졌다. 문재인 정부는 스스로 촛불혁명으로 탄생했다고 규정한다. 따라서 고학력자, 고소득자, 중산층 등이 민주진보의 주력군임을 알 수 있다. 저학력에 소득이 낮은 노인층은 민주당의 주된 지지기반이 아니다.

〈표 86〉 더불어민주당 지지층 = 31.6%

31.6% = 소득상위 20%(계층) + 3040(세대) + 수도권(지역)
2016년 소득상위 20%의 균등화된 시장소득 평균연봉 = 5,234만 원
2016년 공무원 평균연봉 = 5,992만 원 (127만명)
2016년 공공기관 직원 평균연봉 = 6,607만 원 (29만 명)
2016년 사업체노동력조사 대기업 상용직 평균연봉 = 6,157만 원 (235만 명)
30대 및 40대 투표자 비중 = 36.8% (1,209만 명)
수도권 득표수 비중 = 51.0% (685만 표)

※ 출처 : 데이터정경연구원(2020)/균등화소득 : 가구별로 복지수준이 상이하기 때문에 1인 가구 수준으로 OECD방식에 따라 환산(4인 가구의 경우 루트 4로 나누면 2가 된다)/시장소득 : 근로소득 + 사업소득 + 재산소득 + 사적 이전소득

〈표 87〉 촛불집회 참여현황 (단위 : %)

		1~3회 참석	4회 이상 참석	계
연령	19세·20대	38.6	6.9	45.5
	30대	29.3	7.0	36.3
	40대	33.7	7.9	41.6
	50대	21.5	4.9	26.4
	60대	7.4	4.0	11.4
	70세 이상	6.0	1.3	7.3

		1~3회 참석	4회 이상 참석	계
학력	중졸 이하	4.0	1.9	5.9
	고졸	15.9	4.0	19.9
	대재 이상	31.4	6.9	38.3
월평균 가구소득	200만 원 미만	8.7	5.6	14.3
	200~300만 원 미만	17.2	2.5	19.7
	300~500만 원 미만	30.6	4.5	35.1
	500~700만 원 미만	28.5	7.0	35.5
	700만 원 이상	31.4	10.0	41.4
주관적 계층의식	상층	24.2	3.1	27.3
	중층	27.8	6.3	34.1
	하층	22.8	5.8	28.6

※ 출처 : 2017년 6월 1일 '2017년 대통령 선거와 한국 민주주의 미래' 학술회의, 김보미(성균관대 동아시아 공존 · 협력연구센터) 발표문/원시데이터 : 2017년 대선 전(4월 18~20일)과 후(5월 11~14일)에 실시한 동아시아연구원의 2회 패널조사 = 표본 1,500명

〈표 88〉 보수층의 분포 (단위 : %)

		진보	중도	보수
연령대별	19세·20대	60.7	23.1	16.2
	30대	47.2	29.9	22.9
	40대	51.5	30.4	18.2
	50대	29.3	35.9	34.8
	60대	20.7	40.5	38.8
	70세 이상	19.0	39.2	41.8
	계	41.1	32.3	26.7
월평균 가구소득	200만 원 미만	26.7	39.3	34.1
	200~300만 원 미만	34.0	40.7	25.3
	300~500만 원 미만	42.0	32.1	26.0
	500~700만 원 미만	46.5	26.4	27.2
	700만 원 이상	46.6	29.6	23.8
	계	40.9	32.4	26.8

		진보	중도	보수
지역별	서울	47.4	28.7	23.9
	인천경기	44.0	30.4	25.6
	대전충청	36.5	35.7	27.8
	광주전라	41.1	42.9	16.1
	대구경북	29.2	27.4	43.4
	부산경남	38.9	32.5	28.7
	강원제주	32.6	41.9	25.6
	계	41.1	32.2	26.7

※ 출처 : 2017년 6월 1일 '2017년 대통령 선거와 한국 민주주의 미래' 학술회의, 한정훈(서울대 교수) 발표문/원시데
이터 : 2017년 대선 전(4월 18~20일)과 후(5월 11~14일)에 실시한 동아시아연구원의 2회 패널조사 = 표본 1,500명

같은 학술회의에서 발표한 한정훈 서울대 교수의 발표문을 살펴보면, 미
래통합당 지지기반은 노인, 저소득층, 대구·경북 등 이상 3가지 키워드로
요약할 수 있다. 현재 65세 이상 노인은 절반 가까이가 빈곤층이다. 대구는
2017년을 기준으로 26년째 1인당 국내총생산(GRDP) 꼴찌인 낙후지역이다.
경북은 성장률이 마이너스(-1.2%)를 기록하면서 전국 최하위로 추락했다.
그러므로 못 사는 사람들이 미래통합당을 지지하는 현상은 계급배반 투표
를 하는 것이 아니라 위 표에서처럼 원래 보수당 지지기반이 저소득층이고,
민주당은 고소득자가 지지층이다.

4장

승리하려면
부동층을 확보하라

17

집토끼와 산토끼, 무엇이 먼저인가?

박근혜–문재인 후보가 격돌한 지난 2012년 18대 대선 당시 민주통합당 원내대표를 맡고 있던 박지원 의원은 수도권 지원유세를 거부당했다. 그 이유는 '호남 냄새가 지나치게 나기 때문'이라는 것이었다. 대신 호남지역에만 머물며 호남 표나 지키라는 임무가 주어졌다.

그러나 박지원 의원은 누가 뭐래도 현역으로 남아 있는 동교동계의 적자라고 할 수 있다. 호남사람이 호남지역에만 거주하는 것이 아니며 수도권에도 상당 숫자가 살고 있다는 사실은 호남 지역성이 심화된 13대 평민당, 15대 국민회의, 20대 국민의당이 획득한 수도권지역구 의석 또는 득표율에서 쉽게 확인 가능하다. 13대 평민당은 전국 지역구 54석 중 18석을, 15대 국민회의는 66석 중 30석을 수도권에서 얻었다. 20대 국민의당은 수도권 비례대표득표율 2위를 바탕으로 제3당 돌풍을 일으켰다.

따라서 박지원 의원이 나서서 지지 호소를 하게 된다면 다만 한 표라도 도움이 될지언정 손해가 되지는 않을 터였다. 15~16대 대선 당시 김대중·노무현 후보의 당선은 바로 이 출향 호남인을 바탕으로 하는 수도권 승리가 원동력이었다.

<표 89> 대선과 수도권 득표 차이의 함수관계 (단위 : 표, 민주당–통합당으로 계산)

대수	15대	16대	17대	18대	19대
수도권 차이	+43만	+72만	−31만	+5만	+346만
전체 차이	+39만	+57만	−532만	−108만	+557만
당선인	김대중	노무현	이명박	박근혜	문재인

※ 출처 : 데이터정경연구원(2020)/원시데이터 : 중앙선거관리위원회

김대중 전 대통령 정계은퇴 이후 박지원 의원은 호남을 대표하는 정치인으로 출향 호남인들을 결집시키는 데 매우 큰 역할을 해왔다. <표 89>를 살펴보면 김대중·노무현 전 대통령은 수도권에서 이회창 후보와 표차를 벌임으로써 결정적으로 승리했다.

그러나 18대 문재인 후보는 수도권에서 겨우 5만 표 승리에 그침으로써 최종 승리를 쟁취하는 데 이르지 못했다. 민주통합당 18대 대선 공동선대본부장을 지낸 박영선朴映宣 중소벤처기업부장관은 2015년 7월 발간한 『누가 지도자인가』(마음의 숲)에서 "2012년 대선은 가급적 당을 내세우지 않는 문재인 후보의 선거운동방식으로 인해 당의 힘을 하나로 모으는 데 어려움을 자초했다. 문–안 단일화 이후의 화학적 결합이 잘 이루어지지 않았기 때문이다. 문 후보의 오랜 측근들의 인의 장막이 비판 대상이었고, 안 후보의 의중인지 주변의 오버인지 알 수 없는 얘기가 나돌며 서로에게 깊은 상처를 내곤했다"라고 적었다.

2012년 대선은 박 장관이 지적한 것처럼 역시 안철수 후보와의 연대에 앞서서 당내 단결조차 이루지 못한 게 우선적인 패인이 아니었나 싶다. 수도권의 박빙 우위는 서울에서 20만 표 가량을 승리했으나 인천과 경기도에서 패배했기 때문이다. 특히 유권자 숫자가 가장 많은 경기도에서 8만여 표 패배

한 사실은 가장 뼈아프다. 민선 경기도지사를 역임하고 당세 취약지역인 성남분당(을)에서 보궐선거를 통해 당선*된 바 있어서 충분히 경쟁력이 있던 손학규孫鶴圭 전 당대표를 마음껏 활용하지 못한 점이 특히 아쉽다. 그는 경기도 시흥 출신이면서도 호남 출신으로부터 폭넓은 지지를 얻어왔다.

계층, 세대, 지역 대표성의 문제를 살펴보자. 18대 대선 당시 청년들로부터 지지를 받은 정당은 과연 어디였을까? 2012년 대선 때 문재인 후보는 20대 연령에서 득표율(KBS-MBC-SBS 방송3사 출구조사, 이하 같음) 65.8%로 33.7%의 박근혜 대통령당선인을 압도했다. 30대 연령층 역시 66.5%로 33.1%에 그친 박근혜 당선인을 더블 스코어로 앞섰다. 그렇다고 더불어민주당이 가장 젊은 정당인가? 사실을 확인해보면 전혀 정반대이다.

2015년을 기준으로 우리 국민의 평균연령은 40.2세이고 중간연령은 40.9세이다. 그해 7월 진보정당 정의당이 전당대회를 치르면서 당원 평균연령을 공개했는데 42.5세이다. 보수정당인 당시 새누리당은 그 한 해 전인 2014년 7월 당대표 선출을 위한 전당대회를 개최했는데 책임당원(당비 내는 당원) 평균 나이가 54세라고 일부 언론에 공개된 바 있다. 이에 반해 더불어민주당의 당원구조를 보면 오히려 새누리당보다 더 노령화된 상태였다.

문재인-박지원 두 후보가 당대표직을 놓고 팽팽히 맞선 2015년 2·8 전당대회 때를 기준으로 당시 새정치민주연합의 권리당원(당비 내는 당원) 평균 나이는 58세로 가장 노쇠하다. 이는 지지층과 당원 간 완벽한 불일치이다. 그래서 더불어민주당은 대선후보 선출과 같은 중요한 공천과정은 물론이고 전당대회에서도 대의원·당원 비중을 최소한으로 축소하고 일반국민에게 과감하게 개방한다. 이 때문에 당대표 선출을 위한 전당대회 때는 청년 전국

---

* 손학규 후보는 2011년 4월 27일 실시된 상반기 재·보궐선거에서 민주진보계열 정당 후보로서 처음으로 분당지역에서 당선되었다.

대의원 비율을 의무 할당하는 방식으로 당의 노쇠함을 극복해나가고 있다.

그럼에도 불구하고 일선 지역위원회 활동 현장에서는 눈을 씻고 찾아도 보이지 않는 2030대 청년 전국대의원 비중이 여전히 한 자릿수에 머무른다. 따라서 민주당에서 더욱 더 모바일투표, 네트워크정당, 국민개방형 경선제도가 힘을 받고 있는 이유이다. 주로 50대 이상에 지지층이 몰려 있어서 이를 보완하기 위하여 2007년 대선 경선부터 청년선거인단을 20% 강제 배정하고 있는 미래통합당과는 뚜렷하게 구분이 된다. 그렇지만 미래통합당은 계층과 세대, 그리고 지역 대표성에 있어서 전혀 문제가 없다. 그들은 초고소득층과 고령층, 그리고 영남 보수층을 대변하는 정당이기 때문이다.

1944년 일본 제국주의가 실시한 인구센서스에서 2030대는 유권자의 54%를 차지했다. 낮은 평균 수명과 20세 미만 인구가 과반수를 차지했기 때문이었다. 2018년 말 현재 행정자치부 주민등록인구 현황에 따르면, 19세 및 2030대는 유권자 비중으로 겨우 28.4%에 불과하다. 지속적인 출산율 저하와 인구고령화 현상 때문이다. 유권자 비중이 작아지면 그 집단이 속한 이익투표를 하는 데 매우 불리하다. 개인의 자유를 중요하게 여기기 때문에 그렇지 않아도 단결이 쉽지 않은 청년세대가 인구 축소까지 걱정한다면 더더욱 미래는 막막하다.

지금 시기 청년층의 주요 의제는 'N포 세대'라는 별칭에서 보듯 일자리, 연애, 결혼, 출산, 내 집 마련 등이다. 이에 더하여 반값 등록금과 채무문제, 인간관계 등도 빼놓을 수 없는 해결과제들이다. 청년들로부터 상대적 지지를 많이 받아온 더불어민주당이 청년당원 확보에 보다 힘을 기울여야 할 이유이다.

:::: 당원을 대표하지 않는 정당

더불어민주당 일반당원 숫자는 정동영 대선후보가 나서서 530만 표 차이로 참패를 기록했던 2007년 당시 121만 명대에 머물렀으나 2017년 5월 대선을 거치며 356만 명까지 늘었다. 10년 사이에 무려 192% 이상, 2배 가까이 늘어난 증가율이다. 그런데 2010년 지방선거(16.4%), 2013년 전당대회(13.5%), 2017년 대선(31.9%) 등 유독 3년이 특별하게 높은 증가세를 보였다. 당비 내는 당원, 즉 권리당원 숫자와 비율 증가도 유사한 패턴을 보인다.

2004년 열린우리당이 총선에서 승리한 바로 다음 해인 2005년 권리당원은 5.4배가 급증했다. 무려 50만 명에 육박하는 권리당원 숫자도 2017년 기록이 깨질 때까지는 최대로 많았다. 이 같은 현상은 집권여당이 과반의석을 차지한 데 따른 연쇄효과가 나타난 것이다. 2010년 지방선거의 경우에는 민주당이 2004년 총선 압승 이후 2006년 지방선거와 2007년 대선, 그리고 2008년 총선까지 거듭된 연패의 사슬을 벗어나 전국단위 선거를 처음으로 승리하는 기쁨을 맛본 선거이다. 따라서 경선과정도 치열했고 예비후보자들의 당원모집도 가열된 상태였다. 그 결과 6만 4천 명 수준에 머물던 권리당원이 16만 명, 무려 1.5배가 폭발적으로 증가한다.

이후 2012년 총선 및 대선을 거치면서도 권리당원 숫자는 큰 변화가 없었다. 일반 국민에게 개방하는 국민선거인단 제도를 채택하고 있는 민주당 특성 때문에 권리당원 가입은 사실 큰 인센티브가 없기 때문이다. 그러나 비노(非盧) 주자 김한길과 친노(親盧) 주자 이용섭李庸燮이 1 대 1로 빡빡하게 맞붙은 전당대회가 펼쳐진 이듬해 2013년 또 다시 권리당원은 증가율 신기록을 경신하는데 217%이다. 그리고 이 해 연말은 그 다음해 2014년 지방선거를 대비하는 당원모집 기간이기도 하다.

2017년은 10년 만에 정권을 탈환하고 이듬해 2018년 지방선거를 준비하는 해였다. 권리당원 증가율도 190%를 찍어 또 한 차례 신기록을 갈아치웠다. 2012년 민주당(당시 민주통합당) 대선후보 경선규칙은 당원 가중치 조항과 연령·지역별 인구 가중치 폐지에 합의함으로써 득표 반영률은 100% 완벽한 1인 1표 방식의 일반 공직선거 형식을 취했다. 이해찬-김한길이 대결한 그해 6월 9일 전당대회에 참여한 시민선거인단은 자동으로 선거권을 부여하고 일반시민선거인단을 추가 모집하는 방식이었는데, 모집마감 결과 당원비중은 11.7%이고 일반국민이 88.3%였다. 또한 투표방식은 모바일을 적극 도입하면서 일반선거인단의 경우 모바일투표 91.2%(879,790명)와 투표소 투표 8.8%로 구성되는 등 모바일선거인단이 경선 판을 좌우했다.

결국 연령별 대표성을 정당이 통제할 수 없는 지경에까지 이르렀다. 그리고 모바일 사용에 익숙한 청년층이 대거 참여했다는 추정을 할 수 있으나 정확한 통계는 '2012년 19대 대선평가보고서'에서도 공개하지 않았다.

〈표 90〉 2012년 민주통합당 6·9전당대회 시민선거인단 연령대별 분포 (단위 : 명, %)

연령대	20대	30대	40대	50대	60대 이상
숫자	21,305	31,595	35,391	23,946	11,049
비율	17.3	25.6	28.7	19.4	9.0

※ 출처 : 민주통합당 6·9전당대회 보도자료

다만 이해찬 당대표가 선출된 그 해 6·9전당대회 시민선거인단 구성을 보면 참고할 수는 있을 것이다. 시민선거인단 연령대별 분포는 2030대가 42.9%이며 40대까지 포함하면 무려 71.6%로 당원구조와는 전혀 딴판이다. 그런 까닭에 전국대의원과 권리당원 투표에서 완패한 이해찬 후보가 시민선거인단 투표로 역전승을 거두는 해프닝을 보여주었다. 즉 이해찬 후보는 권리당원 모바일투표에서 8만 1천140표 가운데 1만 9천219표(23.7%)를 얻어 2만 6천381표(32.5%)를 득표한 김한길 후보에게 8.8%p의 큰 차이로 패배했다. 심지어 40세 이상 시민선거인단 모바일투표에서도 9만 5천182표 가운데 2만 2천757표(23.9%)를 얻어 2만 3천442(24.6%)를 획득한 김 후보에게 0.7%p 차로 패했다. 이처럼 이해찬 후보가 연령과 당원 및 비당원을 가리지 않고 패배하고도 2030대 비당원선거인단에서 13.8%p 차이로 승리하면서 순위를 바꿔 김 후보를 여유 있게 따돌릴 수 있었다. 그것은 순전히 연령별, 지역별 득표율 보정에 따른 경선규칙 때문이었다. 당심(黨心)과 민심이 달라도 당대 표직을 차지할 수 있는 우리나라만의 독특한 정당운영 형태이다.

〈표 91〉 2012년 민주통합당 대선후보 경선선거인단 현황 (단위 : 명, %)

대의원·권리당원		국민	
전국대의원	14,697	6·9전당대회 시민선거인단	77,037
재외국민당원	437	일반시민선거인단	879,790
권리당원	111,614	소계	956,827(88.3)
기타	4	총계 : 1,083,579	
소계	126,752(11.7)		

※ 출처 : 민주통합당 19대 대선평가보고서

〈표 92〉 더불어민주당 및 미래통합당 일반당원 및 당비 내는 당원 현황 (단위 : 명, %)

정당명	더불어민주당			미래통합당		
구분	당원수	권리당원수	권리당원비율	당원수	책임당원수	책임당원비율
2004. 12	276,269	77,697	28.1	1,086,329	3,835	0.4
2005. 12	1,090,902	496,536	45.5	1,152,167	259,649	22.5
2006. 12	1,092,126	95,807	8.8	1,108,115	278,111	25.1
2007. 12	1,218,297	86,032	7.1	1,650,011	200,583	12.2
2008. 12	1,643,021	23,233	1.4	1,794,071	199,436	11.1
2009. 12	1,647,895	64,470	3.9	1,952,466	209,769	10.7
2010. 12	1,918,474	160,820	8.4	2,090,976	293,470	14.0
2011. 12	2,072,739	168,741	8.1	2,225,898	212,351	9.5

정당명	더불어민주당			미래통합당		
구분	당원수	권리당원수	권리당원비율	당원수	책임당원수	책임당원비율
2012. 12	2,132,510	117,634	5.5	2,474,036	202,722	8.2
2013. 12	2,421,461	373,578	15.4	2,596,763	190,082	7.3
2014. 12	2,430,111	316,836	13.0	2,708,085	253,552	9.4
2015. 12	2,671,954	256,197	9.6	3,020,776	378,463	12.5
2016. 12	2,705,938	287,114	10.6	2,991,365	329,952	11.0
2017. 12	3,568,111	834,573	23.4	3,227,708	335,000	10.4

※ 출처 : 데이터정경연구원(2020)/원시데이터 : 중앙선거관리위원회

한편 미래통합당 책임당원(당비 내는 당원) 숫자 변화 추이를 살펴보면 역시 민주당과 유사하다. 2005~06년 사이 당시 열린우리당에게 연전연승을 이어가면서 지방선거 출마희망자가 몰렸고 연쇄반응으로 책임당원은 급증한다. 2010년 지방선거 때도 경선준비로 책임당원은 전년보다 40%가 반짝 급증했다가 당해 선거 패배 이후 2013년까지 3년 동안 10만 명 이상 줄어든다. 2012년은 총선을 박근혜 비상대책위 체제로 치르면서 생각보다 경선지역이 많지 않았기 때문이다. 그런데 2014년 지방선거 때 예비후보자들의 당원모집으로 다시 33%가 증가하고 2016년 총선을 앞둔 2015년 연말에도 경선준비 영향으로 49%가 급증하였다. 하지만 대선에서 패배하고 10년 만에 야당으로 되돌아간 2017년에는 책임당원 증가율 변화가 거의 없었다. 총선에서 1당이 바뀐 2016년부터 당비를 내는 당원 숫자는 '민주당 〉 통합당'으로 역전됐으며, 2017년에는 민주당 대 통합당의 당비납부당원 비율은 무려 2.5 대 1이다. 이제 미래통합당은 일선지역 조직력까지 걱정해야 할 형편이다.

이번에는 각도를 달리하여 지역대표성의 문제를 집중적으로 살펴보자. 2015년 초 더불어민주당(당시 새정치민주연합)의 권리당원이 약 26만 명이었는데, 권역별 분포로는 무려 55.5%가 호남권이며 30%는 수도권이다. 그리고 충청권이 7.2%이었고 나머지는 아주 미미하다. 이는 태생적 한계이며 오랜 전통이기도 하다.

또한 수도권과 충청·영남권 등에 거주하는 출향 호남인을 포함하면 70% 내지 80%가 호남 출신이 권리당원이다. 심지어 2015년 2·8 전당대회 직전 당내 경선을 통해 선출된 당시 조기석趙基錫* 대구광역시당위원장조차 전북 남원 출생으로 초등학교와 중학교를 남원에서 졸업했다. 그렇기 때문에 더불어민주당은 그 누가 뭐래도 '호남 당'임이 분명하다.

2017년 5월 대통령 선거를 거치면서 더불어민주당 권리당원은 폭발적으로 증가했다. 이듬해 지방선거 경선용 및 전당대회용 권리당원 확보경쟁에 불이 붙으면서 그 숫자는 4.7배 이상 증가했다. 그 결과 50%가 훨씬 넘던 호남편중은 이제는 다소 완화가 된 상태이다. 그러나 수도권(44.5%)과 호남(26.8%) 두 권역만을 합하면 여전히 비중 70%가 넘는 수도권-호남 당이다. 심지어 새천년민주당과 분당하고 권리당원 숫자가 폭증한 2005년 열린우리당 시절에도 호남과 수도권 당원비중은 3분의 2를 초과한 상태였다. 그런데 수도권 권리당원 상당수가 출향 호남인이라는 점을 감안한다면 더불어민주당의 호남색채는 여전히 뚜렷하다.

---

* 조기석은 2010년 달서구청장 선거와 2016년 총선 때 달성군 선거구에 민주당 후보로 출마하였다. 2015년 1월에는 대구에서 초중고를 나온 남칠우와 친노 김학기를 각각 꺾고 시당위원장으로 선출되었다.

〈표 93〉 더불어민주당 지역별 당원분포 (단위 : 명, %)

	서울	경기 인천	호남	영남	충청	강원 제주	비고
2005. 12	15.5	20.3	31.2	15.2	12.9	4.9	열린우리당
2010. 12	16.4	18.5	42.6	10.0	9.4	3.1	지선 승리
2012. 12	16.9	19.6	41.1	9.6	9.6	3.2	대선 패배
2015. 12	17.2	20.3	40.5	8.9	9.5	3.6	문재인 당대표
2017. 12	17.9	21.4	35.7	9.9	10.9	4.2	대선 승리

※ 출처 : 데이터정경연구원(2020)/원시데이터 : 중앙선거관리위원회

한편 더불어민주당은 2002년 노무현 전 대통령이 당선될 때부터 국민참
여경선 방식을 도입해 실시하고 있다. 2007년에는 모바일선거인단까지 도입
해 일반국민의 손쉬운 참여를 보장하고 있다. 하지만 일반 유권자들이 정당
행사에 자발적으로 나서는 일은 결코 흔하지 않다.

2012년 대선 때 민주통합당이 모집한 일반시민선거인단 87만여 명의 권
역별 분포를 살펴보면, 역시 호남권이 28.8%로 가장 많다. 다음으로 인천·
경기(20.4%)와 서울(16.1%) 등 수도권이다. 호남과 수도권을 합하면 역시
65%가 넘는다. 당시 문재인 후보를 배출한 부산·울산·경남 권역이 그나마
14.2%로 비중이 늘어난 점은 긍정적인 신호로 볼 수 있다. 어쨌든 당원의
지역편중을 완화할 목적으로 일반국민에게 개방한 시민선거인단 또한 호남
권역이 그 규모면에서 수도권 전체에 육박할 정도로 과다 대표되었다는 사
실이다. 이러한 인구통계학적 편중과 대표성 왜곡은 특정지역의 지지를 과
대 수용하는 장치, 즉 지역정당의 한계를 드러낸다.*

· 2017년 더불어민주당 대선후보 경선은 대의원·권리당원을 포함해 214만 3천330명이 선
거인단으로 등록해 정당사상 최고 숫자를 기록했으며, 투표참여 역시 164만 2천677명으
로 신기록을 경신하였다. 경선절차는 박근혜 전 대통령 탄핵 이전 모집한 1차 선거인단과
탄핵 인용 이후 모집한 2차 선거인을 대상으로 각각 진행함으로써 권역구분이 없는 2차
선거인단 ARS투표가 무려 25.5%에 달하였다. 또한 수도권 전체와 강원·제주를 하나의

〈표 94〉 더불어민주당 권리당원 권역별 분포 (단위 : 명, %)

	권리당원 숫자	서울	경기 인천	호남	영남	충청	강원 제주	비고
2013. 7	147,125	16.4	19.3	54.6	3.8	4.3	1.6	당원투표
2015. 1	262,611	14.3	15.8	55.5	3.3	7.2	3.9	전당대회
2018. 5	698,214	20.7	23.8	26.8	10.6	12.1	6.0	전당대회

※ 출처 : 데이터정경연구원(2020)/원시데이터 : 더불어민주당/2013년 7월에는 기초지방선거 무 공천 여부를 묻는 권리당원투표를 실시하였다.

〈표 95〉 2012년 민주통합당 대선후보경선 일반선거인단 권역별 분포 (단위 : %)

권역	서울	인천 경기	호남	충청	대구 경북	부산울산경남	강원 제주
비율	16.1	20.4	28.8	10.8	4.2	14.2	5.5

※ 출처 : 민주통합당 19대 대선평가보고서

2015년 2·8 전당대회에서 1천470만 표에 빛나는 대선 후보 출신 문재인 대표와 호남의 구태 정치인이라고 불리는 박지원 전 원내대표가 3.5%p 차이로 박빙 승부가 된 이유도 바로 이 '호남당의 대표성' 때문이었다. 새정치민주연합은 호남의 권리당원이 과반수가 넘고 영남 권리당원이 단 3.3%에 불과했지만, 전국대의원은 오히려 영남에 더 많이 배정을 하는 바람에 정당민주주의의 원칙을 훼손하였다. 당원 3.3명이 대의원 18.5명의 권리를 행사했으니 5.6배나 과다 대표된 셈이다. 박지원 전 원내대표는 권리당원과 일반당원 투표에서 승리하였을 뿐 아니라 전국대의원 투표에서도 내용적으로는 결코 뒤지지 않았다. 그는 전국대의원 투표에서 2.39% 졌지만 영남 대 호남의 지역위원회 숫자 차이(당시 67 대 30)를 감안하여 4.66% 지고 들어간 점을 감

권역으로 묶었기 때문에 기존에 해왔던 것처럼 서울과 인천·경기지역을 따로 구분할 수가 없다. 한편 지역 순회투표만 분석해보면 수도권과 강원·제주가 50%, 호남권이 21.0%, 영남권 17.7%, 충청권 11.3% 등 순이었다.

안하면, 기타 지역에서는 오히려 2.27%를 이겼다는 계산*이 나온다.

〈표 96-1〉 민주통합당 2015년 2·8 전당대회 개표결과 (단위 : %)

후보/구분	전국대의원(45%)		권리당원 (30%)	일반당원 (10%)	일반국민 (15%)	합산
	전국	영·호남 제외 시				
문재인	45.05	44.93	39.98	43.29	58.5	45.3
박지원	42.66	47.2	42.7	44.4	29.5	41.8

※ 출처 : 데이터정경연구원(2020)/원시데이터 : 민주통합당 2·8전당대회 보도자료

〈표 96-2〉 민주통합당 2015년 2·8 전당대회 전국대의원 권역별 분포 (단위 : 명, %)

권역별	서울	경기 인천	영남	호남	충청	강원 제주	계
전국대의원	3,606	4,047	2,728	2,311	1,414	613	14,719
(비중)	24.5	27.5	18.5	15.7	9.6	4.2	100

※ 출처 : 데이터정경연구원(2020)/원시데이터 : 민주통합당 2·8전당대회 보도자료

　　2018년 8월 전당대회 때도 호남당원들이 저력을 보여주었다. 이해찬(충청)-송영길宋永吉(호남)-김진표金振杓(경기) 등 3인이 당대표 자리를 놓고 치열하게 각축전을 펼쳤는데, 개표결과 당시 노무현재단 이사장을 맡고 있던 친노 좌장 이해찬 의원이 낙승을 거둔다. 2위는 비주류 송영길 의원이 차지했다.

　　송 의원은 당초 예비경선 통과조차 쉽지 않다는 당 안팎의 관측이 많았으나 이와 같이 썩 좋은 성적표를 받아들었다. 그 배경 역시 바로 호남이었다.

* 　영남 대 호남 지역위원회 선출직 대의원은 2천432명 대 1천294명이다. 단 시·도지사, 시·군·구청장, 시·도의원, 시·군·구의원 등 당연직대의원 121명 대 547명을 포함하면 다소 줄어들지만, 그래도 영남 대 호남의 전국대의원 비율 차이가 전국대의원 대비 4.66%이다.

특히 비록 반영비율 10%에 불과하지만 일반당원에서 36.3%를 득표하면서 이해찬 대표당선인(38.2%)을 바짝 추격했다. 그는 3인의 당권주자 가운데 유일한 호남 출신으로서 경선기간 내내 '호남주자론'을 강조함으로써 크게 선전한 것이 득표율을 끌어올렸다.

한편 김진표 의원이 전해철全海澈, 황희黃熙 의원 등 일부 친 문재인계 핵심들의 지원을 받으며, 이해찬-김진표 간 2자 구도가 예측됐으나 개표결과는 전혀 달랐다. 권리당원 투표결과에서도 호남출신 송영길 의원은 2위를 사수했으며, 전국대의원 투표까지 포함해 당원투표 3종은 모조리 김진표 의원을 눌렀다. 이는 최약체로 거론되던 송영길 의원이 이변을 일으킨 것이 아니다. 더불어민주당이 누가 뭐래도 호남기반 정당이기 때문에 가능한 일이었다.

〈표 97〉 더불어민주당 2018년 8·25 전당대회 후보별 득표현황 (단위 : %)

후보명	전국대의원(45%)	권리당원(40%)	일반당원(10%)	일반국민(5%)	계
이해찬	40.57	45.79	38.20	44.04	42.88
송영길	31.96	28.67	36.30	30.59	30.73
김진표	27.48	25.54	25.50	25.37	26.39

※ 출처 : 더불어민주당 8 · 25 전당대회 보도자료/괄호 안은 전체득표에서의 반영비율임

18

지역정당은 지역출신 의원이 맡아야

김대중 총재가 정계복귀를 위해 1995년 새정치국민회의를 새로 만들고 이듬해 총선에 나섰을 때 그 당의 국회의원 출신지는 64.6%가 호남이었다. 의원 분포는 겨우 6개 시·도에 불과했다. 대부분이 호남출신 당원과 3분의 2에 가까운 호남 국회의원, 지역대표성의 문제는 전혀 없었다. 김대중 대통령 집권 이후 필생의 과제인 전국정당을 만들기 위하여 인재를 영입하고 16대 총선에 나서서 충청도와 강원도, 제주도 등지에 처음으로 의석을 확보하며 호남의원 비율이 많이 줄었지만 그래도 40.9% 정도였다. 물론 이때도 영남지역 의석은 전혀 얻지 못했고 역시 호남당의 한계로 간주됐다.

〈표 98〉 호남출신 의원 비율과 민주당의 역대 대선 성적표 (단위 : %, 표)

대수	15대	16대	17대	18대	19대
호남의원 비율	64.6	41.0	30.5	37.0	26.8
표차	+39만	+57만	−532만	−108만	+557
승패	승	승	패	패	승

※ 출처 : 데이터정경연구원(2020)/원시데이터 : 중앙선거관리위원회

그런데 17대 열린우리당은 영남 4석을 바탕으로 거의 완벽한 전국정당이 되었고 호남의원 비율이 30.5%로 낮아졌다. 당시로는 민주당이 세운 최저 비율이다. 이듬해 호남당원 비중도 31.2%로 지금까지 사상 최저치를 유지하고 있다. 그리고 지역적으로도 대구·경북을 제외한 모든 시·도에서 국회의원을 배출함으로써 총 6개 시·도에서 당선인을 내지 못한 한나라당을 압도했다.

19대 민주통합당 또한 영남에서 3석을 차지하며 호남의원 30%대(37%)를 유지한다. 20대 더불어민주당은 광주, 울산, 세종, 경북을 제외한 13개 시도에서 국회의원을 골고루 배출하며 호남의원 비율도 역대 최저인 26.8%로 낮췄다. 호남의석 28석 가운데 3석밖에 건지지 못했기 때문이다. 그런데 역대 호남의원 비율 30% 수준으로 매우 낮았던 열린우리당의 승계정당인 대통합민주신당이 대선 사상 최다인 530만 표 차이로 참패를 당했고, 그 다음으로 낮았던 민주통합당이 완벽한 1 대 1 구도에서도 100만 표가 넘는 차이로 지고 말았다. 역설적으로 호남의원 64.6%였던 국민회의는 최초의 정권교체에 성공했고, 40%대의 비율을 보였던 새천년민주당도 재집권을 이어갔다.

한편 20%대의 낮은 호남 국회의원 비율로 정권을 되찾아온 문재인 대통령은 그만큼 범 호남권 유권자 지지확보에 애를 먹었다. 즉 그는 민주진보진영에서 배출한 3명의 대통령 가운데 호남지역 득표율이 가장 낮은 62%에 불과했다. 20대 총선 당시 호남 지지층 공략을 위해 "호남이 저에 대한 지지를 거둔다면 대선에서도 도전하지 않겠다"는 초강수를 두기까지 했음에도 불구하고 이와 같은 저조한 성적표이다. 이는 모두 집토끼 호남을 지키지 않은 탓이다.

대표적인 사례가 2014년 지방선거 패배와 이어진 7·30 재·보궐선거 참패 당시 대표 및 최고위원, 원내대표 중에서 호남지역구 국회의원이 전무했던 사실이 단적이다. 세월호 참사로 선거여건이 야당에게 매우 유리했음에도 불구하고, 역대 제 1야당으로서는 가장 큰 130석이라는 덩치만 있을 뿐 지지층의 결집을 이끌어내지 못하는 '대표성'의 결핍이 결정적으로 작용했기 때문이다. 2016년 20대 총선을 앞두고 구성된 비상지도부에도 당대표와 원내대표에는 호남 지역구출신이 전무했고 권한이 제한적인 비상대책위원에 임명된 우윤근禹潤根, 이용섭 의원은 모두 낙선했다. 그래서 총선 직후 생환한 이춘석李春錫, 이개호李介昊 의원으로 교체하였다.

이에 반해 미래통합당은 1996년 15대 총선 당시 영남 출신 국회의원 비율이 48.9%였고, 2015년 4·29 재·보궐선거까지 거쳤지만 46.5%로 거의 변화가 없다. 그리고 2016년 20대 총선 결과에서도 역시 47.5%로 20년 동안 평균을 유지했다. 따라서 그들은 집토끼부터 수성하는 전략, 즉 지역적으로 '영남정당'임을 숨기지 않는 대표성의 문제를 확실히 해결함으로써 국회 과반수 의석 2회와 정권재창출 3회를 성공했다. 통합당의 경우 노태우, 김영삼, 이명박, 박근혜 등 영남 후보는 100% 승리했으나 비 영남 출신인 이회창 후보는 두 번 다 실패했다. 19대 대선에 도전한 영남출신 홍준표 후보는 소속정당 대통령이 탄핵을 당하는 비상한 상황 속에서 그래도 2위를 지켜냈으니 집토끼 수성전략이 주효했다.

⠿ 강준만과 호남식민지론

지방주의자 강준만康俊晩은 2008년『지방은 식민지다』라는 매우 도발적인 제목의 책을 펴냈다. 전북대 신문방송학과에서 오랫동안 학생들을 지도해온 강준만 교수는 이 책을 통해 지방언론 등 다양한 지방 이슈를 제기하며 그 해법을 내놓는다. 서울 소재 대학의 지방분산, 지방언론사의 공공성 강화 및 시민사회와의 연대, 정치·행정의 사유화 중단 및 제대로 된 지방자치 실시 등이 그것이다.

2019년 12월 말 현재 행정자치부가 발표한 국내 주민등록인구의 50.001% 이상이 서울, 인천, 경기도 등 3개 시·도에 밀집해서 거주하고 있다. 학업 및 직업 때문에 실제 거주를 하면서도 주민등록을 옮기지 않은 경우를 포함하면 진작부터 대한민국 인구의 절반은 수도권에 몰려 살고 있다. 국토면적 11.8%에 불과한 수도권은 인구비중이 제1회 동시지방자치선거를 실시한 1995년 이미 45.3% 수준이었다.

강준만이 '지방 식민지체제'를 언급한 2008년에는 48.8%로 꾸준하게 증가했으며 이제 드디어 공식적인 50% 시대를 맞이했다. 정치행정, 경제금융, 교육문화 등 모든 것이 중앙으로만 향하는 현상은 '서울공화국'을 넘어서서 가히 '수도권공화국'으로 치닫는다고 해도 과언이 아니다. 지방자치 부활 30년을 바라보지만 특히 정치의 중앙권력화는 더욱 더 심화되고 있다.

1948년 제헌국회 때는 어땠을까? 정원 200석 국회의원 가운데 단 39석이 수도권에 배정되어 비중이 18.5%에 불과했다. 영남이 훨씬 많은 64석이었고 호남도 51석에 달했다. 이듬해인 1949년 대한민국 정부가 처음 실시한 인구 센서스에서 수도권 인구비중은 국회 의석비중과 엇비슷한 20.7%에 그쳤다.

강준만 교수가 그의 책에서 인용한 1966년 수도권 인구비중은 어느 정도였을까? 본격적인 공업화와 이농 시작 전이었기 때문에 아직은 23.6%에 그치고 있었다. 곡창지대 호남권은 수도권과 비슷한 수준인 22.5%였고, 영남권이 여전히 31.1%로 가장 많았다. 따라서 다음해 6대 총선에서 국회 의석은 영남권이 42석, 호남권 30석, 수도권은 27석으로 제헌국회 때와 큰 변화는 없었다.

그러나 신민당이 돌풍을 일으킨 1985년 2·12 총선 당시 수도권 인구비중은 39.1%로 대폭 증가했다. 이어서 영남권은 29.8%로 현상을 유지했지만, 호남권은 14.7%로 크게 줄어들었다. 영남권은 공업화에 따른 인구유입이,

호남권은 값싼 노동력 공급원으로써 급격한 인구유출이 이루어진 까닭이다. 이에 따라 국회 의석도 수도권 52석, 영남권 58석, 호남권 36석으로 수도권과 호남권의 뚜렷한 역전현상이 나타난다. 신민당 강세는 바로 서울을 중심으로 한 대도시에 기반 한 것이었다. 즉 서울과 부산, 그리고 인천의석 절반과 대구의석 3분의 1을 신민당이 가져갔다.

현재 영남권(25.1%), 충청권(10.7%), 호남권(9.9%)의 인구비중은 다 합해도 (45.9%) 수도권에 4% 이상 못 미친다. 현재 공직선거법은 행정구역을 기준으로 하여 국회의원선거구를 획정한다. 따라서 19대 국회까지는 이 3개의 남부권역이 122석으로 수도권(112석)에 비해 10석이나 더 많았지만, 2014년 위헌판결에 따라 인구 상·하한선이 줄면서 이 차이도 덩달아 줄었다. 즉 20대 4·13 총선에서는 영·호남 의석은 4석이 줄고 대신 수도권은 무려 10석이나 늘어나 의석 규모도 120석 대 122석으로 역전되었다.

2017~2019년 사이에만 수도권은 순유입 인구가 15만 8천 명이 넘고 있으나, 2020년 4·15 총선 때는 임시방편으로나마 의석수를 유지할 것이다. 하지만 지역경제 피폐와 농촌인구 감소에 따라 지방을 대변해줄 정치인이 점점 사라져가는 현상은 그 누구라도 어찌할 도리가 없다.

한편 17대 총선 때부터 실시된 1인 2표 정당명부투표를 통해 당선된 비례대표 의원들을 잘 살펴보면, 놀랍게도 대부분이 수도권지역 출신이었다. 지역구에서의 수도권 쏠림 현상은 비례대표 공천에서도 그대로 이어지고 있는 것이다.

먼저 미래통합당은 17대~20대 비례대표의원을 모두 85명 당선시켰는데, 충청권 이남에서 실제로 거주하며 활동해온 인물을 단 7명만 배치시켰다. 비율로는 겨우 8.2%이다. 더불어민주당계열 정당이 조금은 낫다지만 76명 중 13명으로 17.1%이다. 그런데 여야를 통틀어 이 20명의 비례대표의원조차 영남권이 17명으로 절대 다수(85%)이고 호남권 2명이다. 이렇게 영·호남 격차는 엄청 심하다. 특히 지역구의원이 호남중심인 민주당은 13석 중 11석을 영남비례대표로 보완했으나, 영남중심 미래통합당은 비례대표 7석 중 압도적인 6석마저 영남거주자들이다. 그리고 단 2명뿐인 호남권은 19대 때 처음으로 주영순朱永順(새누리당) 의원과 김광진金光珍(민주통합당) 의원이 여의도 입성에 성공하는데, 그나마 청년대표 김광진 의원이 지도부 낙점을 받지 않고 1주일 동안의 심층면접과 배심원단의 2박3일간 합숙심사, 그리고 선거인단 투표에 의한 자력 진출이었다.

이처럼 현실은 50석 안팎에 불과한 비례대표조차 수도권 집중을 보완하기는커녕 오히려 지방분권에 역행하고 있다. 똑같은 지방 안에서도 인구수가 많아서 상대적으로 당내권력이 집중되는 영남권에 더 많은 혜택이 돌아가고 있다. 따라서 이를 제도적으로 보완하지 않으면 수도권 집중은 더더욱 심화되고 인구 약세지역 호남은 진짜 '정치 식민지'로 전락할 지도 모른다.

따라서 진보학자들이 전가의 보도로 휘두르는 독일식 권역별 비례대표제를 직수입하는 것만을 유일한 대안으로 고집해서는 안 된다. 수도권과 지방간 격차, 영·호남 간 격차 등을 완화할 수 있도록 지혜를 짜내야 한다. 겨우 30석에 불과한 준연동형 비례대표의석으로 지방할당을 법제화하자고 요구하는 것은 큰 의미가 없다. 현행대로 전국단위 비례대표제를 실시하되, 의

〈표 99〉 17~20대 민주당–통합당 비례대표 당선인 충청이남 거주자 현황

더불어민주당 (13명)	장향숙(부산장애인연대 회장), 김혁규(경남지사), 박찬석(경북대 총장), 조성래(부산변협 회장), 윤원호(부산여성단체협의회장), 박홍수(한농연 경남회장), 박은수(대구지역 변호사), 전혜숙(경북약사회장), 배재정(부산일보 기자), 김광진(민족문제연구소 전남동부지부 사무국장), 장하나(제주도당 대변인), 홍의락(경북도당위원장), 김현권(의성 한우협회장)
미래통합당 (7명)	정화원(부산시의원), 조문환(경남의사회 이사), 윤명희(경북소재 농업법인대표), 강은희(대구소재 IT기업대표), 주영순(목포상공회의소장), 현영희(부산시의원), 김규환(경남창원 대우중공업 근무)

※ 출처 : 데이터정경연구원(2020)

원정수를 선진국 수준으로 대폭 늘려야 한다. 그리고 남부 및 북부권(수도권 포함) 등 전국을 크게 2대 권역으로 나누어 정당비례대표명부작성을 하고 지방거주자에게 더 많은 비중을 주어 강제 할당하는 방안까지도 검토하자.

〈표 100〉 미국 권역별 인구 (단위 : %)

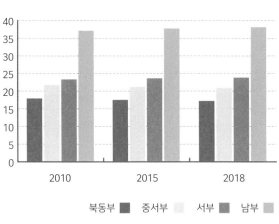

※ 출처 : 데이터정경연구원(2020)/원시데이터 : 미국 인구센서스

　대통령제이면서 양원제를 실시하는 미국은 상원을 통해 각각 인구수가 다르고 이해관계가 상이한 주별 갈등을 잘 조정하고 있다. 즉 인구비례로 선출하는 하원과 주별 대표성을 갖는 상원은 그 역할이 꽤나 다르다. 4천만 명 가까운 캘리포니아와 50만 명 남짓한 와이오밍의 인구격차는 무려 68배 이상이지만 상원의원을 똑같이 2명씩 배정한다. 이 때문에 미국연방 인구조사(CENSUS)를 보면 10년이 가도 권역별 인구변화는 거의 눈에 띄지 않는다.

　대통령제 국가 프랑스 역시 상원을 두고 있다. 주로 지방의원들에 의한 선거인단(약 16만 2천 명) 간선방식이지만 2011년부터 법률개정을 통해 6년 임기의 348명을 3년마다 절반씩 개선한다. 결선투표를 거치는 1~2인 선거구에서 93명, 3인 이상 선거구에서 뽑는 비례대표의원이 255명이다. 최다 선거구는 파리 주로 총 12명을 한꺼번에 선출한다.

해외영토 가운데 하나인 캐나다 인근 생피에르미클롱(Saint-Pierre-et-Miquelon) 섬은 인구가 채 1만 명도 안 되지만 상원의원은 1명을 배정한다. 본토에서는 중·남부에 위치한 인구 8만 명 남짓한 로제르(Lozère) 주에 역시 상원의원이 1명이다. 이렇게 최저 1만 명 미만부터 최대 16만 명에 이르기까지 똑같이 상원의원 1명을 배정하는 선거구가 10곳이나 된다. 파리 주는 약 222만 명으로 의원 1인당 인구구가 18만 5천 명이며, 이는 오히려 인구가 적은 다른 주에 비해 과소대표라고 할 수 있다. 미국 상원과 비슷한 상황이라고 보면 된다.

제1야당 황교안 대표가 2019년 초겨울 8일 동안이나 매우 위험한 청와대 앞 노숙단식까지 벌였다. 신속처리안건 자동부의(패스트트랙)를 반드시 저지하겠다는 것도 포함돼 있다. 그는 바른미래당, 민주평화당, 정의당 등 군소정당들이 민주당 2중대, 3중대 역할을 하기 때문에 연동형 비례대표제는 절대 반대라는 입장이었다.

하지만 연동형 비례대표제의 원조인 독일이나 1990년대 선거제도 개혁을 해낸 뉴질랜드를 보면 높은 봉쇄조항* 때문에 군소정당이 발붙이기란 여간 쉽지 않다. 최근 독일에서 대안당과 좌파당이 약진하고 있으나 기민련 또는 사민당 내 급진파 세력이 이탈해 만든 정당이기 때문에 결코 새로운 현상이라고 할 수도 없다. 뉴질랜드는 독일식 정당명부제 도입 이래 기존 양당 외에 꾸준하게 원내정당을 유지하고 있는 건 녹색당 정도뿐이다. 독일식 비례대표의 본래 취지는 지역구에서 발생한 사표를 모아 추가로 국회의원을 배출하는 것이다. 상원제도가 없는 우리나라의 경우 비례대표의원들이 그 역

---

* 군소정당의 진입을 차단하기 위하여 독일은 정당득표율 지역구 3석 또는 정당득표율 5% 이상, 뉴질랜드는 지역구 1석 또는 정당득표율 5% 이상인 경우에 비례대표의석을 배정한다.

할을 대신해야 하는 것은 아닐까? 이들은 계층, 부문, 소수자의 이해도 잘 대변해야 하지만 지역구의원을 통해서 미흡한 부분이 있다면 그 통로가 되어야 한다.

따라서 전통적으로 호남을 대변해온 정당들은 호남지역구 축소 때문에 비례대표 의석확대를 반대할 일이 아니다. 미래통합당도 갈수록 영남인구가 줄어드는데 대하여 근본대책이 있어야 한다. 계속해서 소멸 중인 지방인구, 그중에서도 정치식민지로 전락해가고 있는 호남 민심을 획득하기 위한 유효한 수단인 강제할당 비례대표제를 도입하는 방안을 통해 정치권이 한 걸음 더 진일보하면 얼마나 멋진 일인가?

15대 국회(1996년)는 당선인 기준으로 여성의원 비율이 3%(9명)에 불과했다. 그런데 17대 총선(2004년)을 앞두고 비례대표 50% 여성할당제와 지역구 30% 여성할당제가 도입되며 여성의원 비율은 급증한다. 비례대표당선인 가운데 51.7%를 여성이 차지했고 지역구에서도 10명이 당선되는 등 헌정사상 처음 두 자리 수의 비율(13%, 39명)로 여성의원이 탄생하였다. 할당제의 효과를 톡톡하게 본 것이다. 따라서 지방 비례대표할당제는 상상 밖으로 지방소멸을 막는 유효한 수단이 될 수도 있다.

19

승리하려면 중도파와 손잡아라

대통령과 국회의원 임기가 달랐던 프랑스는 2000년 자크 시라크가 회부한 개헌안 국민투표를 73.2% 찬성률로 통과시킴에 따라 대통령 임기는 7년에서 5년으로 단축, 대통령과 국회의원의 임기는 같아졌다. 그리고 개정헌법을 적용한 첫 대통령 선거를 2002년 4~5월 사이에 치렀다. 이어서 대선 6주 후로 시기를 조정한 총선을 실시함에 따라 대통령을 배출한 선거연합에게 무조건 과반의석을 몰아주고 있다. 이는 프랑수아 미테랑François Mitterrand 대통령 시절에 시라크와 에두아르 발라뒤르Édouard Balladur 총리, 시라크 대통령 시절에 리오넬 조스팽 총리 등 총 세 차례나 경험한 좌·우파 동거정부(cohabitation)를 원천적으로 제거할 목적이었다. 여소야대 국회와 동거정부 출현은 국정불안정의 주된 요인이라는 정치적 합의가 있었기 때문이다.

한편 바로 이 2002년 대선 때부터 2017년까지 네 차례 실시된 대선은 중도파의 향배가 대통령 당선을 사실상 결정해왔다. 특히 프랑수아 바이루 François Bayrou(1951년생)는 네 차례 치른 모든 대선 때마다 캐스팅보트를 쥔 중도파의 거물이다.

〈표 101-1〉 2002년 프랑스대선 1차 투표 개표결과-후보별 (단위 : %)

장-마리 르펜	브뤼노 메그레	알랭 마들렌	장생 조스
극우, 국민전선	극우, 공화파국민운동	친시장 대처주의자	전통보호주의 우파
16.86	2.34	3.91	4.23
자크 시라크	코린 르파쥐	크리스틴 부탱	프랑수와 바이루
우파, 공화국연합	환경주의 우파	기민당, 중도우파	중도, UDF
19.88	1.88	1.19	6.84
크리스티안 토비라	리오넬 조스팽	장피에르 쉬벤느망	노엘 마메르
중도좌파, 급진좌파당	좌파, 사회당	좌파, 시민운동당	좌파, 녹색당
2.32	16.17	5.33	5.25
로베르 위	올리비에 브장스노	다니엘 글럭스타인	아를레트 라퀴에
극좌파, 공산당	극좌, 트로츠키주의	극좌, 트로츠키주의	극좌, 노동자투쟁당
3.37	4.25	0.46	5.72

※ 출처 : 데이터정경연구원(2020)/원시데이터 : 프랑스 내무부

〈표 102-2〉 2002년 프랑스대선 1차 투표 개표결과-성향별 (단위 : %)

시라크 대통령과 동거정부를 구성한 조스팽 총리는 1997년 6월부터 2002년 5월까지 집권 5년 기간 동아시아지역에서 발발한 외환 위기에도 불구하고 선진국으로는 이례적인 경제성장률 3%를 상회하며 유럽연합 17개국 평균(2.9%)보다 오히려 높은 성적표를 냈다. 연평균 실업률(9.2%)과 청년실업률(19.7%)도 직전 5년 평균(10.0%, 20.6%)보다 크게 하락시키며 서민들 살림

살이를 제법 나아지게 했다.

그러자 좌파는 잃었던 정권을 7년 만에 되찾아올 희망이 부풀어 올라 2002년 대선 1차 투표에는 후보가 난립했고 16명 출마자 가운데 7명이 좌파 및 극좌파였다. 프랑스는 대선과 하원의원, 그리고 레지옹(région)의 지사(우리나라의 도지사에 해당) 선거는 결선투표를 거치기 때문에 웬만하면 1차 투표 때는 너도나도 출마대열에 합세한다. 그 결과 2002년에도 성향별 득표율을 다시 계산해보면 우파 29.9% > 좌파 26.75% > 극우 19.2% > 극좌 13.8% > 중도 10.35% 순이었다.

결국 조스팽의 결선 탈락은 좌파진영의 지나친 표 분산 및 중도좌파 후보들의 표 잠식이 가장 큰 까닭이었다. 조스팽이 극우파 장-마리 르펜에게 득표율 겨우 0.69% 차이로 밀리며 예선탈락하자 주요 외신들은 프랑스 건국 이래 최대 이변이라고 타전하기 바빴다. 사회당 후보가 결선투표에 진출하지 못한 건 우파 조르주 퐁피두Georges Pompidou와 중도파 알랭 포에르Alain Poher가 결선에서 맞붙은 1969년 이후 33년 만에 처음이다.

1위는 마땅히 심판 받아야 할 현직 대통령 자크 시라크, 2위는 16.86%를 득표한 국민전선의 르펜이었다. 2차 투표에서 시라크는 '극우파만큼은 막아야 한다'라며 지지선언해준 조스팽의 도움을 받아 82.06%라는 전무후무한 득표율로 당선되었다. 어쨌든 외국인 혐오와 반(反) 유대주의 및 반 이슬람 노선 등 인종차별 언행으로 수차례 유죄판결을 받은 극우정당 출신 후보가 좌파분열 때문에 결선에 진출한 것은 프랑스 현대정치사 최대의 충격이자 사건이었다.

한편 중도파 중에서도 사회당의 연정 파트너로 참여해온 중도좌파 급진좌파당(PRG)이나 중도파이지만 보다 더 왼쪽에 가까운 프랑스국민연합(UDF)의 바이루 두 후보가 얻은 득표율만 계산해도 9.16%이다. 특히 바이루의 득표율 6.84% 중에서도 좌파 조스팽 표를 잠식한 것이 오히려 더 많아 보인다.

프랑수아 바이루는 중도사회민주당(CDS)에서 직업정치인 생활을 시작했다. 1982년 고향인 피레네자틀랑티크(Pyrenees-Athlantiques) 주도인 포(Pau) 시의원으로 첫발을 내딛는데, 프랑스민주연합(UDF)*을 구성한 바로 이 중도사민당 소속이었다. 1986년과 1993년 하원의원에 당선된 그는 사회당 미테랑 대통령의 두 번째 동거정부 시절 발라뒤르 총리 아래에서 시절 교육부장관으로 발탁돼 4년 남짓 근무한다. 정치권 입문 전 고전문학 교수로 일한 경력을 인정받은 까닭이었다.

1995년 민주당을 창당해 당수에 오른 바이루는 1997년 4월 대선에서 발라뒤르 후보를 지지했다. 그러나 시라크가 대통령에 당선되고 알랭 쥐페 Alain Juppe가 총리에 임명되자 장관직을 던지고, 한 달 후 총선에서는 사회당이 주도하는 좌파연합에 합류해버렸다. 시라크와 쥐페 모두 전통보수파 드골주의자였기 때문이다. 특히 쥐페 총리는 이때까지만 해도 이슬람 이민에 대하여 매우 강경한 태도였다. 그리고 바이루는 1997년 3선에 성공한 이후 프랑스민주연합을 선거연합이 아닌 단일정당으로 통합하며 이듬해에는 당수를 맡는다. 당시 UDF는 1년 전 영국 노동당 토니 블레어가 총선에서 성공한 '제3의 길, 좌파 속의 우파'를 벤치마킹한 바로 그 노선이다. 바이루는 그 후 2002년 대선을 앞두고도 시라크가 우파 대중운동연합(RRR)과 합당을

---

* 프랑스민주연합(UDF, Union pour la démocratie française)은 1978년 총선 때 지스카르 데스탱 대통령에게 힘을 실어주기 위해 여당인 독립공화당(PR)과 중도사회민주당(CDS), 급진당(RAD), 사회민주당(PSD) 등 중도파의 선거연합으로 결성하였으며 1997년 총선 이후 단일정당으로 개편하였다. 기독교민주주의, 보수자유주의, EU연방주의, 강력한 사회정의 추구 등 입장에 서 있었으며 드골주의 우파와는 다소 거리가 있었다. 2007년 대선 때는 성 소수자 입양동의 공약을 내놓기도 한다. 그럼에도 불구하고 우파와는 데스탱 집권기간 중 의회 다수연합을, 사회당 미테랑에게 정권을 빼앗긴 후에는 총선 선거연합으로 뭉쳤다. 2007년 바이루가 민주운동(MoDem)을 창당하면서 소멸하였다.

제안하지만 이를 거부했으며, 그의 노선에 불만을 품은 일부 당원들은 떠나게 된다. 점점 더 바이루는 좌·우파 양당체제에 대한 비판적 입장을 취하는 방향으로 갔다.

〈표 102〉 1980년대 이후 프랑스대통령-총리(동거정부) 경제성적표(단위 : %, 2014년 가격기준)

	경제성장률	실업률	청년실업률
미테랑 대통령	1.93	8.1	17.2
(시라크 총리)	3.29	9.0	18.4
(발라뒤르 총리)	2.09	10.4	21.7
시라크 대통령	1.86	9.2	21.2
(조스팽 총리)	2.91	9.2	18.9
사르코지 대통령	0.34	8.7	21.9
올랑드 대통령	1.18	10.1	24.5
마크롱 대통령	1.51	8.9	20.6

※ 출처 : 데이터정경연구원(2020)/원시데이터 : 프랑스국립통계청/괄호는 동거정부 총리 시절/대통령은 단독정부 시절/청년연령 : 15~24세/마크롱은 2019년 3/4분기 현재

시라크는 어부지리로 재선을 성공했기 때문에 곧바로 레임덕이 왔다고 해도 과언이 아니다. 2002년 5월 재신임 이후 1년간 프랑스 경제성장률은 0.2%로 급락했다. 한때 15%대로 떨어졌던 청년실업률도 경기침체와 더불어 20%에 바짝 다가섰다. 다행히 미국의 이라크 침공에 반대하는 독자외교를 통해 시라크의 지지율은 무려 75%까지 치솟았으나[*], 1기 집권 당시 중단한 연금개혁 카드를 다시 꺼내들면서 물거품으로 되돌아가 버린다. 즉 2004년 3월 실시된 레지옹 지사 선거에서 총 26석 가운데 우파가 2석, 좌파가 23석, 민족주의정당 1석 등으로 우파가 대패했다.

---

[*] 시라크는 우파지만 드골주의자로서 대미정책에서는 핵실험 강행 등 민족주의적 관점이 강했다.

3개월 뒤 실시된 유럽의회선거에서도 극우파 7석, 우파 17석, 중도파 14석, 좌파 40석 등으로 우파가 완패했다. 이듬해 2005년 7월에도 유럽연합(EU) 헌법비준에 관한 국민투표가 부결되었고, 노동유연성을 강화하기 위한 최초고용계약법(CPE, First Employment Contract)* 역시 2006년 노동자총파업으로 백기를 들고 말았다. 결국 한 자리수의 낮은 지지율과 74세라는 고령, 그리고 뇌졸중 치료 전력 등을 이유로 3선을 포기한 시라크 대신에 니콜라 사르코지Nicolas Sarkozy가 우파의 대표주자로 2007년 대선에 나서게 된다.

〈표 103-1〉 2007년 프랑스대선 여론조사 결과 (단위 : %)

회사명(조사일자)	표본수	우파 사르코지	좌파 루아얄	중도 바이루	극우 르펜
TNS(4월 20~21일)	1,000명	30	25	18	13
IPSOS((4월 19~20일)	1,598명	30	23.5	17	13.5
IFOP(4월 17~19일)	952명	28	22.5	20	13
선거결과(4월 22일)		31.18	25.87	18.57	10.44

※ 데이터정경연구원(2020)/원시데이터 : 프랑스 국가여론조사위원회, 프랑스 내무부

2007년 대선은 시라크의 계승자 우파 사르코지가 우위를 점유한 가운데 프랑스 최초의 여성후보인 사회당 세골렌 루아얄Ségolène Royal, 그리고 중도파 바이루 간 1강 2중 대결이었다. 바이루도 중도파 돌풍을 일으키며 한때 주요 여론조사마다 오차범위 이내에서 3강 구도까지 형성했으나 선거일 한 달 전 현직 시라크 대통령의 사르코지 지지선언에 따라 1강(사르코지) 2중(루아얄, 바이루) 체제로 재편되었다. 즉 마지막으로 공표된 여론조사에서 TNS와 입소스, 그리고 이폽(IFOP) 등 3대 기관은 사르코지가 28~30%, 루아얄이 22.5~25%, 바이루가 18~20%였다.

* 26세 이하 피고용인은 채용 후 2년 수습기간 중 정당한 사유 없이 해고할 수 있게 하는 법안이다.

	사르코지	루아얄	바이루
급여, 수당, 연금	• 35시간 이상 초과근무 시 세금 및 사회보장세 면제 • 근로자가 원할 때 퇴직 • 근로 거부자에게는 연금 혜택 박탈	• 최저임금 월 250유로로 내지 1,500유로까지 인상 • 기초연금 5% 인상 • 실업급여 연소득의 90% 지급	• 투잡 인건비에 대한 면세혜택 • 포인트시스템을 통한 은퇴 선택제 • 모두가 기여하는 보편적 활동제
경제, 세금	• 세금 4% 인하 • 상속세 최대 95%까지 면제 • 주 35시간 이상 일할 권리 인정	• 일반과세 동결 • 고용창출기업에 부담금 축소 • 주 35시간 통합근로제	• 세금 아닌 공공적자 감축 • 세금제도 단순화 • 주 35시간제 유지 및 초과근로수당지급
국제	• 미니 EU조약 체결 • 남유럽국가로 구성하는 지중해연합추진 • 터키 EU가입 반대	• 유로존 정부 창출, 경제성장 및 공통세금 기준 추진 • 새로운 EU주도 중동평화 이니셔티브	• 유로존을 포함한 정치·법률EU 등 다원화된 EU 추진 • 터키 EU가입 반대, 지중해연합 추진
이민법	• 불법 이민 삭감 및 자격 있는 근로자에게 유리한 정책 제공	• 프랑스의 직업 계약 및 시간과 같은 기준을 충족하는 경우 거주지 서류	• 불법 이민자 및 근로자를 억제하고 합법적으로 이민자를 통합

※ 출처 : 데이터정경연구원(2020)/원시데이터 : 2007년 프랑스 대선자료

2007년 대선 3대 이슈는 저성장, 고실업, 재정적자였다. 시라크 마지막 임기 5년 동안 연평균 1.64%(2014년 불변가격 기준)에 불과한 성장률과 2006년 평균 22%를 넘어선 청년실업률, 그리고 심지어 주력 생산인구(25~49세) 실업률도 8%대에 이르렀다. 또한 방만한 사회복지 때문에 공공부문지출은 GDP의 54% 수준에 달하는 등 재정적자는 심각한 상태였다.

이에 따라 사르코지는 대선과정에서 국영기업 민영화와 과감한 공공서비스 비용축소를 공약했다. 노동시장 유연화와 감세 등을 내걸고 사회당의 상징정책이던 '주35시간 근로제'를 손질해 더 일한 만큼 더 받아가는 시스템을 약속했다. 또한 완전한 시장경쟁에 기반 한 미국식 신자유주의 도입을 공약했으나 자국민 보호만큼은 민감한 입장이었다. 특히 헝가리 이민2세 출신이면서도 그의 이민정책은 극우파와 별다른 차이가 없었다. 2005년 내무장관

시절 이민자 폭동이 일어나자 그들을 '쓰레기'라고 표현하며 강경하게 진압했으며, 기술이민을 우대하고 불법 또는 단순 노동자에 대한 이민을 제한하는 이른바 사르코지 이민법안을 제출해 좌파 및 중도파로부터 거센 항의를 받았다.

한편 2007년 1차 투표 투표율은 83.8%로 1974년 대선(84.2%) 이후 두 번째로 높고 유이(有二)한 80%대 투표율이다. 2002년 극우파의 결선진출 충격 때문에 좌·우파 모두 투표장으로 쏟아져 나오면서 직전투표율 71.6%에서 무려 12.2%가 상승한 것이었다. 예상대로 중도파 바이루는 18.6%라는 최다 득표율을 올렸지만 예선 관문을 뚫기에는 역부족이었다. 결선투표 선거연합을 위해 루아얄이 손을 내밀었으나 바이루는 외교·경제정책에 취약한 그녀를 끝내 외면했다. 또한 이민자문제로 사르코지가 더 나쁜 후보라는 점은 인정했으나 역시 중립을 지켰다. 결국 결선투표에서 프랑스민주연합 지지자들 다수가 여러 차례 선거연합 경험이 있어서 보다 친숙한 우파후보 사르코지를 찍었고 그는 6%p 차이로 이겼다.

따라서 프랑스 2007년 대선 결선투표도 중도파의 표심이 관전 포인트였다. 2007년 1차 투표 결과를 성향별로 살펴보면 우파 32.33% > 좌파 27.44% > 중도 18.57% > 극우 12.67% > 극좌 8.99% 등의 순이다. 즉 5년 전보다 득표율이 훨씬 더 늘어난 중도파가 대선 향배를 결정적으로 좌우하게 돼 있었다.

우파 대통령 계보를 이은 사르코지는 예상처럼 강력한 시장 친화적 개혁정책을 펼치지만 집권기간 중 연평균 성장률이 비교적 저조한 0.34%*였다. 그나마 세계금융위기 여파로 마이너스(-3.8%) 성장을 기록한 2008~09년 사이 4개 분기를 제외하면 1.38%로 그 수치는 제법 올라간다. 그런데 사르코

---

* 2014년 불변가격 기준이다.

지는 시라크 집권 말기인 2006년 22%를 상회하는 엄청난 청년실업률을 물려받았다. 재임 중 맞이한 금융위기 때문에 마이너스 성장이라는 이중고까지 겪었으나 이를 슬기롭게 극복하면서 연평균 21.9%로 청년실업률을 묶었다. 전체 실업률은 연평균 8.7%로 미테랑 대통령 퇴임 이후 12년 만에 8%대로 낮춘 성가를 올렸다.

프랑스 재정적자는 미테랑 시절 늘어난 정년과 연금 때문이었다. 이렇게 미테랑의 때가 묻은 좌파정책들을 누구든 쉽게 손대기 힘들었다. 하지만 사르코지는 대선 공약으로 내건 정년단축과 연금제도 개혁을 임기 초부터 즉각 추진했다. 그는 경제난과 평균수명 증가에 따른 연금적자 누적을 명분으로 뚝심 있게 밀어붙여 2010년 기어이 입법을 완성했다.

연금개혁안의 핵심은 요약하면 다음 세 가지다. 첫째, 연금수급 개시연령(퇴직연령)을 단계적으로 상향·조정하여 조기노령연금의 수급연령을 62세로 2년 늘리는 것이다. 둘째, 전액 노령연금 수급개시연령을 65세에서 67세로 2년 연장하는 것이다. 셋째, 공무원연금 보험료율(기여율)을 일반 근로자의 국민연금과 똑같게 한다.

사르코지의 연금개혁안은 2년 이상 끈질긴 노력 끝에 결실을 맺었다. 프랑스국영철도(SNCF)와 파리교통공사(RATP) 등 철도와 버스, 항공 등 공공부문 근로자들이 두 달 동안 맹렬한 기세의 총파업으로 맞섰지만 결국 2011년 7월 1일부터 단계적으로 시행되었다. 그리고 사르코지는 재정적자를 줄이기 위해 연금개혁과 함께 공무원 감축을 추진한다. 공무원 감원은 국가회의 개최를 통해 그 동력을 마련했다.

국가회의는 대통령 취임 직후인 2007년 10월 1일부터 6개월간 동안 운영했다. 국가회의는 3개의 그룹을 운영했는데 노동조합그룹, 공무원그룹, 전문가그룹이 그것이다. 3개 그룹은 다시 60개 이상의 실무그룹에서 의견을 교환하였으며 다양한 시민과 전문가의 의견을 수렴하기 위해 옵저버 참여를 허용했다. 특히 35만여 명의 네티즌을 온라인토론에 참여시켰다. 국가회의는 공무원 2명이 퇴직하면 1명만 채용하는 방식으로 자연 감원하는 방식을 결론으로 채택했는데, 이는 연간 8억 5천만 유로의 재정 절감효과가 있다. 당시 연간 재정적자의 10% 이상을 충당할 수 있는 엄청난 금액이었다. 그나마 1983년 미테랑에 의해 5년씩이나 단축된 정년을 무려 28년이 지나서야 다시 2년을 높일 수 있었던 것은 사르코지의 강력한 의지 때문에 간신히 가능했다.

이러한 엄청난 개혁성과를 거뒀음에도 불구하고 사르코지는 2012년 대선에서 재선을 하는 데 실패했다. 그의 아킬레스건은 2007년 선거와 마찬가지로 이민정책이었다. 사르코지는 대통령 취임사에서 "범죄 이민자의 프랑스 국적을 회수하고 강력하게 처벌하겠다"고 강경정책을 예고했다. 그러면서 그는 재임기간 중 집시, 외국인 걸인 및 도둑 등 수만 명을 강제 추방하겠다고 공언하며 좌파는 물론이고 합리적 중도파까지 분노를 자극했다. 2012년 대선 결선투표에서 좌파 프랑수아 올랑드 대 니콜라 사르코지 간 차이는 불과 3.28%(51.64% 대 48.36%), 손에 땀을 쥐게 하는 간발 승부였다. 중도파 바이루가 9.13%를 얻었기 때문에 그가 결선에서 올랑드의 손을 들어준 점이 승패를 가른 결정타였다.

〈표 104〉 프랑스 민주운동당 프랑수아 바이루의 대선 선거역사 (단위 : %)

	득표율	등수	출마자수
2002년	6.84	4위	16명
2007년	18.57	3위	12명
2012년	9.13	5위	10명
2017년	마크롱과 단일화		11명

※ 출처 : 데이터정경연구원(2020)/원시데이터 : 프랑스 내무부

5년 전 바이루의 지지 획득에 실패한 사르코지가 이번에는 극우파 역대 최고 득표율(17.9%)을 올린 마린 르펜*을 상대로 선거연합을 제안했지만 그녀는 (지지자들을 향하여) 백지투표를 던지겠다며 이를 거절했다. 실제로 백지투표는 2007년 결선투표 당시 4.2%에서 2012년 5.8%p로 약간 늘었다.

2017년 5월 대선 역시 바이루가 킹 메이커였다. 올랑드 대통령의 경제실정에 따라 그의 지지율은 4%까지 추락했고 마침내 재선 도전을 포기하기에 이른다. 마크롱 전 경제장관이 사회당을 탈당해 정치운동단체 전진(앙 마르슈, En Marche!)을 결성하고 대선 전에 뛰어들었으나 국회의원 단 1명도 없이 역부족이었다. 우파는 프랑수아 피용 전 총리가 승세를 굳히는 듯했으나 공금횡령 스캔들로 극우파 마린 르펜에게도 밀리는 형편이었다. 참다못한 바이루가 선거일 두 달 반 정도 남겨놓은 상태에서 전격적으로 단일화를 제안, 마크롱 지지를 선언하자 대선 상황은 급변한다.

〈표 105〉 2017년 프랑스대선 여론조사 결과 (단위 : %)

회사명 조사일자	표본 수	극좌 멜랑숑	좌파 아몽	중도 마크롱	중도 바이루	우파 피용	극우 르펜
Ifop 2월 19~22일	1,399명	11	14	14	5.5	19	26.5
엘라베 2월 18~20일	995명	12	12	17	6	20	27
단일화 시		13	13	18.5		21	28
선거결과		19.58	6.36	24.01		20.01	21.30

※ 데이터정경연구원(2020)/원시데이터 : 프랑스 국가여론조사위원회, 프랑스 내무부

1차 투표는 마크롱과 르펜이 통과했고, 2002년처럼 극우파 대통령 출현을 막자는 공감대가 형성됨으로써 마크롱이 66.1% 대 33.9%로 압승하였다.

* 국민전선 창시자이자 2007년까지 대선에 5회 출마했던 장-마리 르펜의 막내 딸이다.

이상 2000년 헌법개정 이후 실시된 네 차례 대선에서 중도파의 위력은 대단했다. 최소 5%에서 최대 18.6%까지 득표율을 갖고도 좌파와 우파* 사이에서 캐스팅보트 역할을 너끈하게 해오고 있다.

:::: 스윙보터는 끝까지 고민한다

양당제 국가인 미국조차도 부동층, 즉 스윙보터는 결코 비율이 적지 않다. 2016년 미국 대통령선거에서 맞붙은 트럼프와 힐러리는 대선사상 호감도가 동시에 가장 낮은 후보였다. 선거운동기간 내내 다수의 정치 평론가들이 세운 가설은 "일부 유권자들이 투표할지 여부를 결정하기가 매우 곤란할 수 있다"고 말했다. 즉 무슬림 비하, 여성 차별적 발언과 막말 등으로 끊임없이 논란을 빚은 트럼프나 이메일 스캔들 때문에 FBI조사를 받으며 막판까지 시달린 힐러리 둘 다 사실은 선택하기 곤란한 후보였다.

그래서 2016년 미국 대선에 참여한 유권자들은 마지막 며칠(last few days) 동안 고심에 고심을 거듭한 끝에 지지후보를 결정한 경우가 8%, 마지막 주 전체로 확대하면 무려 13%이다. 이는 오바마가 당선된 2012년(9%) 및 2008년(10%)과 비교해도 꽤 높은 수치이다. 3% 차이 이내에서 박빙으로 승부가 갈린 박빙 개표단위**역시 2016년이 가장 많은 9곳이나 된다. 그만큼 후보를 고르기가 만만치 않은 치열한 승부였다.

미국 대선은 통상 공화·민주 양당 경선이 1월부터 시작해 약 9개월가량 주별로 순회하면서 선거인단 확보전을 펼치지만, 어쨌든 국민이 선거인단을 뽑는 날짜는 11월 첫째 월요일이 속한 주의 화요일(2~8일)로 고정돼 있다.

---

* 마크롱은 사회당 출신으로 중도를 표방하지만 정책이나 노선은 중도좌파에 보다 더 가깝다.
** 3% 이내 박빙승부는 개표단위를 말한다. 48개 주, 워싱턴DC, 메인 3곳, 네브래스카 3곳이다.

한편 '유권자들의 투표결정시기'(when did you decide presidential vote?)
는 CNN 등 6개 언론사의 공동출구조사에서 확인되고 있다. 2016년 대선
을 뜨겁게 달군 러스트벨트Rust Bult 3개 주 가운데 미시간과 위스콘신은 트
럼프가 10월에 들어서서 간신히 역전을 했으며, 펜실베이니아는 마지막 주
에 비로소 스윙보터로부터 54 대 37로 압도적 우위를 보인 트럼프가 초박빙
(0.72%) 승리를 거뒀다. 이를 분석하면, 샤이 트럼프가 이때야 비로소 자신
들의 의사를 공개적으로 밝히거나 이메일 스캔들에 실망한 친 힐러리 성향
의 스윙보터가 투표를 포기했을 가능성도 적지 않다.

〈표 106-1〉 미국 대통령선거 투표결정시기 (단위 : %, 곳)

연도	마지막 주	10월	9월	9월 이전	기타·무응답	3% 이내 박빙승부
2016년	13	12	12	60	3	9
2012년	9	11	9	69	2	3
2008년	10	15	14	61		5

※ 출처 : the national election exit poll/ABC뉴스, CBS뉴스, MSNBC, CNN, 폭스뉴스, AP통신 공동

그렇다면 우리 한국의 경우는 어떨까? 우리나라도 미국과 똑같은 소선거
구 기반이지만, 1987년 민주화 이후 여덟 차례 총선에서 네 차례나 제3의 원
내교섭단체가 탄생했다. 또한 2004년 1인 2표 정당명부제 도입 이후엔 진보
정당이 꾸준하게 5석 이상을 유지해왔다. 그렇기 때문에 사실상 다당체제라
고 할 수 있다.

중앙선관위는 2002년 지방선거부터 투표일을 전후로 선거에 대한 국민의
관심과 참여도를 높이고, 선거관련 제반연구의 기초자료로 활용하기 위해
'유권자 의식조사'를 꾸준하게 실시하고 있다. 여기서 우리는 눈에 띄는 대
목을 발견할 수 있다. 지지(투표)하는 후보를 결정하는 시기는 투표일을 기
준으로 3주 이내가 무려 70%이며, 3주 이상은 겨우 30%이다. 즉 통상 일반

선거여론조사에서 나타나는 투표일 직전까지 나타나는 부동층이 최고 30% 안팎과는 전혀 반대라는 점이다. 이 조사는 중앙선관위 주관 정책조사로, 특정 정당이나 특정 후보 지지여부 등은 묻지 않는다. 조사방법은 전화면접 또는 컴퓨터면접 또는 대면면접조사 등으로 많은 비용을 들여 정밀하게 실시하며, 조사기간은 선거일 후 1일부터 30일 사이이다. 그렇기 때문에 비교적 정확도가 높다고 볼 수 있다.

민주통합당과 통합진보당이 후보단일화를 하며 양자 구도로 치른 2012년 총선은 투표일 기준 3주 이내에서 지지후보를 결정한 경우가 무려 60%이다. 2008년 총선과 2006년 지방선거 또한 둘 다 양자 구도였다. 역시 투표일 3주 이내에서 지지후보를 결정한 유권자는 각각 68%와 66%이다.

그런데 2016년 총선은 국민의당이라는 강력한 제3당이 출현하면서 투표일 기준 3주 이내에서 지지후보를 결정한 비율은 무려 76%대로 치솟는다. 특히 국민의당과 더불어민주당과 접전을 벌인 호남권은 다시 또 86%나 투표일이 임박한 3주 이내에 가까스로 지지후보를 결정할 만큼 부동층이 늘었다. 이는 4년 전(68%)과 비교하면 뚜렷한 증가세이다. 2018년 지방선거 때도 비록 위력은 덜했지만 바른미래당의 존재로 투표일 3주 이내에 지지후보를 결정한 유권자가 72%쯤이다. 특히 바른미래당은 수도권에 3명의 광역단체장후보를 출전시켜 평균 두 자리 수 득표율(10.7%)을 얻었다. 그래서 수도권 3개 시·도는 전국 평균보다 3주 이내 투표결정 시기가 약 75%가량으로 더 올라간다.

결국 스윙보터는 정당 및 후보구도와 아주 밀접한 관련을 갖는다. 부동층은 다자구도일수록 후보를 선택하는 데 고민이 깊어지고, 투표날짜가 거의 다 임박해서야 비로소 자신들의 선택지를 내놓는다.

투표일 기준	당일	1~3일 전	1주 전	2주 전	3주 전	3주 이상	표본수
2018 지선	10.1	13.6	24.4	13.9	9.5	28.5	955
(수도권)	(11.0)	(11.8)	(24.6)	(16.4)	(10.8)	(25.4)	
2016 총선	5.6	16.4	25.4	18.0	11.0	23.6	893
(호남권)	(5.5)	(9.4)	(28.2)	(26.7)	(16.2)	(14.0)	
2012 총선	6.5	13.6	19.2	11.9	9.1	39.7	814
(호남권)	(4.7)	(9.4)	(34.1)	(15.3)	(4.7)	(31.8)	
2010 지선	9.1	16.6	26.8	8.9	8.9	29.7	880
(수도권)	(10.8)	(15.7)	(23.6)	(8.0)	(7.0)	(34.9)	
2008 총선	10.2	15.5	21.5	11.8	8.9	32.2	755
2006 지선	8.0	17.5	25.4	10.8	4.3	34.0	
2004 총선	10.7	16.6	20.4	15.1	14.1	23.1	
2002 지선	18.7	21.8	22.1	8.0	5.0	24.4	

※ 출처 : 중앙선거관리위원회/공통 표본설계 : 95% 신뢰수준에 표준오차 ±2.5%

우리나라가 부동층이 특별하게 높은 까닭은 몇 가지 요인이 있다. 첫째 높은 자영업 종사자 비율이다. 소득이 일정하지 않고 은퇴 후 연금소득이 매우 낮은 이들은 경기에 매우 민감하다. 따라서 정권초반 새로운 정부정책에 대한 기대감 때문에 부동층은 줄지만 심판론이 등장하는 중간선거 이후 (2016년 총선 등) 부동층이 급격하게 증가한다. 둘째 40대 후반에서 50대 초반까지 이르는 직장에서 퇴직 당하는 사람들 때문에 부동층이 급증한다. 통계청 인구센서스를 보면 '직장에서 퇴직하는 평균연령'은 2010년 53세에서 2015년 49세로 4세가 줄었다. 이는 경제성장률 저하와 장기민생난 때문이다. 기업부도와 해외공장 유출이 이어지면서 일자리가 감소하고 비자발적인 정리해고 등에 의해 조기은퇴 현상이 현실이 된 것이다. 이들은 변변한 사회적 안전망도 없이 자영업자나 실업자로 전락해 선거 시기에는 심판론 대열의 맨 앞장에 선다.

20

좌파는 우클릭이 살 길이다

〈표 107〉 1997년 프랑스 총선 개표결과 (단위 : 석)

	정당별	의석 수	1993년 대비 증감
좌파연합(320)	사회당	255	+ 202
	공산당	35	+ 9
	녹색당	7	+ 7
	기타 군소좌파	23	+ 9
중도·우파연합(253)	공화국연합	139	− 103
	프랑스민주연합	112	− 95
	기타 군소우파	2	− 34
극우파(1)	국민전선	1	
기타(3)		3	+ 3

※ 출처 : 데이터정경연구원(2020)/원시데이터 : 프랑스 내무부

우 클릭한 영국 노동당은 1997년 총선 당시 무려 18년 전에 잃었던 정권을 탈환했다. 1994년 전당대회에서 중산층 가정 출신 토니 블레어 변호사는 '신노동당(New Labour)' 정책을 구호로 노동당 역사상 최연소인 41세에 당수

가 되었다. 그러나 블레어는 이미 약관 30세의 나이로 하원에 진출한 후 3선을 거친 중진정치인이었다. 그의 맞수는 전통적 좌파노선을 고수하려는 존 프레스콧John Prescott 부당수인데, 철도노동자 아들로 태어나 선원노조에서 잔뼈가 굵은 인물이며 나이도 15세나 연상이었다.

블레어는 집권을 목표로 좌파정당의 근간 이념인 '국유화 강령조항'을 포기하고, 성장과 분배를 동시에 추구하는 사실상 우경화의 길을 주창한다. 사회정의와 더불어 경쟁을 중요하게 여기는 시장경제를 도입하는 철저한 실용주의 노선, 즉 우 클릭을 통해 중산층까지 폭넓게 지지를 이끌어낸 블레어는 노동당 상징색깔마저 빨강색에서 분홍색으로 바꿔버렸다.

3년 후인 1997년 5월 총선에서 659석 가운데 418석(의석비율 63.4%)을 차지해 창당 이래 최대 의석으로 압승하며 블레어는 20세기 최연소 영국 총리가 됐다. 그는 2001년과 2005년 총선에서도 연승을 기록하며 노동당 최초의 3연승이라는 진기록을 세웠다. 그의 후임자 고든 브라운(Gordon Brown)을 포함해 노동당 정부가 13년간 연속집권을 이어가자 이에 자극 받은 유럽 내 좌파정당들이 너도나도 블레어 노선을 새로운 정치이념으로 채택하기 시작했고 '블레어리즘'이라는 신조어까지 생겨났다.

정확하게 한 달 뒤 프랑스 총선에서도 우향우를 한 좌파가 승리했다. 사회당을 주축으로 한 좌파연합은 577석 가운데 320석을 차지해 4년 전 대패를 설욕했다. 특히 사회당은 1993년 총선에서 53석이라는 초라한 성적표를 남기며 3위까지 밀렸으나 단숨에 1당으로 올라서며 조스팽 당수는 좌파연정 총리직을 넘겨받았다.

2년 전 대선에서 조스팽은 1차 투표 1위, 결선투표 5.2% 차이 등 시라크에게 아깝게 패하고 난 이후 단단히 설욕전을 준비해왔다. 사실 1997년 6월 프랑스 총선은 시라크가 의회를 해산하는 승부수까지 던졌으나 패배했다. 따라서 좌파의 승리라기보다 우파의 패배라고 해야 더 정확한 표현이다. 총선 직전 분기 실업률은 최고 10.6%, 청년실업률은 무려 21.7%까지 급등했다. 경제성장률은 선거 전 1년간 1.3%에 그치고 실질임금은 4개 분기 중 3개 분기가 하락해 오히려 뒷걸음질 상태였다. 유럽 화폐통합에 참여하기 위해 프랑스는 1992년 재정적자를 GDP의 3% 이내로 묶기로 합의하는 마스트리흐트 (Maastricht) 조약을 맺었다.

이에 따라 55% 안팎에 이르는 공공지출 및 사회보장혜택을 축소하고 국영기업 민영화 추진 등 긴축정책 때문에 우파 시라크 정부는 실업률 감축에는 손 쓸 겨를이 없었다. 조스팽은 선거 슬로건으로 "프랑스 국민에게 일자리를 나누어주겠다. 부는 평등하게 분배되는 것이다"라고 호소했다. 그리고 "프랑스가 주도하는 새로운 방향의 유럽을 건설하자"고 다짐했다. 그는 사회당원 부모 아래에서 자라나 명문 국립행정학교(ENA) 출신으로 직업외교관 생활을 한 반듯한 인물이었다. 그에게는 좌파 실용주의, 유연한 실용주의자 냄새가 물씬 풍겼다.

프랑스공화국 세 번째 동거정부는 이렇게 해서 적(사회당)-적(공산당)-녹(녹) 연정으로 출범한다. 선거과정에서 점진적인 개혁 추진을 약속하며 지지층의 이탈을 막은 조스팽은 총리직 취임 후에는 더욱 더 유연한 정책을 펼쳐 나간다. '새로운 민영화도 국영화도 원하지 않는다'는 공약을 깨고 국영기업인 프랑스텔레콤 지분 49% 매각을 추진한 것이다. 민영화 전면 반대에서 돌아선 그의 입장은 철저하게 친 시장 기업경쟁력 확보이다. 그리고 재정적자 3% 이내 기준 준수를 위해 공공서비스 분야 민영화도 유연하게 할 수 있다는 방침 변경이었다. 그 때문에 5년 후 2002년 대선에서 좌파진영은 득표율만큼은 우파에게 앞섰다.

다시 1년 뒤 독일도 우 클릭 한 좌파에게 정권이 넘어갔다. 1997년 말 현재 유럽연합(EU) 회원국은 15개국, 그중 독일과 스페인을 제외한 13개국이 좌파집권 또는 좌파연정인 좌파 중흥기였다. 독일이 1998년 9월에 총선을 실시하는데 바로 16년 만에 좌파가 정권을 되찾아온다. 그 선두에 선 이가 바로 게르하르트 슈뢰더Gerhard Schröder 니더작센 주총리이다.

2차 대전에 참전해 전사한 아버지를 잃고 어렵게 자란 슈뢰더는 자수성가형 인물이다. 산전수전을 겪으며 19세에 사민당 청년조직에 가입했으며, 30세라는 늦은 나이에 변호사 자격증을 따며 큰 꿈을 키운다. 한때 도시게릴라 적군파를 변호하는 등 당 내 급진좌파에 속했으나 1980년 연방하원의원 당선 이후 그의 우 클릭이 시작됐다.

1998년 4월 17일 연방당 대회에서 93.4%라는 압도적인 지지율을 받아 총리 후보로 추대될 당시 그의 여론조사 지지율은 66% 대 26%*로 이미 현직 헬무트 콜Helmut Kohl 총리를 압도하고 있었다. 16년간 기민당 장기집권에 따른 피로감과 400만 명(10.6%)에 이르는 실업자, 그리고 저출산 고령화로 인해 갈수록 활력이 떨어지는 경제가 문제였다. 여기에 슈뢰더는 '독일의 토니 블레어' 또는 독일의 '빌 클린턴'이라는 별명이 붙을 만큼 높은 인기를 누렸다. 그만큼 TV에 어울리는 용모와 뛰어난 화술, 그리고 각종 미디어로부터 추진력이 있다는 평가를 받았다.

슈뢰더는 1998년 9월 총선에서 총리 후보로 총선을 이끌며 16년 만에 정권탈환에 성공했다. 그는 "경제발전 없이는 어떤 이념도 무력하다"고 주장하며 실용주의노선으로 좌파 이외에 많은 유권자들의 폭넓은 지지를 얻었

---

* 독일 공영 제2TV인 ZDF가 사민당 전당대회 일에 발표한 여론조사 결과이다.

다. 오스카 라퐁텐Oskar Lafontaine 등 당내 급진좌파의 격렬한 반대를 무릅쓰고 슈뢰더가 내세운 신 노선은 '새로운 중도(Die neueMitte)'라는 비전이다. 이는 토니 블레어의 제3의 길이나 리오넬 조스팽의 좌파 실용주의와 일맥상통한다.

슈뢰더의 첫 번째 선거공약은 실업과의 전쟁 선포이다. 콜 총리의 가장 큰 실책인 실업을 정확하게 공격해 들어간 것이다. 그래서 슈뢰더 역시 앞선 두 좌파지도자들처럼 기업을 중시하겠다고 강조했으며 시장 친화적인 공약을 내세웠다. 전통적 당내 좌파들의 반발을 무릅쓰고 소득세 최고 최저구간 세율을 각각 4%씩 내리고, 법인세는 47%에서 단계적으로 35%까지 낮추는 세제개혁을 공약했으며, 그것을 통해 경기를 활성화시키고 세수 절대금액을 늘린다는 방침이다. 즉 죽은 이념이 아니라 시장에서 살아 숨 쉬는 논리를 개발한다는 것이다. 교조주의 좌파가 아니라 인간의 얼굴을 한 자본주의를 과감하게 받아들이자는 입장이다.

우리 한국에도 널리 알려진 하르츠 개혁은 바로 슈뢰더가 추진한 친 시장주의 정책이다. 여기에 요슈카 피셔Joschka Fischer(외무장관으로 입각) 녹색당 당수가 실용주의 노선으로 적-녹 연정에 참여해 즉각 화답하였다. 적·녹연정은 노-사-정 3자연대를 통해 일자리를 창출하고, 이를 위해 경기를 활성화하고, 경기활성화를 위한 세금인하를 추진하고, 복지국가 노선을 고수하며, 외국인 국적취득 요건을 완화하고, 원전은 궁극적으로 폐쇄를 추진하되 19기 가운데 임기 중 6기를 폐쇄하기로 합의하였다. 이는 중도노선이 강화된 사민당의 길과 환경주의가 가미된 결과이다.

한편 영국, 프랑스, 독일 등 주요 서유럽 3강이 좌파정권으로 넘어갔음에도 불구하고 이 3개국 총리들은 1998년 좌파정상회의로 함께 모여 단일통화, 즉 유로화 통합에 원칙적으로 합의하였다.

토니 블레어는 1998년 3월 24일 프랑스 방문기간 중 영국 총리로는 처음

하원을 방문해 유창한 불어 연설을 하며 우레와도 같은 기립 박수를 받았다. 주제는 바로 '대처리즘과 사회주의 사이 제3의 길(the third way)*'이다. 그는 "경제의 글로벌화와 격화되는 경쟁을 피할 수 없는 현실이다. 여기에 대비하기 위해서는 좌파의 핵심 논리인 맹목적인 고용보장과 복지확대는 없다"라고 강조하였다. 이어서 "21세기 새 시대에는 자유방임주의와 국가통제의 경제정책을 결합하고 좌·우파의 이념적 카테고리를 뛰어넘는 제3의 실용주의 노선이 필요하다"며 제3의 길을 제안하였다.

같은 해 9월 영국 북서부 해안 휴양도시 블랙풀(Blackpool)에서 열린 전당대회 때도 외국기업의 폐쇄와 해고가 늘어나는 가운데 "우리에게 표를 던진 사람들은 노동당원 아닌 유권자도 많다. 당원만을 위한 정책을 펴지는 않겠다"며 더욱 더 우 클릭 행보를 예고했다. 그러면서 "나도 인기 있는 정부를 운영하고 싶다. 하지만 잘못된 정책보다 차라리 인기 없는 정부를 선택하겠다. 지금까지 정부의 개입이 오히려 영국경제를 구조적으로 희생시켰다. 경직된 노동시장, 비효율적인 공공부문, 고 부담 복지제도를 수술해야 한다"라며 기업과 노조 양쪽 모두에게 강력한 개혁드라이브를 주문하였다.

* 실용적 중도좌파노선이다. 토니 블레어의 정책참모이자 영국 사회학자 앤서니 기든스 (Antony Giddens)가 사회주의와 자본주의의 한계를 극복하는 새로운 이념모델로 제시하였다. 제1의 길은 기존 사민주의, 제2의 길은 신자유주의를 말한다. 제3의 길의 핵심은 생산적 복지, 개인의 창의성 존중, 보호와 책임의 균형, 사회세력 간 합의도출을 통한 경제발전 등을 꼽을 수 있다.

5장

문제는
'먹고사니즘'이다

21

풍요로움은 진보의 어머니인가?

　인천 강화가 고향인 죽산竹山 조봉암曹奉岩은 이승만 정권의 사법살인에 희생당한 대표적인 인물이다. 만 23세에 모스크바 코민테른 총회에 참석한 이후 고려공산청년회의, 한인청년동맹, 조선공산당 등의 간부로 활동했으나 박헌영朴憲永의 폭력혁명 노선을 공개 거부하고 1946년 공산당을 탈당한다. 1948년 경기도 인천(을) 선거구에서 무소속으로 출마해 당선, 제헌의원이 되었으며 이승만 내각의 초대 농림장관을 맡아 농지개혁에도 힘썼다. 2년 뒤에는 재선되고 국회 부의장에 선출되었다. 1956년 무소속으로 3대 대통령 출마 중 민주당 조병옥趙炳玉 후보의 사망으로 이승만과 1 대 1 맞대결을 펼쳐 30%나 득표했다. 같은 해 진보당(進步黨)을 창당한 그는 국가보안법 위반으로 체포되어 대법원에서 사형선고를 받고 1959년에 처형되었다. 52년이 흐른 2011년에야 대법원은 재심을 통해 무죄 판결을 내렸다. 죽산은 개표결과, 고향인 경기도*(22.9%)보다 경북에서 2배가량의 득표율(44.7%)을 올렸다.

---

* 강화군은 1995년에 경기도에서 인천광역시로 편입된다.

경북 다음으로 상위 득표율은 전북(39.8%)과 전남(37.7%)이며 호남 곡창지대였다. 당시는 농업이 주된 산업으로 농지개혁을 추진한 죽산에 대한 지지가 남부권역에서 높았던 건 자연스러운 일이다.

그로부터 60년 이상 지난 현대 진보정치의 메카는 울산이다. 특히 1997년 7월 울산광역시 승격 이후 진보정치의 꽃은 활짝 피어난다. 1998년 제2회 동시지방선거에서 노동운동가 출신 김창현金昌鉉과 조승수趙承洙가 무소속 전술로 각각 동구청장 및 북구청장에 당선되며 첫 테이프를 끊었다. 1999년 동구청장직을 잃었지만 보궐선거에서 곧바로 부인 이영순李永順을 내세워 이를 지켜냈다. 2002년에는 현대중공업 노조위원장 출신인 이갑용李甲用(동구), 이상범李象範(북구) 두 무소속 구청장을 배출하며 노동현장 출신 정치인 탄생을 예고했다. 이후 2010년 윤종오尹鍾五 북구청장과 2011 보궐선거에서 김종훈金鍾勳 동구청장이 민주노동당으로 당선됐다.

진보를 표방한 첫 국회의원을 배출한 지역도 바로 울산이다. 17대 민주노동당은 2명의 지역구의원을 배출했는데 그중 한 명이 바로 북구청장 출

〈표 108〉 17대 총선 ~ 2019년 보궐선거 사이 배출한 진보계열 국회의원 (단위 : 명)

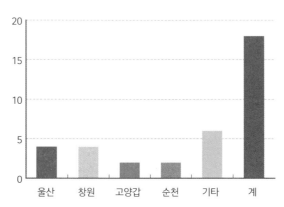

※ 출처 : 데이터정경연구원(2020) / 기타는 서울노원(병)과 관악(을), 광주서구(을), 경기성남중원, 전북남원순창, 경남 사천 등 6곳이다.

신 조승수(북구)이다. 조 의원은 열린우리당 후보가 출마했음에도 불구하고 46.7%라는 압도적인 득표율을 올렸다. 그는 2009년 보궐선 때도 진보신당으로 북구에 출마해 재선에 성공한다. 2016년 제20대 총선에서는 동구 김종훈, 북구 윤종오 의원 등 2명의 전직 구청장들이 무소속으로 당선됐다. 이들은 옛 민주노동당 출신이다. 이처럼 2019년 4월 3일 보궐선거 때까지 울산이 배출한 구청장은 연인원 7명, 국회의원은 4명으로 진보정치의 본산으로 불릴 만하다.

:::: 계급 배반투표는 없다

울산이 대한민국 진보의 천국이 된 건 넘치는 풍요로움 때문이다. 가는 곳마다 억대연봉 노동자들로 어깨가 부딪치는 축복의 땅, 그곳이 바로 울산이다. 「2019년 국세통계연보」에 따르면 2018년 귀속 울산지역의 연말정산근로자는 42만여 명이고 이중 8.4%가 억대 연봉을 받아갔다. 전국에서 억대가 넘는 연봉근로자가 평균 4.3%(80만 2천여 명)이었으니 울산은 평균보다 약 2배나 많다. 최근 제조업 불황이 겹쳐 연봉 인상도 멈추고 3년 사이 연말정산근로자가 1만 6천 명 정도 줄었지만, 2015년 처음으로 평균연봉 4천만 원대에 진입한 이래 시·도별 1위를 놓치지 않고 있다. 2위는 금융·보험업의 중

〈표 109〉 근로소득 연말정산 현황 (단위 : 만 원, %)

		전국	울산	서울	세종	창원
2018년	평균급여	3,647	4,310(1)	4,258(2)	4,124(3)	3,851
	억대연봉자	4.3	8.4	6.7	4.5	부 3,370
2015년	평균급여	3,245	4,102(1)	3,635(3)	3,679(2)	
	억대연봉자	3.4	8.8	5.4	2.4	부 2,986

※ 출처 : 데이터정경연구원(2020) / 원시데이터 : 국세통계연보 / 괄호 안은 시·도별 순위

심 서울(3천635만 원), 3위는 공무원 도시 세종시(3천679만 원)이며 서로 엎치락뒤치락하고 있다.

울산의 넘쳐나는 풍요로움은 통계청 자료에서도 알 수 있다. 「2018년 지역소득(잠정)」에 따르면, 인구 비중 2.23%에 불과한 울산의 지역내총생산(GRDP)은 75조 6천억 원으로 전국 GDP의 4%에 달한다. 인구 비중이 엇비슷한 대전(2.87%, 41조 2천억 원) 및 광주(2.8%, 39조 8천억 원)와 비교하면 약 2배쯤 된다. 그래서 전국평균 대비 1인당 GRDP는 178%(6천 552만 원), 1인당 총소득은 144%(5천309만 원) 수준으로 1998년 이후 해마다 시·도별 1위 자리를 한 번도 놓치지 않고 있다. 달러 환산 1인당 GRDP는 2011년 이미 5만 달러(5만 6천430달러)를 넘어섰다. 이는 OECD 웬만한 국가와 비교해도 손색이 없으며 국민연금 지급 자료에서도 확인된다. 2018년 12월 현재 전국 1인당 국민연금(노령) 월평균 수령액은 평균 39만 4천220원이었으나 울산이 17개 시·도 가운데 가장 높은 55만 5천450원이었다. 이는 최하위인 전남(31만 4천610원)과 비교해 1.7배 이상 많다.

울산이 이렇게 높은 소득을 누리는 건 제조업 도시이기 때문이다. 한때 고 정주영鄭周永 회장의 TV광고 등장으로 화제가 됐던 50여 년 전 울산은 작은 어촌이었으나 1962년 2월 바다가 보이는 납도마을에 공단 기공식을 하면서 상전벽해라는 비유가 어울릴 만큼 큰 변화가 있었다. 당시 울산 인구는 21만 1천 명, 현재는 5.4배로 늘었다. 제조업 생산액은 식품가공, 연탄 등 위주로 2억 2천만 원* 수준이었으나 지금은 38조 768억 원으로 증가해 계산 자체가 안 된다. 1인당 소득도 69달러에서 무려 700배가 늘었다. 그 사이 자동차·조선·석유화학 등 여러 산업단지가 세계 유일, 한국 최대의 산업클러스터를 형성하며 국내 굴지의 기업인 현대자동차, 현대중공업, SKC 및 그 협력

---

* 〈울산경제현황〉, 울산상공회의소(1993.6)

업체 등이 자리 잡고 있다.

2018년 현재 울산의 제조업 생산비중은 자동차 산업 등 불황에도 불구하고 여전히 50.3%로 전국평균(26.6%)보다 2배에 가깝다. 대(對) 중국 산업기지로 새롭게 떠오르는 충남(49.5%)이나 전통의 철강·전자산업 중심인 경북(43.5%)과 비교해도 아직은 더 높은 비중이다.

고용노동통계에서도 마찬가지로 확인 가능하다. 2018년 4월 기준 「5인 이상 지역별사업체노동력조사 결과」에서 울산은 제조업임금이 전 산업평균보다 9.5%가 높다. 금융·보험 또는 방송통신 등 고부가가치업종 종사자가 많은 서울이 평균보다 6% 낮은 것과 비교하면 역시 울산은 제조업이 고액연봉의 보고였다. 울산의 제조업 성장은 참여정부 시기에 집중적으로 이루어졌다. 통계청의 제조업 급여액 현황조사 자료를 분석해보면, 울산지역 제조업 종사자 1인당 급여액은 2002년 3천298만 원에서 2007년 4천914만 원으로 연평균 9.8%나 비약적으로 성장한다. 같은 기간 경제성장률 4.5%와 비교하면 2배 가까운 경이적인 기록이다. 2012년에는 다시 5천692만 원으로 올라 이명박 정부 기간 중 평균 3.2%가 올랐다. 같은 기간 경제성장률도 엇비슷한 3.3%였다.

참여정부 2년 차에 실시된 2004년 17대 총선에서 민주노동당은 지역구 2석, 비례대표 8석 등 10석을 획득해 진보정당 사상 처음 원내정당이 되었다. 총선 당시는 원외정당이었지만 비례대표 득표율도 무려 13.03%였다. 특히 울산은 21.89%로 기염을 토했다. 19대 당시 통합진보당(16.29%)과 비교하면 이래저래 참여정부는 진보정치 발전의 토대를 마련해준 셈이다.

한편 울산과 더불어 진보정치의 또 다른 메카는 창원이다. 1970년대 중화학공업 우선정책에 따라 창원 기계·산업단지가 조성되고 제2의 울산처럼 성장했다. 17대 총선 당시 창원시의 민주노동당 정당득표율(24.25%)은 현대차의 도시 울산북구(35.39%)에는 크게 못 미쳤지만 울산동구(25.17%)에는 근접했다. 이를 바탕으로 권영길權永吉을 당선시켰고 18대에도 재선시켰다. 2018년 근로소득 연말정산 평균급여는 창원이 3천851만 원으로 전국평균보다 5.6% 높다. 전국평균보다 7.6%가 낮아서 늘 가난에 허덕이는 부산시민들과 적잖이 비교가 된다.

이렇게 20대까지 배출한 연 인원 18명의 진보계열 국회의원 가운데 무려 8명이 울산과 창원에 지역구를 두고 있다. 우리가 아는 상식은 "부자들은 보수당을 찍고, 가난뱅이들은 진보정당을 찍는다"이다. 그런데 현실은 이와 다르기 때문에 미국 토마스 프랭크Thomas Frank를 비롯한 여러 학자들이 '계급배반투표'를 주제로 연구해오고 있다. 하지만 울산지역 대기업 노동자들은 잘 조직된 전투적 노조를 통해 매년 연봉을 끊임없이 올리고 있는 중상층 부자들이다. 그들이 곧 진보정당에 투표하는 주력군들이다. 소득이 높은 서울과 세종시에서 전통적으로 민주당이 강세를 보이는 까닭도 울산과 비슷하다. 바로 고소득자 화이트칼라 노동자들 때문이다.

22

모든 정권교체는 경제로 통한다

"It's the economy, stupid!(문제는 경제야, 이 바보야!)" 시골뜨기 아칸소 주지사 빌 클린턴을 대통령으로 만든 그 유명한 슬로건이다. 현직 대통령 조지 W. 부시를 꺾고 12년 만에 민주당 정권을 되찾아왔으며, 24년 가운데 20년이나 백악관을 장악한 공화당으로부터 민주당을 구해낸 바로 이 1992년 11월 선거에서 클린턴은 상·하원까지 모두 장악했다. 그만큼 먹고사는 문제는 위력이 대단했다. 오죽하면 성추문 사건으로 탄핵안이 하원을 통과했음에도 불구하고 클린턴은 프랭클린 루즈벨트 이후 백악관에서 2기 연속 완벽하게 임기를 마친 최초의 민주당 대통령이었다.

우리나라에서는 먹고사는 문제를 아예 이념(ism)으로 승격시킨 인물이 있다. 메시지 크리에이터로 활약 중인 정치평론가 공희준孔熹俊인데, 2003년경 인터넷 언론사 《서프라이즈》 편집장 시절 처음 사용했다.

역대 대통령선거 프레임을 분석해보면, 이른바 '적폐청산'이나 '정치개혁'이 아니라 '경제문제'가 가장 중요하게 작동했다. 즉 13대 이후 주요 대통령후보의 선거운동 핵심공약과 주요 메시지를 살펴보면 예외 없이 '먹고사는 문제'가 중심으로 등장한다. 경제가 안정될 경우 여당은 재집권을 이어가고 경제가 예상만큼 성과를 거두지 못하면 야당으로 전락하는 행태가 반복돼왔다. 경기도 순환되기 때문에 이른바 정권 10년 주기설도 그럴싸한 설득력을 갖는다. 여당이 승리해 전망투표라고 부르는 비전투표(1992년, 2002년, 2012년)나 야당이 승리해 회고투표라고 부르는 심판투표(1997년, 2007년, 2017년)를 막론하고 이는 마찬가지이다.

〈표 110〉 13대 대선 이후 대통령 당선인의 핵심 메시지

연도	메시지	주요 내용	비고
1987	보통사람들의 시대	알뜰살뜰 몇 년 모아 아담한 내 집 마련하는 나라	첫 직선
1992	新한국창조	노태우 정부 고도성장(연평균 9.22%)이 배경	재집권
1997	경제를 살립시다	외환위기, IMF구제금융 신청	정권교체
2002	특권과 반칙 없는 세상	국민의정부 성장률 5.62%(첫해 −5.1% 불구)	재집권
2007	경제대통령	부동산 폭등, 비정규직 양산 등	정권교체
2012	경제민주화·국민대통합	소득격차 확대, 실업률 증가	재집권
2017	일자리대통령	낮은 성장률(연 3.03%), 청년실업 확대 등	대통령 탄핵

※ 출처 : 데이터정경연구원(2019)

민주화 이후 처음 청와대를 차지한 이는 신군부 출신인 노태우 전 대통령이다. 6월 항쟁이라는 한국 현대사의 거센 파고를 넘은 그는 어쩔 수 없이 국민에게 직접 신임을 묻기 위해 직선대통령 도전에 나선다. 따라서 노태우 후보의 공약은 상당히 파격적이다 못해 급진적이었다. 임기 내 연평균 7% 경제성장, 실업률 4% 이하, 최저임금제 시행을 통한 근로자임금 연 800만 원 달성, 1인당 국민소득 5천200 달러, 연 2~3% 수준에서 지속적 물가안정, 임기 내 주택 200만호 공급 등을 주요 공약으로 내걸었다.

1986~88년에 걸쳐 우리 경제는 저달러, 저유가, 저금리 등 3저 현상을 만나 시중에 넘쳐나는 풍부한 유동성 때문에 유례없는 호황을 누렸다. 하지만

그 후유증도 적지 않아서 실업률과 소득격차가 늘고 주택이 부족해 서민들의 고통이 이만저만 아니었다.

노태우 후보의 공약 459건 가운데 두드러지게 진보적 색채를 보이는 공약이 다수인 까닭은 이와 같은 시대적 배경을 담고 있다. 저소득층 부담이 크고 고소득층 부담이 적은 역 누진성 의료보험제도를 개혁해 통합의료보험공단으로 출범시킨다는 공약도 그래서 이때 나온 것이다. 당시 의료보험조합은 직장 154곳, 농어촌지역조합 137곳, 도시지역조합 117곳, 공무원사립학교 1곳이 각각 독립적으로 운영되며 대표이사나 조합장 등 대부분의 간부직은 여권출신 낙하산 인사의 온상이었다. 또한 운영방식도 서로 달라 보험요율은 물론이고 보험료 매기는 기준을 다르게 했다. 그리고 지역조합은 소득파악이 힘들다는 이유로 가구원수, 자산, 소득, 자동차 등에 일일이 보험료를 부과해 농어민이나 도시영세민이 더 많은 보험료를 내는 기형적인 한계로 작용해 불만은 쌓이고 있었다.

최저임금제도는 1988년 1월 1일자로 시행됐지만 노태우 후보가 연소득까지 목표금액을 구체적으로 제시한 점도 평가할 만하다. 노동3권 완전히 보장 및 노사분쟁의 공정한 조정을 위한 노동심판소 설립, 토지공개념 확대, 대기업 출자총액제한 및 재벌의 소유·경영 분리, 종합대와 단과대 구분폐지 및 1990년부터 대학자율로 환원 등은 대표적인 진보공약으로 손꼽힌다.

그러나 무엇보다 토지공개념 도입과 더불어 200만 호 주택공급 공약이 돋보인다. 민정당은 보수당으로는 이례적으로 규제와 공급을 동시에 내세운 정책을 내세워 서민의 내 집 마련에 대한 욕구를 충족시키고자 했다. 그래서 '알뜰살뜰 몇 년 모아 아담한 내 집 마련하는 나라, 보통사람들의 시대'라는 핵심 메시지가 나온 것이다. 당시 공약 전반을 기획했던 민정당 정세분석실장 최병렬崔秉烈(전 한나라당 대표)은 재집권이 절실했기 때문에 오히려 진보적 의제에 주력했다고 여러 언론 인터뷰를 통해 전한다. 비록 김영삼 정부에서 실현됐지만 전면적인 지방자치선거실시와 대표적인 경제민주화 공약인 금융실명제를 약속한 대통령도 역설적으로 노태우 후보였다.

한편 주택문제는 2020년 지금도 여전히 킹핀이지만 첫 직선대통령 선거인 1987년 당시에도 큰 이슈였다. 1970~80년대 인구 증가와 급격한 도시화로 주택 보급률은 1975년 74.4%, 1980년 71.2%, 1985년 69.8%로 계속 떨어졌고 공급 부족으로 집값은 폭등했다. 국제수지는 1988년 이후 꾸준히 적자를 기록해 1991년에는 적자폭이 87억 달러에 이르렀다. 수입이 늘면서 소비자물가도 덩달아 연평균 7.8% 속도로 상승하며 당초 공약보다 2~3배 이상 급등했다. 주된 원인은 전두환 정부 말기부터 뛰기 시작한 집값이었다.

결국 노태우 정부 대선공약에 따라 1989년 4월 수도권 1기 신도시 개발 계획을 발표하고 분당·산본·일산·중동·평촌 등 5곳에 주택 200만 호 건설을 추진했다. 1992년 말 입주를 완료한 1기 신도시는 도시 중산층의 아파트 거주를 완전히 정착시켰고 주택 보급률은 1995년 86%까지로 껑충 뛰어올랐다.

〈표 111〉 제1기 신도시 건설현황

구분	성남 분당	고양 일산	안양 평촌	군포 산본	부천 중동
사업면적(Km²)	19.6	15.7	5.1	4.2	5.5
수용인구(천 명)	390	276	168	168	166
주택건설(천 호)	97.6	69.0	42.0	42.0	41.4
개발기간	1989~96년	1990~95년	1989~95년	1989~95년	1990~96년
개발주체	토지공사	토지공사	토지공사	주택공사	부천시, 토지·주택공사

※ 출처 : 데이터정경연구원(2020)/원시데이터 : 국토부 및 국회 국정감사 제출자료

1980년대에는 늘어나는 서울과 경기도 인구의 주택난을 수용하기 위해 목동과 상계동에 주택 중심의 도시 내 신도시(newtown in town)를 건설하며

대응했다. 이후 주택 200만 호 건설의 일환으로 수도권 내에 5개 신도시를 건설하는데, 이들을 '제1기 신도시'로 부른다. 1기에 속하는 5개 신도시는 업무, 주거, 상업, 공용의 청사, 체육시설 및 공원, 녹지 등 생활편익시설을 완비한 도시로 종합적인 계획을 수립해 건설했다. 그래서 지금도 이들 신도시는 여전히 많은 사람들의 사랑을 받는 주거 중심도시로 자리 잡고 있다.

1986~88년의 거품이 꺼진 이후 우리 경제도 성장률은 안정세를 찾는데, 노태우 정부는 주택공급을 늘리면서 주택가격을 제 궤도에 진입시킨다. 주택공급은 공공임대주택도 적지 않게 포함하는 진보적 정책을 취했는데, 그 때문에 김영삼 정부로 다시 한 번 재집권을 이어간 1993년에 서울 전세가격은 0%대 수준으로 뚝 떨어졌다. 또한 서울지역 매매가격은 임기 후반 3년 연속 마이너스 상승률을 기록한다. 이것이 민자당이 1992년 대선을 승리하는 데 가장 든든한 우군이었다.

〈표 112〉 1986~93년 사이 경제성장률과 주택건설실적 및 지가동향 (단위 : %)

연도	실질성장률	주택건설실적(천 호)		주택매매가격동향(%)		주택전세가격동향(%)	
		계	공공비율	전국	서울	전국	서울
1986	11.3	288	53%	−2.7	−4.4	5.7	4.4
1987	12.7	244	68%	7.1	2.0	19.4	18.3
1988	12.0	412	51%	13.2	9.1	13.2	7.3
1989	7.1	462	35%	14.6	16.6	17.5	23.7
1990	9.9	750	36%	21.0	24.2	16.8	16.2
1991	10.8	613	27%	−0.5	−2.1	1.9	3.9
1992	6.2	575	34%	−5.0	−5.4	7.5	7.8
1993	6.9	695	33%	−2.9	−3.2	2.4	0.4

※ 출처 : 데이터정경연구원(2020)/원시데이터 : 국토교통부

〈표 113-1〉 박근혜 정부 기간 경제지표 변화 : 종합(시장소득 기준)

실질 경제성장률	4년간 12.1% 증가	연평균 3.03%	MB정권 연3.34%
균등화 중위소득	4년간 330만 원 증가	연평균 82.5만 원	2016년 2,652만 원
상위20% 평균소득	4년간 565만 원 증가	연평균 141.3만 원	2016년 7,107만 원
하위20% 평균소득	4년간 39만 원 증가	연평균 9.8만 원	2016년 653만 원
공무원 평균연봉	4년간 912만 원 증가	연평균 228만 원	복지포인트 별도
공공기관 평균연봉	4년간 383만 원 증가	연평균 95.8만 원	복리후생비 별도

※ 출처 : 데이터정경연구원(2020)/원시데이터 : 한국은행, 통계청, 인사혁신처, 기획재정부

　박근혜 전 대통령이 탄핵당한 표면적인 이유는 최순실崔順實 일당의 국정
농단이지만 사실 그 기저에는 경제실정이 깔려 있다. 박근혜 정권 4년은 실
질 경제성장률이 3.03%에 머물렀다. 이는 1987년 민주화 이후 등장한 여섯
명 대통령 가운데 최저 성적표이다. 시장소득*을 기준으로 한 균등화** 중위
소득***은 4년간 330만 원, 연평균 82만 5천 원 증가에 그쳤다. 하지만 상위
20% 계층의 평균소득은 4년 사이 6천542만 원에 7천107만 원으로 565만 원
이 증가했다. 연평균 141만 3천 원 꼴이며, 사상 최초의 7천만 원 돌파다.
이에 반해 가장 못사는 하위 20%는 평균소득이 614만 원에서 653만 원으로
단 39만 원 증가에 불과했다. 연평균 증가금액은 단 돈 10만 원도 안 되며,
월평균으로 환산하면 겨우 54만 4천 원꼴이다. 그런데 상위 20% 계층의 소
득증가를 떠받든 건 바로 공무원을 비롯한 공공부문이다.

* 　근로소득 + 사업소득 + 재산소득 + 사적 이전소득 – 사적 이전지출이다. 사적이전지출
은 가구 간 이전지출과 비영리단체 이전지출을 포함한다.
** 　가구원수가 다른 가구 간의 후생(복지)수준을 비교할 수 있도록 OECD 방식에 따라 가구
소득을 $\sqrt{\text{가구원수}}$ 로 나누는 것을 균등화라고 한다.
*** 　가구 또는 개인의 소득금액을 크기 순서로 정렬했을 때 가장 가운데 위치한 소득금액을
말한다.

근로자가구 소득	4년간 208만 원 증가	연평균 52만 원 증가	2016년 3,116만 원
근로자 이외 가구 소득	4년간 1만 원 감소	연평균 0.3만 원 감소	2016년 2,201만 원

※ 출처 : 데이터정경연구원(2020)/원시데이터 : 통계청

또한 가구 형태별로 소득을 살펴보면, 근로자가구의 소득은 5천62만 원에서 5천216만 원으로 늘어났는데 균등화 처리를 하고나면 208만 원 증가한 3천116만 원이다. 이는 균등화 중위소득보다 464만 원이나 높다. 이는 공무원 임금상승이 주도했다. 기본급만 연 4.9%이고 복지포인트를 포함해 기타 정보비 등 인건비성 경비를 포함하면 연평균 5%, 총 1천만 원 가까이 올랐다. 공공기관 역시 복리후생비를 제외하고 봉급만 균등화 중위소득보다 많은 383만 원 인상됐다.

하지만 근로자이외 가구는 오히려 소득이 줄었다. 이들은 대부분이 자영업에 종사하는 약 550만 명*으로 절반 이상은 연간 매출액 4천600만 원 미만이다.** 심지어 연간 1천200만 원, 즉 월 100만 원 미만도 5분의 1 이상이다. 따라서 자영업 비중이 큰, 즉 서비스업 비중이 상대적으로 높은 서울·인천·경기도 등 수도권 3개 시·도에서 "홍준표 후보가 3위로 밀려난 이유는 바로 박근혜 정권의 서민경제 실패 때문"이다.

2014년은 박근혜 정권 4년 기간 중 실질경제성장률이 2년 연속 3%대를 기록한 해이다. 마침 2013년과 2014년 1, 2분기는 소득5분위배율***도 모두 전년 같은 분기 대비 하향세로 돌아섰으며 세계경제 또한 3.4%로 가장 높은 성장률을 보였기 때문에 한국경제는 수출 실적 역시 사상 최고기록(5천727억 달러)을 경신했다.

---

* 통계청 조사에는 2016년 12월말 현재 자영업자는 553만 명이다.
** 2017년 국세통계 자료
*** 소득 상위 20% 계층의 평균소득을 소득 하위 20% 계층의 평균소득으로 나눈 값이다.

특히 2014년의 경우 노인일자리를 포함해 단기 일자리사업의 증가와 최저임금 인상이 7.2%나 동시에 이루어지고 노동소득분배율*은 1년 전과 대비하여 1.1%가 개선되었다. 피용자보수**비율 역시 전년 대비 0.7% 증가하며 과세대상소득은 무려 30조 6천380억 원(6.2%)이 늘었다. 균등화중위소득도 2013년(3.5%)에 이어 2년 연속 3%대 신장률을 보인 해이기도 하다. 20대 이하 청년실업률 또한 박근혜 정부 기간 중 유일하게 한 자리수를 기록하는 등 각종 경제지표는 온통 장밋빛 일색이었다. 그 때문에 2014년 6월 지방선거에서 사실상 여당이 승리하고 이듬해 4·29 재·보궐선거까지 새누리당은 수도권 3전 전승을 이어나간다. 물론 지방선거 승리는 보름 후면 전면 실시될 기초연금에 대한 기대감도 적지 않게 작용하였다.

하지만 그 이후 곧바로 수출 증가세는 꺾이고 성장률도 3% 아래로 주저앉는다. 대외 개방경제 체제에서 주된 성장의 동력인 수출이 6년 만에 5천억 달러 미만으로 되돌아간 2016년 총선을 여당이 참패한 사건은 그래서 사실 어렵지 않게 분석할 수 있다. 2010년 6월 지방선거에서도 당시 여당인 한나라당은 완패했다. 그해 성장률은 6.8%를 찍었으나 1분기 소득5분위배율은 2009년(5.93)에 이어 하락세를 멈출 기미를 보이지 않았다. 그 배경에는 2009년 매우 저조한 경제성장률(0.8%)이 작용했다. 세계금융위기 여파 때문이었다. 따라서 대통령선거 구호로 경제대통령을 표방한 낙수효과커녕 오히려 서민경제를 위태롭게 하면서 여당 선거를 크게 망친 것이다.

하지만 이명박 정부는 임기 막판 3년을 평균 4.3%라는 비교적 높은 성장률로 마무리함으로써 정권재창출의 든든한 기반이 된다. 따라서 여당의 선거승리 역시 먹고사니즘이 핵심이다. 안정된 성장과 공평한 분배가 이루어

---

*   국민소득에서 노동소득(피용자 보수)이 차지하는 비율을 의미한다.
** 경제주체에 배분되는 소득 가운데 노동을 제공한 대가로 받는 임금 등을 가리킨다.

져야 집권 연장도 가능하다. 목표한 성장률과 연금확대, 서민일자리 등이 정
상적으로 성과를 발휘할 때 비로소 여당이 선거에서 승리한다.

〈표 114〉 분기별 균등화 처분가능소득 5분위 배율 (전국, 2인 이상) (단위 : 배)

연도	1분기	2분기	3분기	4분기
2003	5.28	5.04	5.28	5.00
2004	5.37	4.89	5.33	5.41
2005	5.70	5.15	5.32	5.21
2006	5.52	5.12	5.47	5.28
2007	5.70	5.18	5.52	5.34
2008	5.81	5.24	5.45	5.20
2009	5.93	5.16	5.48	5.23
2010	5.82	4.96	5.23	4.97
2011	5.66	4.89	5.19	5.15
2012	5.44	4.76	4.98	5.05
2013	5.23	4.68	5.05	4.61
2014	5.15	4.58	4.73	4.54
2015	4.86	4.19	4.46	4.37
2016	5.02	4.51	4.81	4.63
2017	5.35	4.73	5.18	4.61
2018	5.95	5.23	5.52	5.47

※ 출처 : 통계청/처분가능소득 = 근로 · 사업 · 재산 · 이전소득 − 공적이전지출(경상조세 등)

23

누구를 위한 세금폭탄인가?

가렴주구(苛斂誅求)라는 고사성어가 있다. 가혹하게 세금을 거두거나 백성들의 재물을 억지로 빼앗는다는 뜻이다. 《예기(禮記)》〈단궁편(檀弓篇)〉에 나온 구절이며 춘추시대 말기, 공자孔子의 고국 노나라 조정 실세였던 대부 계손자季孫子의 혹독한 수탈 정치를 비판하는 말이다. 예로부터 지나치게 세금을 거두면 농사를 짓던 백성들까지 직접 나서서 역성혁명에 가담해 임금을 바꾸기도 한다. 그만큼 공평과세는 동서고금을 막론하고 매우 중요한 사회적 이슈다.

박근혜 전 대통령은 후보 시절 총액 규모 134조 5천억 원의 공약가계부를 상세하게 공개했다. 박근혜 당대표 시절 비서실장을 역임한 유승민 의원은 2015년 4월 당시 새누리당의 국회 교섭단체 대표연설을 통해 현실적으로 이 약속을 지킬 순 없게 됐지만, 여야합의로 국민을 설득해 더 많은 세금부담과 더 많은 복지혜택을 누리는 이른바 '중(中)부담 중(中)복지 국가'를 제안하였다. 또한 그는 '세금을 올린 정당은 재집권에 성공할 수 없다'는 정치권의 금언을 언급하면서까지 매우 비장한 각오를 다짐했다.

2년 뒤 그의 말은 현실이 되었으며, 박근혜 전 대통령은 헌정사상 처음으로 탄핵이 결정된 불명예를 안고 말았다. 과연 무엇이 잘못되었기 때문일까? 박근혜 정부 4년은 결산기준으로 무려 60조 원 이상의 정부수입 증가를 불러왔다. 연평균 증가율은 경제성장률(3.03%)을 훨씬 뛰어넘는 4.39%이다. 가히 가렴주구라고 비판받아도 마땅한 수준이다. 이는 2014년 7월 1일 전면 실시된 기초노령연금과 브레이크 없이 널뛰기를 한 공무원 임금인상, 그리고 창조경제 및 문화융성사업에 대한 무리한 투자 등에 대한 추가 지출항목이 그 원인이었다. 더구나 누진성보다는 역진성이 강한 사회보험료(건강보험료, 국민연금료, 고용보험료, 장기요양보험료 등), 즉 사실상 준(準)조세를 매년 평균 8% 넘게 인상해온 것도 서민들에게는 매우 고통스러운 일이었다. 참고로 우리나라는 사회보험료를 조세에 포함시키지 않지만 OECD에서는 조세로 분류한다.

박근혜 정부는 조세 가운데 근로소득세가 두 자리 수, 무려 14.5%라는 높은 신장률을 보이며 가파르게 증가한 것도 대다수 중산층 이하 근로자에게는 매우 부당한 일이다. 가장 낮은 신장세를 보인 법인세조차 경제성장률보다 높은 3.37%였다. 국세, 지방세, 사회보험료를 통틀어서 4년 평균 증가율

〈표 115〉 박근혜 정권 기간 경제지표 변화 : 조세 신장세(2010년 불변가격 기준)

총조세	4년간 93조 6720억원 증가	연평균 6.46%	2016년 456조 835억원
국세·지방세	4년간 60조 4059억원 증가	연평균 5.84%	2016년 319조 507억원
국세	4년간 39조 5468억원 증가	연평균 4.87%	2016년 242조 5617억원
(근로소득세)	4년간 11조 7305억원 증가	연평균 14.5%	2016년 31조 9740억원
(법인세)	4년간 6조 1837억원 증가	연평균 3.37%	2016년 52조 1154억원
지방세	4년간 20조 8591억원 증가	연평균 9.37%	2016년 76조 4890억원
사회보험료	4년간 33조 2661억원 증가	연평균 8.01%	2016년 137조 328억원

※ 출처 : 데이터정경연구원(2020)/총조세 : OECD 기준

은 연간 6.46%, 경제성장률과 비교하면 무려 2배를 초과한다.

세월호 참사 직후 실시된 2014년 6월 지방선거에 사실상 승리했다고 판단한 청와대는 그 해 하반기부터 새로운 정책을 펼치며 승부수를 던진다. 공무원연금개혁, 노동개혁, 교육개혁, 금융개혁 등 이른바 4대 개혁이었다. 이중에서도 미흡하지만 그나마 박근혜 정부가 남긴 유일한 성과는 공무원연금개혁이다.

공무원연금은 만성 적자로 매년 수조 원씩을 정부에서 수혈을 받아야 하는 '세금 먹는 하마'였다. 2014년의 경우에만 2조 4천854억 원을 국민혈세로 보전해줘야 할 정도였다. 하지만 공무원연금에 손을 대면 공무원과 그 가족 전체를 적으로 돌릴 수 있기 때문에 그것이 두려워 역대 어떤 정권도 손을 대지 못하고 속수무책이었다.

하지만 박 전 대통령은 그런 위험을 감수했고, 당시 새누리당과 함께 공무원연금개혁에 드라이브를 걸었다. 사회적대타협기구를 출범시키고 여야 간 합의를 거쳐 마침내 '더 내고 덜 받는' 방식으로 개혁의 결실을 맺는다. 공무원연금개혁 법안은 2015년 5월 29일 마침내 국회를 통과했으며 8월 6일에는 박근혜 대통령이 대국민담화를 발표하고 국회통과를 자평했다. "공무원들의 이해와 양보를 바탕으로 매일 80억 원씩 국민세금으로 적자를 보전하던 공무원연금을 개혁해서 향후 70년간 497조 원의 국민세금을 절감하도록 하였습니다."

물론 박 전 대통령의 평가처럼 국가 전체로는 장기적인 재정절감을 이루는 대단한 성과라고 할 수 있다. 그러나 공무원 개개인 입장에서 보면 손해가 명백하다. 개혁안 통과로 먼저 공무원이 내는 보험료율은 5년에 걸쳐 7.0%에서 9.0%로 인상되었다. 만약 월 300만 원을 받는 공무원이 30년 동안 근무한다고 가정할 때 월 평균납부액은 약 28.6% 증가한다. 반대로 공무원이 받는 연금액의 비율은 20년에 걸쳐서 1.9%에서 1.7%까지 떨어진다.

역시 만약 월 300만 원을 받는 공무원이 30년 동안 근무할 경우 월평균 연금수령액은 약 10.5%가 감소한다. 연금 지급개시 연령도 국민연금과의 형평성을 맞춘다는 명목으로 2010년 1월 1일 이후 임용되는 공무원은 물론이고 1996년 1월 1일 이후 임용된 경우에도 2033년까지 단계적으로 65세까지 상향·조정이 된다.

이와 같은 엄청난 내용의 개혁에 대한 저항이었을까? 박근혜 전 대통령은 탄핵을 당하고, 이어진 19대 대선에서 자유한국당 홍준표 후보는 대선사상 최대 표차 패배기록을 갈아치웠다.

〈표 116〉 전체 근로자 기준 근로소득 5분위별 유효세율 (단위 : %)

소득5분위	2013년	2014년	2015년	2016년
5분위(상위 20%)	7.8	8.7	9.0	9.3
4분위(21~40%)	1.7	1.6	1.7	1.9
3분위(41~60%)	0.6	0.4	0.4	0.5
2분위(61~80%)	0.2	0.1	0.1	0.1
1분위(하위 20%)	0.0	0.0	0.0	0.0
전체	4.5	4.8	5.0	5.2

※ 출처 : 국회 예산정책처, 2017회계연도 총수입 결산분석/소득귀속년도 기준

2015년 연말정산 파동은 중산층에서부터 고소득층 근로자까지의 반란이다. 당초 정부는 2013년 중산층 기준을 과세표준* 3천450만 원에서 5천500만 원으로 강화하고, 이듬해 1월 1일자로 소득세법개정안을 통과시켰다. 세액공제**방식 변경을 통해 추가 세수를 1조 1천460억 원 정도 더 확보하기

---

* 세율을 결정하는 기준이다.
** 계산된 세액에서 또 한 번 빼주는 항목을 말한다. 대표적으로 자녀세액공제, 월세세액공제 등이 있다. 소득공제는 공제 이후의 세율이 곱해지기 때문에 소득이 높을수록 감면혜택이 높아지는 특징이 있으며, 세액공제는 소득에 상관없이 해당하는 항목에 대하여 동일

위해서였다. 야당은 물론이고 『조선일보』 등과 같은 보수신문까지 나서서 사설과 칼럼으로 반발하자 정부도 한 발 물러섰고 소급적용을 통해 4천215 억 원을 환급해주었다.

그럼에도 불구하고 중산층*은 1인당 약 1만 9천 원, 고소득층**은 1인당 2 만 1천 원의 추가 세금 납부가 이루어졌다. 물론 이는 평균치이며 소득이 높 으면 높을수록 그 부담은 높아지게 마련이다. 국회 예산정책처가 분석한 바 에 따르면, 근로소득세 유효세율***은 2009년 이후 꾸준히 상승하고 있다. 특히 소득분위별로 보면 고소득층으로 올라갈수록 유효세율도 덩달아 오르 는 것으로 나타난다.

〈표 117〉 이명박–박근혜 정권 기간 공시지가 상승률 비교 (단위 : %)

이명박 정권	전국	연평균 3.01%
	(수도권)	연평균 3.08%
	(시·군 지역)	연평균 3.11%
박근혜 정권	전국	연평균 5.79%
	(수도권)	연평균 4.69%
	(시·군 지역)	연평균 8.13%

※ 출처 : 데이터정경연구원(2020)/원시데이터 : 국토교통부

박근혜 정부 첫해에 소득상위 20%가 내던 근로소득세 유효세율은 7.8% 였으나 4년 만에 9.3%로 급등해 상승폭이 가장 두드러졌다. 소득상위 41~20% 사이도 미세하지만 유효세율 부담은 늘었다. 2016년 전체 근로소

한 감면을 받게 된다.
* OECD는 중위소득 50~150%에 해당하는 경우를 중산층으로 규정한다. 통계청에서도 같 은 방식으로 분류한다.
** 중위소득 200% 이상의 소득계층을 말한다.
*** 총 급여 대비 결정세액 비율을 말한다.

득자의 유효세율은 5.2%로 2008년(4.0%) 이명박 정부 첫 해보다 무려 1.2%가 급증했다. 이는 대부분 중산층 이상이 부담했다. 따라서 2015년 연말정산 파동을 일으키며 세금폭탄에 저항한 고액 소득자들은 바로 2016년 4월 총선에서 새누리당을 심판한 주역들이다.

박근혜 정부는 최경환崔炅煥경제부총리를 앞세워 '빚을 내서 집을 사라'는 정책을 밀어붙였다. 대선공약부터 시작된 이른바 부동산시장의 정상화는 세제, 금융, 재건축 등 전 분야에 걸쳐 규제를 풀며 부양책을 대놓고 쏟아냈다. 양도세 면제와 취득세 인하, 주택담보인정비율(LTV)과 총부채상환비율(DTI) 한도를 각각 70% 및 60%로 상향 조정했으나 시장반응은 미미했다. 그러자 또 다시 수도권그린벨트 해제, 공공택지 전매제한 완화 및 민영주택 청약가점제도를 사실상 폐지하는 내용을 담은 9·1 부동산대책을 발표하며 적극적인 시장개입에 나선다. 거기에 분양가 상한제 폐지, 초과이익환수제 폐지, 재개발 다주택자 분양허용 등 부동산 3법을 담은 12·23 대책을 발표하면서 강남을 중심으로 재개발·재건축 시장은 뜨겁게 타올랐다.

부동산경기를 통해 경제를 활성화하겠다는 최경환 경제팀의 발상은 불도저처럼 무모했으나 그 후유증은 매우 컸다. 그 마지막이 대통령 탄핵사태일 것이라고는 사실 아무도 몰랐다. 박근혜 정부의 부동산 규제 완화는 기어이 부동산시장 활성화로 이어졌다.

마침내 2015년 한 해 주택매매거래는 119만 3천691건에 이르며 역대 최대 기록을 경신했다. 수도권 주택매매거래량 역시 전년 대비 32.4%로 급등세를 보였다. 정부가 빚내서 집 사라는 정책을 권장한 까닭에 가계부채는 2015년과 2016년 연속 두 자리 수 증가율을 보이는 등 가빠르게 상승했다. 노무현 정부 당시인 2006년(11.8%) 이후 처음 나타나는 두 자리 수 기록이다.

노무현 정부도 임기 마지막 3년 가계부채 신장률이 평균 10.4%를 보이며 허무하게 정권을 내주고 말았다. 그 교훈 때문인지 이명박 정부는 임기 마지막 3

년 동안 평균 7.5%를 유지하면서 재집권에 성공했다. 하지만 박근혜 정부는 3년 평균 가계부채 신장률 9.7%를 기록하며 대통령 탄핵을 맞고 말았다.

부동산 가격, 특히 공시지가는 국세 가운데 상속세, 증여세, 종합토지세 등의 산정기준이다. 그리고 공시지가는 건강보험료 및 국민연금부담금 부과기준으로 쓰이기 때문에 공시지가 상승은 곧 보험료와 국민연금부담금 상승으로 이어진다. 공시지가는 또한 2015년부터 시행 중인 기초연금 수급대상자 결정기준에도 활용하고 있다. 공시지가가 상승하면 전·월세 가격도 동반 상승해 임차인에게 전가된다.

따라서 임차인들은 전·월세 가격을 올려줘야 하는 이중고에 시달릴 수밖에 없다. 그러나 가장 중요한 것은 지방세에서 높은 비중을 차지하는 재산세와 취득세 등을 매기는 기준이 된다는 사실이다.

박근혜 정부 말기인 2016년을 기준으로 부동산 보유 및 거래와 관련된 재산세와 취득세로만 32조 6천134억 원이 걷혔다. 이는 전체 지방세 대비 43.1%에 해당하며 이명박 정부 말인 2012년보다 10조 7천605억 원이 늘어난 금액이다. 비율로는 연평균 무려 12.3%가 급등한 것이다. 참고로 2012년 당시 재산세와 취득세는 전체 지방세의 41% 비중이었다.

〈표 118〉 가계신용 추이 (단위 : 조원, %)

	2012년	2013년	2014년	2015년	2016년
금액	963.8	1,019.0	1,085.3	1,203.1	1,342.5
전년동기증감율	5.2	5.7	6.5	10.9	11.6

※ 출처 : 한국은행

::::: 세금 올리면 선거에서 진다

김대중 정부와 이명박 정부 시절, 공시지가는 비교적 안정돼 있었다. 그런데 이를 승계한 노무현 정부와 박근혜 정부가 각각 들어서면서 공시지가가 경제성장률 이상으로 급등하기 시작한다. 노무현 정부 때는 수도권 대도시지역이 특히 상승했으며, 박근혜 정부가 들어서며 상대적으로 지방 시·군 지역이 크게 올랐다. 그 때문에 결과적으로 대도시는 도시서민이, 지방 시·군에서 농어민의 부담은 국세, 지방세, 사회보험료 등 할 것 없이 가파르게 늘어났다.

한나라당이 세금폭탄이라는 신조어를 만든 2006년 지방선거 당시 공시지가 상승률은 무려 18.56%를 찍었다. 2005년 처음 도입된 종합부동산세(종부세) 납부인원도 7만여 명에서 34만여 명으로 4.8배가 폭증하며 보수언론 등이 앞장서서 세금폭탄론에 불을 지폈다. 하지만 이명박 정부에서 공시지가는 세계금융위기까지 겹쳐 2009년 마이너스 신장률(-0.81%)을 기록했다. 이 때문에 이명박 정부는 연평균 공시지가 상승률(3.86%)을 낮췄으며, 정권재창출에 기여했다.

〈표 119〉 개별 공시지가 상승률 (단위 : %)

	전국	수도권	광역시	시·군
2019년	8.03	8.77	5.37	4.36
2018년	6.28	8.53	8.92	7.51
2017년	5.34	5.93	7.20	6.77

※ 출처 : 국토교통부/광역시는 인천 제외

하지만 박근혜 정부는 공시지가 연평균상승률(4.30%)을 높임으로써 국민부담을 가중시키고 20대 총선부터 3연패를 달렸다. 2017년 집권한 문재인 정부의 공시지가 연평균 상승률(6.55%) 역시 매우 위험 신호를 보이고 있다. 2019년 공시지가 상승률은 10년 사이 최고 수치를 기록했다.

한국은행이 매년 발표하는 주택가격 시가총액 합계금액을 보면, 김대중 정부 시절은 약 355조 원, 연평균 7.35% 올랐다. 그러나 노무현 정부는 1천 207조 원, 연평균 18.27%가 급등했다. 이명박 정부가 들어서며 753조 원(연평균 5.96%)으로 다시 진정시켰고 박근혜 정부도 주택가격은 비교적 안정세 (5.52%)를 유지했다. 그러나 땅값(5.3%)만큼은 이명박 정부(4.8%)보다 더 많이 오르며 서민들에게 부담이 되는 지방세와 사회보험료 등을 올리는 큰 부작용을 했다.

〈표 120〉 주택가격 시가총액 및 토지자산 순자본스톡 (단위 : 억원)

	주택가격	토지자산 순자본스톡
1997년	965조7,727	1,878조6,623
2002년	1,320조9,392	2,399조3,357
2007년	2,527조7,659	4,768조1,555
2012년	3,280조9,852	5,902조3,116
2016년	4,005조7,429	7,146조4,829

※ 출처 : 한국은행/명목, 연말기준

2005년 상반기 재·보궐선거 패배 이후 열린우리당의 과반수가 허물어졌다. 노무현 전 대통령은 한나라당에게 대연정을 제안하며 이를 돌파하려고 시도했다. 그것조차 박근혜 당시 당대표가 거부하자 공개 석상에서 캐나다 브라이언 멀루니Brian Murlroney 전 총리 사례를 여러 차례 인용하며 개혁의 완수를 다짐했다.

멀루니는 정권을 잃을 것을 감수하면서까지 재정적자 해결을 위해 조세개혁을 밀어붙인 우직한 정치가로 평가 받는다. 진보보수당은 1984년과 1988

년 총선에서 연속 과반수를 차지하며 상승 가도를 달렸다. 멀루니는 1979년 총선에서 소수정부로 9개월 집권한 조 클라크Joe Clark 전 총리를 제외하면 20년 자유당 정권을 무너뜨린 진보보수당 내 탁월한 지도자였다. 그런 멀루니는 1991년 과반의석을 바탕으로 당시 제조업에만 적용하던 7~10%의 연방부가세(MST)를 모든 업종으로 확대하는 조세개혁 법안을 강행·처리했다. 세수증대를 위한 고육지책이었지만 그 대가는 혹독했다.

주요 여론조사에 따르면 당시 캐나다인은 80%가 연방부가세 도입을 반대했다. 그럼에도 불구하고 진보보수당은 재정적자 해결을 위한 불가피한 조치라며 국민을 설득했다. 하지만 세제개혁의 역풍은 너무나 거세 1993년 선거에서 169석의 진보보수당은 단 2석만 겨우 남기고 전멸했다. 당시 보수당과 경쟁하던 자유당은 연방부가세 철폐를 선거공약으로 내걸고 9년 만에 재집권에 성공했다.

그런데 장 크레티앙Jean Chrétien 총리의 자유당은 집권 후 연방부가세 철폐를 차일피일 미루더니 나중에는 사실상 공약 자체를 폐기해버렸다. 재정적자 누적을 우려했기 때문이다. 그 덕분에 1997년 캐나다는 정부재정이 흑자로 전환됐다. 노무현 전 대통령이 인용했던 것처럼 연방부가세 도입약속으로 진보보수당은 민심을 잃고 참패했다. 그러나 오히려 제도철폐를 주요 공약으로 내걸고 집권한 자유당은 이를 유지함으로써 재정흑자를 실현하고, 연방부가세가 장기적으로 국가를 살리는 데 효자 노릇을 했다는 점이다.

노무현 전 대통령 역시 종합부동산세 도입 강행으로 세금폭탄 논쟁을 불러온 2006년 지방선거 참패에 이어 2007년 정권까지 내주고, 2008년 총선에서도 대패를 당하는 등 어려움을 겪었다. 증세는 언제나 양날의 칼이라는 사실이다.

프랑수아 올랑드 전 프랑스 대통령도 집권 직후 2012년 부유세를 도입했다. 올랑드는 대선 당시 프랑스의 만성 재정적자를 타개한다는 명분으로

100만 유로 이상 초고소득자에게 최고 세율 75%의 소득세를 부과하고 법인세율도 올린다는 공약을 내걸었다.

그러나 헌법재판소가 개인 부유세에 대해 위헌이라며 제동을 걸자 100만 유로 이상을 지급하는 기업에게 부유세를 물리는 방식으로 변경해 이를 강행했다. 그러자 기업들과 고소득 연봉자가 많은 프로 축구단 등이 거세게 반발하며 프랑스 탈출이 이어졌다.

프랑스 경제인연합회는 "기업에게 너무 과도한 조치로 효과도 없는 제도"라며 제도 철폐를 요구했다. 프로 축구단도 정부정책에 항의해 "경기일정 취소까지 불사하겠다"면서 정면으로 맞섰다. 고액 납세자들과 기업들의 이탈이 이어지자 올랑드 정부는 당황했고, 제도 도입 2년 만에 부유세 포기를 선언한다.

프랑스 재무부가 공개한 바에 따르면 부유세로 거둔 세금은 2013년 2억6천만 유로, 2014년 1억6천만 유로 등 총 4억2천만 유로(약 5천600억 원)에 불과하다. 이는 전체 소득세 700억 유로의 1%에도 미치지 못한다. 또한 납부대상자도 2천~3천 명에 그쳐서 재정적자 타개라는 명분은 보잘 것이 없었다.

올랑드의 집권 사회당은 2014년 유럽의회 선거에서 3위로 밀려났으며, 2015년 레지옹 지사 선거에서는 15석을 잃는 대참패를 당했다. 그리고 나서도 재정적자가 계속 이어지고 두 자리 수 실업률을 해결하지 못해 올랑드의 국정지지율은 수치스러운 4%, 탄핵 당한 박근혜 전 대통령과 동률을 기록했다. 결국 부유세 도입은 2017년 프랑스 대선 때 올랑드가 제5공화국 대통령 가운데 유일하게 재선 도전장도 내밀지 못한 결정적인 이유가 됐다.

박근혜 전 대통령도 세수 확대를 위해 2015년 담배소비세 인상을 강행했다. 명분은 국민건강을 위한 금연운동을 내걸었으나 사실 담배 값 인상이 금연과 상관관계를 갖는다는 명확한 연구결과는 없다. 담배 값 인상은 2005년 이후 10년 만의 일이었다. 게다가 새롭게 개별소비세까지 도입했기 때문

에 사실상 서민증세의 성격이 짙었다. 담배 값은 한꺼번에 2천 원이나 인상
돼 후폭풍은 거세게 불었다. 담배세는 2015년 3조 5천276억 원이 더 걷혔다.
2016년에도 사상 최고치를 기록해 인상 전보다 8조 9천132억 원을 더 늘렸
다. 이로써 2015~16년 두 해 동안에만 국세·지방세 증가분(50조 8천500억
원)의 무려 17.5%를 담배세로만 거둬들였다. 그 때문에 극에 달한 서민들의
분노가 2016년 4월 총선 때 새누리당을 등 돌리게 한 원인의 하나가 되었다.
이처럼 앵그리 보터(angry voter)는 불공평한 세금, 명분 없는 증세 때문에 나
타난다.

24

경제를 아는 지도자가 승리를 부른다

2012년 5월 집권한 프랑수아 올랑드 프랑스 전 대통령은 집권 5년 기간 동안 분기평균 실업률 10.03%라는 부끄러운 기록을 남겼다. 총 20분기 가운데 무려 12분기나 두 자리 수 실업률이었으니 이 신기록 행진은 당분간 쉽게 깨지진 않을 것이다. 그나마 올랑드의 최저 실업률은 전임자 사르코지 전 대통령의 영향력이 남아 있던 2012년 3분기(9.35%)이다.

2017년 5월 에마뉘엘 마크롱이 엘리제궁을 인수하면서 프랑스 실업률은 곧바로 10% 미만, 한 자리 숫자로 떨어졌으며 2018년 4/4분기부터 8%대로 차츰 하향 안정세를 유지하고 있다. 2019년 3/4분기까지 평균 8.94%이며 최저 8.46%(2019년 2/4분기)까지 하락한 바 있다. 물론 6.3%대인 유럽연합(EU) 평균치와 3%대 초반으로 완전고용에 가까운 이웃나라 독일과 비교하면 여전히 높은 수준이지만, 단기간에 1% 이상을 낮췄다는 점에서 그 의의가 있다. 이와 같은 성과를 남긴 배경은 과연 무엇이었을까?

무려 17년 만에 사회당 정권을 되찾아온 올랑드는 고용을 늘리고 실업률을 줄이겠다는 포부를 갖고 전통적인 좌파정책을 밀어붙였다. 그 결과는 세금을 투입하는 방식의 손쉬운 공공부문 일자리 증원이다. 2016년 현재 프랑스 공무원 숫자는 약 570만 명으로 전체 취업자 수의 무려 21.3% 비율이다. 그중 계약직 공무원과 보조금을 지급해 일시적으로 고용하는 프로젝트공무원 숫자도 58만 명이 넘는다. 물론 철도, 전력, 임대주택건설 및 관리 등 공공부문을 모두 포함하면 그 비율은 훨씬 높아질 것이다. 공공부문은 부가가치를 생산하지 않기 때문에 기본적으로 비효율적일 수밖에 없다. 그래서 프랑스는 GDP에서 공공부문 지출이 차지하는 비중이 매우 높다. 이를 감당하기 위해 해마다 많은 외채를 끌어다 썼으며, 1992년부터 유럽연합으로부터 GDP 대비 3% 이내로 적자를 억제하라는 권유를 받아왔다. 그럼에도 불구하고 올랑드는 재임기간 공무원만 약 18만 명 가까이 늘렸다.

〈표 121〉 2012년 이후 프랑스 공무원 증감 추이 (단위 : 백명)

	2011년	2012년	2013년	2014년	2015년	2016년	2017년
중앙정부	24,662	24,508	24,765	24,756	24,775	25,030	24,503
지방정부	18,818	19,128	19,514	19,815	19,842	19,772	19,022
공립병원	11,452	11,532	11,726	11,836	11,866	11,893	11,734
합계	54,932	55,168	56,004	56,407	56,483	56,695	55,259

※ 출처 : 프랑스 국립통계청. 공공서비스현황에 대한 연례 보고서(2018년)/해외영토 마요트 제외, 보조금 · 계약직 포함

프랑스 공무원 월평균 보수는 2015년 현재 계약직과 프로젝트별 보조금직을 모두 포함해 2천225유로, 연봉으로 환산하면 2만 6천700유로이다. 이는 정규직 여성평균노동자(2만 1천136유로) 및 남성평균노동자(1만 9천274유로) 임금과 비교하면 각각 26.3%와 38.5%나 높다.[*] 즉 프랑스 역시 우리나라 못지않게 공무원이 꿈의 직장이다. 또한 올랑드 집권기간 경제성장률은 연

---

[*] 정규직(풀타임)과 비교한 수치이기 때문에 비정규직(파트타임)을 포함할 경우 차이는 더 날 것이다.

평균 0%대(0.81%)에 머물렀지만 공무원보수만큼은 그 세 배 이상 끌어올리며 교원노조와 국철(SNCF)노조 등의 호응을 받았다.

그런데 공공부문 일자리를 늘리고 보수까지도 올려준 올랑드 정부의 GDP 대비 공공부문 지출 비중은 꾸준하게 늘어난다. 2016년 공공부문 지출은 GDP 대비 무려 53%이며 이는 이웃 독일(45.5%)이나 네덜란드(43.6%)보다 7~9%가 높다. 유럽연합 28개국 평균(44.7%)보다 8% 이상 높고 심지어 국가부도사태까지 간 그리스보다 3% 이상 높다. 금액으로 보면 2016년 현재 2조 467억 유로이며 이는 연평균 3.0%씩 증가한 금액이다. 즉 공무원 평균보수보다 강력한 노조의 교섭력이 뒷받침 된 공기업 등 보수가 더 올랐기 때문이다.

〈표 122〉 2015년 프랑스 공무원 월평균 급여

	전체 공무원	중앙정부	지방정부	병원공무원
2015년 월평균 보수	2,225	2,500	1,898	2,249
올랑드정부 평균 인상률	2.54	2.24	2.76	2.96

※ 출처 : 데이터정경연구원(2020)/원시데이터 : 프랑스국립통계청

〈표 123〉 유럽 주요국 공공부문 총지출 비중 추이 (단위 : %)

	2011년	2012년	2013년	2014년	2015년	2016년
프랑스	51.1	52.1	53.1	53.1	53.2	53.0
독일	44.4	44.9	45.0	44.9	45.0	45.5
네덜란드	42.4	42.8	43.6	43.6	42.6	43.6
EU28	44.1	44.7	45.4	45.1	44.7	44.7
그리스	43.9	46.9	49.2	46.7	47.9	49.5
스위스	33.6	33.6	33.8	33.6	34.7	34.5
영국	38.3	37.4	38.3	37.5	37.7	38.2

※ 출처: eurostat/단, GDP에 대한 비율

그러나 이와 같은 공공부문 팽창은 결국 올랑드로 하여금 파국을 맞게 한다. 올랑드는 2017년 대선을 앞두고 사회당 경선조차 포기했으며, 그를 대신해서 나선 브누아 아몽Benoit Hamon 전 교육부장관은 여당 후보임에도 불구하고 겨우 6.36%의 득표율로 5위로 낙선하고 말았다. 이어진 총선에서도 사회당은 기존 280석에서 30석으로 대참패했으니 그 주요 원인은 공공부문 팽창에 따른 경제실정이다.

올랑드는 연금정책도 실패했다. 사르코지 전 대통령은 2010년 연금개혁법으로 극심한 갈등을 겪었으나, 연인원 35만 명이 참가한 국가개혁회의를 통해 60세 정년을 62세로 연장해 재정을 절감하도록 했다. 또한 공무원 연금의 보험료율을 큰 폭으로 올리고, 수령액이 지나치게 많은 공적연금을 개혁하여 국민연금 개혁에 대한 반발을 줄였다. 이른바 더 내고 덜 받는 방식이다. 하지만 2년 후 정권을 탈환한 사회당 올랑드 전 대통령이 정년 연장을 원 위치시키는 포퓰리즘 정책을 채택·강행하였다. 그 결과 연금지출 비중은 급증하면서 재정은 다시 악화를 가져왔고, 사회당은 2017년 대선과 총선에서 궤멸상태까지 가버렸다.

〈표 124〉 프랑스 연금지출 추이 (단위 : %)

연도	2010년	2011년	2012년	2013년	2014년	2015년	2016년
연금지출비율	13.2%	13.3%	13.7%	13.9%	14.0%	13.9%	15.0%

※ 출처 : OECD/단, GDP에 대한 비율임

올랑드 정부에서 대통령실 경제수석 및 경제장관으로 연달아 발탁된 마크롱은 일자리 창출과 경쟁 촉진을 위한 과감한 규제개혁을 골자로 하는 이른바 마크롱법 제정 추진에 나선다. 하지만 전통 좌파정부 아래에서 도저히 벽에 부딪쳐 그 실현이 불가능하다고 판단, 독자적인 정치세력화에 나섰다. 그것이 바로 중도좌파 앙 마르슈(En Marche!), 전진당이다.

마크롱의 전진당은 2017년 대선에서 주요 캐치프레이즈로 노동개혁과 공공부문개혁을 내걸었다. 특히 만성적인 재정적자의 가장 큰 원인인 공공부문일자리 늘리기에 제동을 걸고 공무원 감축을 제1호 공약으로 내거는 모험을 감행했다. 마침 제1야당 후보인 프랑수아 피용 전 총리 역시 구체적인 수치까지 제시하며 50만 명 공무원감축 공약을 경쟁적으로 제시했다.

2017년 5월 집권한 마크롱은 맨 처음 공공부문 개혁부터 뚝심 있게 밀어붙였다. 하원을 60% 이상 차지한 여당의 도움이 있었지만 그래도 고비는 있었다. 노란조끼 시위로 학교와 교통, 그리고 전력 등 전 국정이 마비되다시피 하며 대통령지지율이 급락했지만 전혀 굴하지 않았다. 여론에 일희일비 하지 않고 마크롱은 정면 돌파를 선택했다. 전국을 돌며 대국민 토론회를 열고 지금 개혁하지 않으면 안 된다고 그 이유를 하나하나 설명했다. 심지어 지방 소도시까지 찾아가 6시간씩 자리를 지키고 열띤 토론을 직접 들었다. 부분적인 양보를 했지만 공공부문개혁 만큼은 원칙에서 양보하지 않았다. 그리고 토론회를 거친 공무원 감축안을 포함한 공공부문개혁안을 의회에 제출했다. 공무원과 공기업노조를 중심으로 반발했지만 한 치도 물러서지 않았다. 이렇게 해서 마크롱 대통령은 기어이 프랑스의 비대한 공무원 인력 12만 명을 감축하고, 절감한 예산으로 경제 활력 제고에 착착 투입 중이다.

한편 마크롱이 집권한 2년 동안 약 37만 개의 일자리가 늘었다. 이 가운데 4분의 1 이상이 제조업 분야에서만 양질의 일자리가 늘어났다는 반가운 소식이다. 그 때문에 외국인 투자가 물밀 듯 몰려오자 2018년 다보스 포럼에 참석한 마크롱은 "프랑스가 돌아왔다"고 큰 목소리로 선언했다. 공공부문개혁 가속의 페달을 밟은 마크롱은 이제 국회의원 숫자를 줄이고, 지방자치단체 단계를 축소하는 2단계 개혁에 돌입하겠다는 야심찬 계획도 밝히고 있다.

2019년 5월, 임기 2년 차에 실시된 유럽의회의원 선거에서 마크롱의 전진당은 낮은 대통령지지율에도 불구하고 선방했다. 모두의 예상과 달리 의석은 공동 1위로 수성했다. 득표율 1위를 마크한 극우 국민연합의 집권 가능성은 거의 없기 때문에 마크롱의 앞길은 활짝 열린 것으로 보인다.

〈표 125〉 2019년 유럽의회의원 선거 프랑스지역 결과 (단위 : %, 석)

	국민연합	전진당	녹색당	공화당·중도연합	불복프랑스	사회당
득표율	23.34	22.42	13.48	8.48	6.31	6.19
의석	23	23	13	8	6	6

※ 출처 : 프랑스 내무부

프랑스 공무원의 보수결정 방식은 독특하다. 1983년 7월 13일 제정된 법률 규정에 따르면 "공무원노조는 보수수준 결정에 대한 예비 협상을 국가차원에서 정부와 주도할 수 있는 자격을 갖고 있다." 즉 민간 부문에서처럼 단체교섭을 따르지 않으며 다양한 직군에 따라 법령이 정한 규제조항에 따른다. 또한 사회적 타협을 통해 자원관리 차원이라는 측면에서 일반 법령이 허용하는 방식으로 정한다. 그리고 공공지출을 규제하는 것은 오로지 행정부에 달려 있다. 결국 대통령의 강력한 의지에 따라 공무원보수도 동결 가능하며, 공무원 숫자도 감축할 수 있다. 마크롱이 불도저처럼 공공부문개혁을 추진해온 법적 근거이다.

독일연방 앙겔라 메르켈 총리는 국민의 인기를 등에 업은 개혁정책으로 4기 연속 집권 중에 있다. 특히 그가 주안점에 둔 정책은 공무원감축을 통한 공공부문 개혁이다. 집권기간 내내 공공부문지출 비율을 GDP 대비 44~45% 수준에서 안정적으로 유지하고 있다. 그만큼 국민 세금을 아끼고 있다는 반증이다.

기민/기사연합의 메르켈은 2005년 총선에서 승리한 후, 연방공무원 감축을 통해 2009년 총선에서도 연속 승리했다. 2009년 총선에서는 우파인 자민당과의 연정으로 연방공무원 감축을 지속적으로 추진했고 2013년 총선에서도 또 다시 승리했다. 2015년까지 연방공무원을 계속 감축한 후 2017년에는 소폭 증가했으나 그래도 총선에서 승리했다. 하지만 메르켈이 승리한 네 차례의 총선 가운데 가장 저조한 득표율이다. 그 대신 메르켈 집권 2기인 2009년부터 독일은 연금지출 비중이 완만한 하락세를 모이며 재정절감의 효자 노릇을 톡톡히 하고 있다.

독일은 급속한 고령화와 경제성장 둔화 때문에 일찍부터 연금개혁을 시작했다. 슈뢰더 정부 말기에 '자동조정장치'를 도입해 인구구조와 노동시장변화를 반영하는 연금산식을 2005년부터 시행한다. 이어서 메르켈 정부인 2006년에 보험료율을 0.2% 인상하고, 이듬해에는 연금수급 개시연령을

〈표 126〉 연도별 독일 연방공무원 숫자와 총선결과 (단위 : 천명)

연도	공무원수	총선 결과
2017년	493	집권연정 기민/기사연합 득표율 32.9%, 사민당 20.5%
2016년	489	
2015년	489	
2014년	496	
2013년	503	집권연정 기민/기사연합 득표율 41.5%, 사민당 25.7%
2012년	513	
2011년	524	
2010년	530	
2009년	534	집권연정 기민/기사 득표율 33.8%, 사민당 23.0%, 자민당 14.6%
2005년	561	집권연정 기민/기사연합 득표율 35.2%, 사민당 34.2%
2004년	569	

※ 출처 : 데이터정경연구원(2020)/단, 연방공무원은 군인 및 판사를 포함한다.

〈표 127〉 독일 연금지출 추이 (단위 : %)

연도	2009	2010	2011	2012	2013	2014	2015	2016
연금지출비율	11.0	10.6	10.2	10.2	10.1	10.0	10.1	10.1

※ 출처 : OECD/단, GDP에 대한 비율임

2012년부터 2029년까지 단계적으로 2세 올리도록 하였다. 공공부문개혁의 일환인 독일연금개혁은 세대 간 형평성에 맞도록 현재도 지속적으로 진행 중이다. 따라서 공무원감축과 연금개혁, 이 두 가지 공공부문개혁은 메르켈 정부를 지탱해온 중요한 두 가지 축이다. 하지만 우리 한국은 2015년 한 차례 공무원연금개혁을 실시했으나 여전히 갈 길이 멀다. 군인연금개혁은 아예 손조차 대지 못하고 있다.

〈표 128〉 박근혜 정부 기간 공공부문 지표 변화

공공부문 피용자보수	4년간 25조 362억 원 증가	연평균 5.73% 증가
중앙정부 공무원 인건비	4년간 4조 2,030억 원 증가	연평균 4.92% 증가
교육청 정규직 인건비	4년간 6조 4,360억 원 증가	연평균 5.38% 증가
공무원연금 적자보전금	4년간 9조 9,447억 원	연간 2조 4,861억 원
군인연금 적자보전금	4년간 6조 3,867억 원	연간 1조 5,967억 원
양대 연금 충당부채	4년간 315조 7천억 원 증가	연평균 18.1% 증가

※ 출처 : 데이터정경연구원(2020) / 2010년 불변가격 기준 / 교육청 정규직 인건비 = 공·사립 교원 및 교육행정직 등

공무원감축을 통한 공공부문개혁은 최고의 경제 살리기 정책이다. 그 반대로 공공부문을 팽창시키면 민생이 파탄 나고 정권도 덩달아 망한다. 박근혜 전 대통령이 탄핵 당한 직접적인 이유는 국정농단 사태이지만, 그 이면에는 공공부문 팽창이 자리 잡고 있다. 박근혜 정부 4년 동안 공무원인건비, 교육공무원 인건비, 공무원을 포함한 공공부문전체 인건비의 연평균증가율은 무려 5.73%이다. 이는 연평균 경제성장률(3%)보다 높고 전체 노동자 연평균 임금상승률(3%)* 보다 두 배 가까이 된다. 대부분이 공무원보수 절반 정도밖에 받지 못하는 노동자들이 뼈 빠지게 일해서 내는 세금으로 공무원보

* 고용노동부의 고용형태별근로실태조사 결과, 1인 이상 근로자의 2012년(252만 7천원) 및 2016년(283만 3천원) 월평균임금 비교이다.

수 인상에 쓰이는 셈이다. 이를 국민들이 결코 가만히 놔둘 리 없다. 역대 선거에서 유권자들의 반응을 보면 확실하게 알 수 있다.

김대중 정부는 외환위기 극복을 위해 공무원연금 지급대상이 되는 공무원 숫자를 대폭 감축했다. 1998년 제정한 「국가공무원 총정원령」 제2조에 '국가공무원 정원의 최고 한도는 27만 3천982명으로 한다'고 명시했다. 그 결과 집권 5년 기간 동안 5만 925명, 연평균 1만 명 이상 공무원을 잘라내는 고통을 감내했다.

대통령직인수위는 1998년 1월 경찰과 교원을 제외한 국가직 및 지방직 등 전 분야에 걸쳐 정원의 10%인 5만 명 감축 목표를 발표했으며 이는 조기 달성했다. 특히 집권 직후인 1998년(2만 9천605명)과 1999년(3만 8천263명), 그리고 2000년(4천736명) 등 3년 사이에만 무려 7만 2천 명 이상을 감축했다. 더불어 공기업 해외 매각과 합병 및 민영화를 통해 총 14만 명 이상의 공공부문인력 구조조정을 단행했다. 이는 김대중 발간 『21세기 시민경제 이야기』에 소개돼 있다. 결국 2002년 12월 대선에서 새천년민주당이 재집권하게 된 가장 큰 배경이다.

그러나 「국가공무원 총정원령」 제3조 '행정자치부 장관은 총정원의 범위 안에서 정원 운영의 합리성을 높이기 위해 3년마다 정원 감축계획을 수립해 시행해야 한다'는 규정이 2002년 이후 제대로 지켜지지 않아 2002년 대선에서 신승하게 된 원인으로 작용했다. 특히 노무현 정부 당시인 2005년 철도청을 공사화 한 이후 2만9천756명을 전체 공무원 수에서는 제외했으나 「국가공무원 총정원령」의 최고 한도는 고치지 않는 편의적인 해석으로 매년 공무원을 늘렸다. 그래서 노무현 정부 5년간 공무원 증가는 무려 9만 935명, 철도청으로 빠져나간 숫자를 포함하면 무려 12만 명에 달한다. 물론 이는 고스란히 국민의 세금부담이며, 2007년 대선에서 집권여당이 무려 530만여 표 차이로 대패하는 결과로 이어졌다.

〈표 129〉 국민의정부 이후 공무원 숫자 변화 및 선거 결과 (단위 : 명)

연도	공무원연금 대상자	연금퇴직자	연금대상 순증감	비고
2018	1,160,586	37,710	40,128	문재인 정부 2년차/총 52,614명 증가
2017	1,120,458	37,059	12,486	대통령 탄핵, 정권교체
2016	1,107,972	38,398	14,934	43,500명 증가(연+1.02%) 여당 총선패배
2015	1,093,038	40,340	11,891	
2014	1,081,147	44,010	8,537	지방선거 무승부 및 재보궐선거 여당 승리
2013	1,072,610	29,364	8,138	
2012	1,064,472	35,408	6,514	42,700명(연+0.84%) 증가, 여당 과반수, 재집권
2011	1,057,958	26,163	5,551	
2010	1,052,407	30,035	4,510	2009년 공무원 급증영향으로 여당 지선참패
2009	1,047,897	24,280	17,641	
2007	1,021,771	30,909	12,626	연평균 18,187명 증가(+1.95%) 정권교체
2006	1,009,145	30,021	22,806	참여정부 최대 증가, 지방선거 대참패
2002	930,835	23,095	17,643	50,925명 감소(연-1.04%), 재집권(신승)
1997	981,759	33,989	10,456	외환위기

※ 출처 : 데이터정경연구원(2020)

그럼에도 불구하고 작은 정부를 표방하고 출범한 이명박 정부조차 2009년 공무원 1만 7천641명을 늘렸다. 그 영향은 이듬해 지방선거로 이어져 한나라당이 참패하는 데 큰 몫을 하게 된다. 그것이 교훈이었을까? 2010년부터 3년간 이명박 정부는 강도 높은 공무원정원 억제 정책을 통해 단 1만 5천575명만을 늘린다. 연평균 5천525명이다. 이것은 결국 2012년 정권재창출의 든든한 배경이 된다.

박근혜 정부는 2013~14년 공무원 증원은 1만 명 이내로 억제하며 2014년 지방선거에서 선전했다. 하지만 이후 공무원연금개혁을 추진하면서 오히려 공무원 숫자는 더 늘렸다. 즉 2015년과 2016년 두 해 동안 2만 6천825명을 늘리고 국민의 세금을 축냈다. 이율배반적 행동을 보인 것이다. 그 결과는 바로 2016년 총선에서 새누리당 2위, 2017년 정권교체로 이어졌다.

국가직 공무원으로만 한정하면 이명박 정부는 순증가 숫자를 연도별로 4천 명 이내로 묶었다. 대선과 총선 1년 전인 2011년에는 1천 명 이내로 적극 억제해 2012년 총선과 대선에서 새누리당 승리로 연결시켰다. 하지만 박근혜 정부는 임기 첫해를 제외하고 해마다 국가공무원 6천 명 안팎의 순증가를 가져왔다. 특히 2016년은 국가직공무원은 현원으로만 보면 2015년에 비해 1만 2천495명이라는 급증을 보인다.

결국 이것이 2016년 총선에서 예상치 못한 새누리당의 패배로 작용했고 국민적 저항인 촛불의 한 원인이 되고 말았다. 이처럼 공무원 수 증감은 직접 눈으로 확인할 순 없지만 유권자들이 정확하게 반응한다.

:::: 공무원을 섬기는 정권은 지속불가능하다

1997년 대선에서 우리 국민은 외환위기 극복을 위한 구원투수로 김대중 전 대통령을 선택하였다. 하지만 국민의정부는 집권 첫 해 마이너스 경제성장률(-5.1%)을 기록하였으며 그 후유증은 2년 뒤에야 겨우 회복할 수 있었다.

대통령직인수위를 설치한 김대중 당선인은 4~5조 원의 세수 삭감을 예측하고 이미 실행예산(안)까지 다 짜여진 1998년 예산에서 10%가 넘는 약 8조 원의 마이너스 추경편성을 요구한다. 재정경제부는 경부고속철도, 신공항, 방위력개선 등 시급하지 않은 대규모 국책사업에서 7조 원을, 나머지 1조 원은 일반 행정경비 긴축 및 공무원임금 삭감 등으로 제시했다. 그렇게 해서 첫해 삭감된 공무원 임금규모만 무려 5천150억 원이다.

특히 1998년에는 이미 지급하기로 약속된 예산에서 직급에 따라 기본급 10~20%와 기말수당 40~80%씩 자진 반납을 받아 실업대책 추경 재원으로 사용했다. 그리고 공무원임금은 1998~99년 연속으로 각각 4.1% 및 0.9%

삭감해 인건비 절약예산 총액은 무려 8천165억 원에 달했다. 현재 가격기준으로 4조 원이 넘는 엄청난 규모다. 이는 공공근로사업과 실업자 생계보조금, 그리고 영세자영업자 생활안정자금융자금 및 직업훈련지원금 등에 투입했다. 특히 1998년 4월 초부터 조기집행을 함으로써 목마른 서민들에게 갈증을 해소하도록 도왔다.

그 결과는 1998년 6·4지방선거에서 국민회의-자민련 공동여당이 압승하는 데 단단히 한몫을 했다. 시·도지사는 10 대 6석으로 여유 있게 한나라당을 앞서고 시·군·구청장도 113석 대 74석으로 일방적으로 눌렀다. 시·도의원은 더욱 벌려서 398석 대 253석이다.

10년 후 이번에는 국제 금융위기가 발발하자 5%대를 유지하던 성장률이 2008년 3%와 2009년 0.8%로 곤두박질쳤다. 이명박 정부는 2009년과 2010년 2년 연속으로 공무원 임금을 동결하였다. 하지만 2010년 6·2지방선거에서 집권 한나라당은 참패했다. 시·도지사(6석 대 7석)와 시·군·구청장(82석 대 92석), 그리고 시·도의원(288석 대 360석)까지 민주당에게 크게 밀리고 말았다. 2009년 공무원 숫자를 크게 늘리고 2010년에도 적지 않게 늘렸기 때문에 임금동결은 눈 가리고 아웅으로 비쳤던 것이다.

헌정사상 유일한 탄핵기록을 남기고 있는 박근혜 전 대통령도 사실 중간평가에서는 썩 괜찮은 성적표를 받아들었다. 2014년 6·4지방선거는 집권 새누리당이 오랜만에 선방했다. 세월호 참사 직후라는 매우 불리한 여건임에도 불구하고 시·도지사(8석 대 9석)는 거의 대등하였으며, 시·군·구청장은 새정치연합에 117석 대 80석으로 크게 앞섰다. 시·도의원은 정원 2천898석 중 1천413석으로 절반에 가깝다. 이는 역설적으로 공무원임금 인상률 때문이다. 이 해가 바로 박근혜 정부 기간 중 가장 낮은 1.7% 인상률이다. 나머지 3년은 모두 3%대이며 특히 10년 만에 정권교체를 허용한 2017년은 3.5%(호봉승급분 포함 시 3.9%)이고 전체 공무원 월평균보수가 500만 원을 돌파한 해이기도 하다.

한편 제1회 동시지방선거가 실시된 1995년 공무원 임금인상률은 호봉승급분을 제외(이하 같음)하고도 무려 6.8%이다. 김영삼 정부는 '공무원보수 현실화계획'에 따라 1993년 1.5% 인상에 그쳤던 공무원 임금을 1994년 6.2%, 1995년 6.8%, 1996년 9.0%, 1997년 5.7% 등 갈수록 올렸다. 그 결과는 고스란히 선거패배로 이어졌다.

1995년 6·27지방선거는 집권 민자당의 완패였다. 시·도지사는 5석 대 10석, 시·군·구청장은 70석 대 160석, 그리고 시·도의원은 333석 대 542석으로 처참한 패배이다. 이듬해 총선도 마찬가지다. YS는 신한국당으로 당명도 바꾸고 김문수, 이재오李在五 등 적지 않은 재야인사들을 영입해 안간힘을 다했으나 과반수에서 11석이나 미달한 두 번째 여소야대 허용이었다. 게다가 외환위기가 닥치는지도 모르고 공무원임금을 5.7%나 인상한 1997년은 헌정사상 처음으로 정권까지 내주었다. 당초 경기침체 시작에 따라 한승수韓昇洙 재경부총리가 임금동결을 주장했으나 공무원표를 의식한 청와대 측이 이를 받아들이지 않음으로써 오히려 더 큰 화근을 부른 셈이다.

민주당계열 정당으로 유일하게 국회 과반수를 차지한 건 2004년 4·15 총선 당시 열린우리당이다. 이때는 2000년부터 고공으로 유지돼오던 공무원 임금 인상률을 처음으로 절반 수준까지 낮춘 해이다. 1998~99년 삭감분 보전을 위해 국민의정부는 2000년부터 예비비를 편성해 공무원 봉급조정수당 제도를 운영했다. 그래서 기본급과 수당 등을 합하여 2000년 9.7%, 2001년 7.9%, 2002년 7.8%를 인상했다.

2000년 4·13 총선에서 새천년민주당이 2당에 머무르고 자민련을 더한 공동여당이 한나라당에 패배한 이유는 바로 이 같이 엄청난 임금인상률이기 때문이다. 하지만 참여정부는 2003년 기본급 3%와 봉급조정수당 1% 등을 포함해 6.5%를 인상했다. 2004년에는 개인별 정액급식비 인상분 3만 원과 봉급조정수당 2천억 원 포함해 총액 기준 3.8% 올린다. 그럼에도 불구하고 이는 5년 만에 가장 낮은 수준이다. 노무현 전 대통령에 대한 탄핵역풍이 과반승리의 기본이었지만 이러한 배경도 무시할 순 없다.

〈표 130〉 연도별 전체공무원 기준소득월액 (단위 : 만 원)

2011	2012	2013	2014	2015	2016	2017	2018	2019	2020
395	415	435	447	467	491	510	522	530	550

※ 출처 : 인사혁신처/단, 2020년은 추정치

:::: 통계주도 성장은 없다

통계청은 해마다 '임금근로일자리 소득' 통계를 발표한다. 가장 최근에 공개한 '2018년 임금근로일자리 소득결과'를 보면 전체 근로자들의 평균 근로소득은 월 297만 원이며 중위소득은 220만 원이다. 대기업(대기업·중견기업) 근로자 평균소득은 전년보다 13만 원 증가한 501만 원이며, 중소기업은 전년보다 8만 원 늘어난 231만 원이다.

한편 인사혁신처는 2011년부터 매년 4월 전체 공무원의 평균 월급(기준소득월액)을 발표해오고 있는데 2018년 현재 대기업보다 높은 522만 원이다. 2017년에도 역시 대기업보다 높은 510만 원이다. 중소기업과 비교하면 무려 2.25배가 많은 금액이다.

2019년에는 다시 월 530만 원으로 올랐고, 2020년에는 총선을 앞두고 기본급만 2.8%를 인상해 개인별 호봉승급분까지 더하면 약 550만 원쯤 될 것이다. 이렇게 되면 2016~2020년 사이 월 59만 원, 연 708만 원 오르는 셈이다. 물론 여기에는 복지포인트* 및 정기출장비, 그리고 정보비 등 사실상 인

* 「나라살림연구소」 발표자료. 2014~18년 복지포인트는 6조 1천206억 원이며 연 평균 1조

건비성 경비와 연금지원금 등은 포함되지 않은 금액이다. 이를 전부 다 포함시키면 연간 7천만 원을 상회할 것이고 소득수준으로는 상위 10% 이내는 너끈하다. 이미 공무원은 대한민국 소득 상위계층, 기득권이 된지 오래다.

공무원은 보수만 대기업 부럽지 않은 게 아니다. 고용노동부 '고용형태별근로실태조사보고'를 살펴보면 상용근로자 5인 이상을 고용하고 있는 사업체의 민간근로자 평균 근속연수는 2018년 현재 6.5년에 불과하다. 이는 OECD 평균에서도 매우 낮은 수준이다. 그러나 「공무원 총조사자료」(2018)에 따르면 전체공무원 근속연수는 그 2.6배 이상인 16.2년에 달한다. 보수도 높고 근무도 안정된 직장, 최고의 직업이 바로 공무원이다.

이뿐만이 아니다. 공무원은 퇴직 후에도 국민연금의 6배 이상이나 되는 고액연금을 수령하며 편안한 여생을 보낸다. 2017년 현재 국민연금 1인당 월평균 수령액은 38만 6천 원*인데 반하여 공무원연금은 월 240만 원**을 받고 있다. 2015년 공무원연금개혁을 실시했으나 2016년 2조 3천189억 원, 2017년 2조 2천820억 원 등 매년 2조 원 이상의 적자가 나고 있다. 이는 고스란히 국민 부담으로 전가되고 세금에서 충당하고 있다. 그렇기 때문에 일반 국민은 나이가 들어도 쉴 수 없으며 은퇴도 못하고 소득활동을 계속 해야 한다. 납세를 통해 공무원을 먹여 살리는 악순환 구조가 반복된다.

2017년 자영업 신규창업자 중 11.6%가 60세 이상 노년층이며, 전국 자영업자의 연령별 분포에서도 60세 이상이 27.8%로 50대(30.6%)에 이어 두 번째***이다. 2018년 65세 이상 노인층의 경제활동참여율은 32.2%로 OECD 회원국 가운데 두 번째로 높다. 독일(7.5%)이나 유럽연합 평균(6.3%)과 비교해

2천241억 원이다.
* 국민연금공단, 전체 수급자는 469만 명이다.
** 공무원연금공단, 전체 수급자 41만 9천968명이다.
*** 2018년 국세통계를 근거로 한다.

도 터무니없이 높다. 그럼에도 불구하고 우리나라 노인 빈곤율은 45.7%로 OECD 평균(12.6%)에 비해 3.6배[*]나 높다.

이처럼 한국의 일반 노년층은 죽을 때까지 열심히 일하지만 여전히 빈곤을 벗어나지 못하는데, 퇴직 공무원은 국민 세금으로 편안한 노후 생활을 즐긴다. 따라서 국민은 늙어서도 봉이 되는 하루살이이고 공무원은 장수거북이다. 현직에 있을 때는 상류층, 은퇴 후에는 귀족층으로 살아가는 삶이 바로 대한민국 공무원이다. 과거 공무원 연금은 박봉에 시달리던 공무원들에게 노후라도 안정적인 생활을 보장하기 위해 도입되었으나, 이제 더 이상 유효하지 않게 된 낡은 유물이다.

모든 국민과 기업은 능력에 따라 세금을 내고 필요한 만큼 공공서비스를 제공받을 권리가 있다. 공무원은 헌법이 규정한 그대로 '국민 전체에 대한 봉사자'이며 국민이 낸 세금을 귀하게 생각해야 한다. 모든 납세자들을 위해 가장 현명하게 지출하는 것은 궁극적으로 일자리이다. 사회 구석구석 불평등 문제가 도사리고 있고 보호받지 못하거나 안전하지 않은 약자들은 도처에 널려 있다. 그런데도 사기진작이라는 이유로 공무원이 가장 좋은 대우를 받고 일하며 해마다 높은 임금인상을 계속한다면 과연 납세자, 즉 유권자들이 용납하겠는가?

선진 외국과 비교해도 우리나라 공무원은 보수 면에서도 최고 대우를 뽐낸다. 2018년 현재 우리나라 공무원 평균보수 수준은 1인당 GDP[**]의 1.85배 수준이다. 국세청에서 연말정산을 실시한 근로자 가운데 상위 10%의 연봉을 받고 있는 것이다. 세금으로 공무원 배만 채워주고 있는 역대 정부, '헬조선'의 제1원인이 바로 공무원이다. 이와 같은 한국 공무원 보수는 독일 공

---

[*]   2015년 기준, 2018년 OECD 보고서 자료가 근거이다.
[**] 한국은행이 공개한 1인당 GDP는 3천451만 7천 원이다. (522만 원×12월)+복지포인트 118
      만 원 = 6천382만 원/3천451만 7천 원 = 1.85배이다.

무원보다 2.15배가 높다. 2018년 독일 공무원의 평균보수는 1인당 GDP의 0.86배*에 불과하다. 공무원 비중이 지나치게 높아서 말썽이 많은 프랑스공무원들조차 2015년 현재 평균보수는 1인당 GDP 대비 0.81배**에 불과했다.

장기 민생난을 해소하고 경제를 살리기 위해서는 근본적으로 공무원 1인당 국민 수를 선진국 수준으로 맞추도록 국가공무원 수를 감축해야 한다. 독일, 일본 등 선진국은 국가직(또는 연방) 행정공무원만 중앙정부가 관리하고 지방직 공무원은 지방정부가 관리하고 있으나, 우리나라는 중앙정부가 전체 공무원(국가직 + 지방직)을 관리·통제하고 있다.

정부는 공무원 숫자가 적다고 하지만 선진국과 비교하면 전혀 그렇지 않다. 국가직공무원 1인당 국민 수를 비교해보면 한 눈으로 알 수 있다. 한국은 77.4명***, 독일 328.5명**** 일본 452.6명*****이다. 우리나라 국가직공무원은 독일 보다 4.2배 이상, 일본에 비해서는 5.8배이다. 우리나라도 국가직공무원 1인당 국민수를 최소한 100명 이상이 되도록 현재 인원에서 약 4분의 1 정도를 감축해 국가직공무원 총수를 52만 명 이내로 반드시 억제할 필요가 있다.

그런데 문재인 정부는 공공부문 일자리 확대를 위해 공무원 17만 4천 명 증원을 공약했다. 2017년 국회 예산정책처가 추계한 바에 따르면, 공무원 1명 증원 시 30년간 인건비로만 약 18억 원이 필요하다. 전체적으로는 313조 2천억 원의 추가 국민 부담이 소요된다. 또한 공무원연금으로는 정부 부담 몫으로 1인당 5억 3천만 원이 더 들어간다. 모두 92조 2천200억 원이다. 이 둘을 합하면 총 405조 4천200억 원을 국민이 추가로 더 내야 한다.

---

*   3만 3천814유로/3만 9천358유로(독일 1인당GDP)
**   2만 6천700유로/3만 3천20유로(프랑스 1인당GDP)
***   2018년 현재, 인구 5천179만 명, 행정부 국가공무원 66만 9천77명이다.
**** 2017년 현재, 인구 8천279만 명, 연방 행정공무원 수 25만 2천명이다.
***** 2017년 현재, 인구 1억 2천670만 명, 중앙정부 행정부공무원 27만 9천900명이다.

이미 2018년 공무원 116만여 명을 대상으로 연금관련 정부보조금은 2조 2천806억 원이며, 산술적으로 공무원 1인당 정부보조금이 1년에 약 197만 원이다. 17만 4천 명 공무원을 증원한다면 이것이 향후 30년 동안 1인당 226만 원으로 늘어나게 될 것이다. 저 출산 고령화로 인해 노동인구 감소가 눈앞에 다가오는데 공공부문 팽창은 대책 없이 이루어지고 있는 것이다.

문재인 정부는 출범 2년 동안 연금수급 대상 공무원 순증만 5만 2천614명이 있었고 이는 이미 박근혜 정부 4년을 능가한 수치다. 아직 집계가 나오지 않았으나 2019년과 2020에는 각각 더 큰 폭의 증가가 이루어졌고 이루어질 예정이다. 2020년 4·15총선 결과가 더욱 궁금해지는 까닭이다.

한편 우리나라는 공무원 봉급 등 대우는 세계 최고인데 관련 통계는 나몰라라 하는 실정이다. 공공부문 지출에 얼마나 투입되는지 정확한 추계조차 하지 않으며, 대한민국 공무원 평균 급여 수준은 1인당 GDP 3만 달러가 넘는 OECD 국가 중 최고를 자랑한다. 현재 우리나라 공공부문 지출 통계에는 '공공부문이 독점 운영하는 공공서비스 사업, 사립학교, 산업은행 및 자산관리공사와 같은 정부직영 공공기관이 실질적으로 관리하는 법인 또는 기업'은 전혀 포함하지 않고 있다. 중앙정부, 지방정부, 사회보장기금 및 공기업, 그리고 KBS 등 극히 일부 공공단체만을 포함한다.

유엔 통계위원회가 공공부문 통계작성을 위해 채택한 최신버전은 「2008SNA*」이다. 여기에는 법인기업에 대한 정부의 지배여부를 판단하는 지표 8가지 및 비영리단체에 대한 정부의 지배여부를 판단하기 위한 5가지 등 총 13가지 지표를 제시하고 있다. 즉 정부의 소유권, 임원 임면권, 정책 결정권, 규제권한, 생산물의 유일한 수요자인 경우, 대출을 통한 통제권 행사, 비영리단체에 간부 임명권 보유 등등이 그것이다.

---

* System of National Accounts

지난 2016년 총선 및 2017년 대선에서 더불어민주당은 "총고용에서 차지하는 공공부문 일자리 비중이 OECD 평균이 21.3%이고 우리나라는 7.6%이다. 최소한 OECD 절반 수준으로 끌어올리기 3%만큼 공공부문 일자리를 늘리겠다. 총고용이 2천700만 명이므로 81만 개 일자리가 추가로 필요하다"고 발표했다. 이렇게 해서 공공부문 81만 개 일자리 공약이 탄생했다.

그런데 이는 우선 민주당이 「OECD 2015년 정부부문 개요」라는 보고서를 인용한 것이다. 그 내용을 보면 평균치 계산에서 OECD 국가 중 인구가 가장 많은 미국과 공무원 숫자가 프랑스의 절반 밖에 안 되는 독일을 빠뜨렸다. 거기에 7.6%라는 우리 한국도 제외되어 있다. 따라서 OECD 평균치 자체가 21.3%가 아니라 그보다 더 낮은 것이다. 또 하나 OECD 선진국들은 유엔 통계위원회의 최신 버전인 「2008SNA」를 근거로 공공부문 통계작성을 한다.

따라서 공공부문을 정의할 때 "정부가 봉급의 50% 이상 부담하거나 그 기관 수입의 50% 이상을 보장해주거나 그 미만이더라도 임원 인사권을 행사하는 등 정부가 사실상 통제하는 모든 기관을 다 포함"한다. 의무복무군인도 포함하고 "정부주식이 단 한 주가 없더라도 실질적인 지배력을 행사하는 민간기업 또는 비영리단체 역시 공공부문으로 정의"한다. 이는 1993년 유엔과 2001년 IMF가 각각 작성하기 시작한 공공부문 계정에서부터 나타난다.

그런데 우리나라는 2014년부터 한국은행이 처음 공공부문 계정을 작성해오고 있는데 일단 공무원도 직업군인, 군무원, 경호 공무원, 국정원 직원 등 약 2만 명 이상을 제외하고 있다. 의무복무 군인 40만 명 이상도 제외한다. 정부가 월급을 지급하는 사립학교 교원도 제외하고 1천여 개가 넘는 공직유관단체 중 절반 정도를 제외한다. 또한 공적자금이 투입돼 사실상 공공부문이라고 할 수 있는 우리은행, 대우조선 등 이런 곳들도 다 제외한다. 국민연금을 통해 사실상 임원인사권을 행사하는 포스코, 한국항공우주산업 등 민영기업 등에 대하여도 공공부문으로 분류하지 않는다. 또한 선진국은 한 사람이 월급을 세 곳에서 받으면 세 명으로 계산하지만 우리나라는 한 명으로만 계산한다.

「2008SNA」 분류법에 따라 정부가 관선이사를 파견 중인 사립대학교, 규제권한을 갖는 통신3사, 생산물의 유일한 수요자인 군납업체들, 대출을 통한 통제권을 행사 중인 부실기업들, 간부임명권을 보유한 각종 관변단체들 등등을 포함하면 이루 헤아릴 수조차 없이 많다. 그래서 선진국의 공공부문 계정은 숫자와 지출총액을 함께 공개하는 원칙을 유지하는 데 반해 우리나라는 이를 감추는 데 급급하고 심지어 깜깜이다.

한국은행이 2014년 이후 해마다 발표하는 공공부문 계정 보도자료를 보면 한국은행 스스로도 미흡한 통계임을 솔직하게 인정한다. 따라서 「2008SNA」를 토대로 해서 재작성한다면 아마 우리나라도 공공부문 지출비중이 GDP 대비 50%를 초과해 프랑스 수준(53%)에 버금갈 수도 있을 것이다. 공공부문 인건비 지출도 한국은행 자료(2018년)에는 7.85%에 머물고 있으나 실제로는 그리스급(12%)에 육박할 수도 있을 것이다.

공공부문 지출은 국민계정의 기준년도 변경(2010년 → 2015년)으로 2018년 현재 GDP대비 42.5% 수준으로 하락한 것으로 나타나 있다. 해외 선진국들은 '사실상 공공부문 분야'까지 모두 포함해 스위스와 호주는 30%대 중반이며 미국과 영국이 30%대 후반이다. 상당히 건전한 재정을 운영 중이라고 평가 받는 독일과 네덜란드가 EU 평균인 40%대 중반이기 때문에 형식적으로 비교하면 우리나라도 매우 양호한 수준으로 보인다.

그러나 사실 우리나라는 공공부문이나 다름없는 분야는 대부분이 제외되어 있다는 점이다. 공공부문지출 가운데 인건비(피용자보수) 비중은 GDP대비 7.85% 수준인 148조 6천510억 원이지만, 실제 추정치로는 190조~225조

원(10~12%)까지 될 수도 있다. 것이다.* 국민이 벌어들이는 부가가치 가운데 최고 12%만큼 공무원과 공공부문 종사자들에게 퍼부어진다는 뜻이다.

이처럼 우리 한국은 현재 공공부문 지출 수준이 거의 사회주의에 가까운 실정이다. '사실상 공공부문 분야의 지출'을 통계에 포함하는 것에 대해 통제장치도 없고 통계를 제대로 낼 수가 없는 실정이다. "국민은 유리지갑인데, 공무원과 공공부문 지갑은 국가기밀이다."

따라서 공공부문 통계를 OECD 수준에 맞도록 기본법을 제정하자. 「2008SNA」가 공공부문 계정을 작성하기 위한 구체적인 기준을 제시했기 때문에 우리나라도 우리나라 공공부문의 규모 및 역할 등을 보다 명확하게 나타낼 수 있도록 기본법에 포함하는 논의를 지금부터라도 시작해야 한다. 그래서 그 목표는 공공부문 지출 수준이 점진적으로 경제선진국 독일 수준 정도가 되도록 낮춰야 할 것이다.

40만 명 이상이 공시촌에 틀어박혀 있고 취업준비생의 51% 이상이 공무원 시험을 준비하는 나라에는 미래가 없다. 성장이 멈춘 대한민국에 세계 3대 투자가 '짐 로저스'는 충고한다. "세계 어느 나라에 가더라도 10대들의 꿈이 공무원인 곳은 없다. 한국의 인구는 줄어들고 가계 빚은 늘어나는데 모두가 공무원 시험에 매달리고 있으면 그 나라는 어떻게 되겠느냐? 10대의 꿈이 공무원인 나라의 미래는 어둡다." 공무원이 늘어나면 민간 일자리는 줄어든다. 공무원 감축이야말로 최고의 규제개혁이다.

---

* 참고로 한국은행이 공개하는 공공부문 인건비(피용자보수)는 2018년을 기준으로 최근 9년 사이 연평균 약 6조 원 씩(6.3%) 증가해왔다. 그 때문에 2018년 공공부문 종사자 245만 4천명의 1인당 인건비는 약 6천100만 원을 상회한다. 물론 이는 국제기준 공공부문에서 누락시킨 최소한 10~12%비율 이상을 제외한 수치이다. 만약 이것을 더한다면 무려 200조 원 안팎의 국민 부담이 대부분 비효율적이고 엉뚱한 곳에 줄줄 세고 있는 셈이다.

〈표 131〉 공공부문 통계작성을 위한 기본법에 적용해야 할 국제 통계표준 내용

□ 유엔 통계위원회가 채택한 국가계정의 국제 통계표준 내용(최신버전 2008SNA)
− 법인기업에 대한 정부의 지배여부를 판단하는 지표 8가지 ① 과반 이상 주식 보유 여부 ② 이사회 및 기타 중요 협의체 기구에 대한 통제 여부 ③ 집행간부 등 주요 인사에 대한 임명 및 파면권한 보유 여부 ④ 위원회 및 기타 지배기구의 운영 및 정책 결정권 보유 여부 ⑤ 황금주(golden shere) 및 옵션(주식매수 청구권 등) 보유 여부 ⑥ 규정 및 규율 통제 여부 ⑦ 정부가 생산물에 대한 유일한 수요자인 경우(수요독점) ⑧ 정부대출을 통한 통제
− 비영리단체에 대한 정부의 지배여부를 판단하기 위한 5가지 지표 ① 비영리단체의 간부(officer) 임명권 보유 여부 ② 중요 의사결정에 정부의 관여를 합법화시키는 규정 및 기타 제도의 보유 여부 ③ 비영리단체의 정책 및 프로그램 결정에 관여할 수 있는지 여부 ④ 정부에 대한 차입정도(degree of financing) ⑤ 비영리단체 활동에 수반되는 위험에 대한 정부의 부담 정도

유성엽(柳成葉) 의원은 20대 국회에서 공공부문감축을 유일하고 일관되게 주장해온 인물이다. 비록 제3당 소속이라 많은 사람들이 크게 주목하지 않았지만, 그는 2020년 2월 임시국회 원내교섭단체(민주통합의원모임) 대표연설을 통해 공무원정원 축소를 공식 제기하기에 이른다. 유성엽 대표는 "왜 국민 혈세로 국채까지 발행해가면서 공무원을 더 늘리나? 인구는 감소하고 각종 자동화로 업무량은 현저히 줄고 있는데, 왜 공무원은 더 늘려야 하나? 수천억 손실을 보고도 양심도 없이 억대 성과급을 챙겨가고 있는 한국전력과 석유공사 등을 보면서도 도대체 왜 공공부문

유성엽 원내대표 대표연설 장면

을 더 늘려야 한다는 것인가?"라고 절절히 호소하였다.

그러면서 유 대표는 "이 같은 주장은 강한 반대에 부딪힐 수 있으나, 진정한 정치는 인기 있는 일을 하는 것이 아니라 해야 할 일을 해야 하는 것"이라고 주장했다. 그러면서 그 결론으로 "공무원 숫자를 30% 축소하고, 전체 산업 중 공공부문 비중도 지금보다 30% 감축하는 이른바 '공공부문 3·3 개혁'을 제안하였다. "그래야 해외로 나간 우리 기업들이 돌아오고, 외국인의 국내 투자가 증가하여 국내 경제가 살아나고 일자리가 늘어난다"고 역설했다. 유 의원은 이미 2019년 7월 비교섭단체(민주평화당) 원내대표 연설에서도 "170만 명 공무원 가운데 30%인 50만 명을 감축해야 한다. 또 공무원연금을 대폭 줄이고 공기업 처우도 크게 줄여 거품을 걷어내야 한다"며 공공부문 축소를 요구한 바 있다.

:::: 진짜 좌파는 민생이 먼저다

프랑스 마크롱 대통령은 국내에 잘 알려진 바와 달리 정통 중도파 정치인이 아니다. 그가 걸어온 길을 죽 살펴보면 마크롱이야말로 오히려 진짜 용기 있는 좌파라고 할 수 있다.

대통령 출마 이전부터 이어진 그의 정치역사는 친 좌파의 길이었다. 이미 20세에 2년간 군소좌파 선거지원을 시작으로 24세에는 사회당을 가입한다. 그리고 28세부터 3년 동안 사회당의 당비 내는 당원자격을 유지했다. 29세(2012년) 때 사회당 공천을 받아 하원의원에 출마하기 위해서였다. 마크롱은 올랑드 정부 출범 직후(34세) 대통령 경제수석으로 발탁됐고 2년 후 경제장관으로 자리를 옮긴다. 국립행정학교(ENA) 졸업 후 재무부 관료와 투자전문 은행 로스차일드에서 근무한 경험을 바탕으로 마크롱은 올랑드 대통령에게 정통 좌파노선에서 민생을 위한 과감한 수정을 제안했다. 그 대표적인 것이 바로 주당 35시간 노동제를 37시간으로 늘리기이다. 언뜻 보자면 노동자들에게 불리할 듯 보이지만 사실은 그렇지 않다.

1997~2002년 좌파 조스팽 총리 집권 시기 주당 39시간이던 근로시간을 35시간으로 축소하는 이른바 '오브리법'을 강제 제정했다. 이 법은 기업 부담을 완화하기 위해 근로시간 단축을 통해 추가 고용을 창출하는 경우, 당시 고용 1인당 최고 1만3천 프랑(약 300만 원) 상당을 5년 간 국가가 지원하도록 규정했다. 반대로 이를 위반하는 기업은 재정 부담을 부과했다. 이 법은 중소기업까지 단계적으로 2002년 1월 전면 시행했는데, 당시 고용·노동장관이던 마르틴 오브리Martine Aubry의 이름을 따서 오브리법이라고 부른다.

사회당 정부는 당초 근로시간이 줄면 8.1%에 달하던 실업률도 덩달아 감소할 것이라고 예측했지만, 결과는 정반대였다. 실업률은 오히려 늘었고 기업 생산성은 떨어졌다. 봉급 감소 없이 근로시간만 10% 줄어들자 회사의 비용 부담만 커졌다. 자구책 마련 차원에서 기업들이 매년 임금을 동결하자 노동자들의 구매력은 떨어졌다. 근로시간 감축을 장려하기 위해 정부가 기업들에 보조금을 지급하면서 국가 재정도 악화되기 시작했다. 그 결과 임금인상을 최소화하고 경쟁력 제고를 우선시한 독일과 생산성에서 차이가 벌어지게 됐다. 이 정책을 10년 이상 시행하면서 프랑스 국민들도 감축된 근로시간에 대한 인식이 달라지고 있다.

2012년 이후부터 여론조사에서는 "주당 35시간 근로제가 일자리 창출에 도움이 되지 않는다"는 응답이 70%를 넘어섰다. 이러한 배경 아래에서 마크롱은 프랑스경제를 살리고, 특히 좌파의 지지기반인 노동자들을 위해서 근로시간 늘리기가 더욱 필요한 정책이라고 설득했다. 하지만 이를 거부한 올랑드 대통령은 최악의 지지율 4%까지 내려앉고, 결국 대선 재도전도 포기하고 말았다. 전형적인 수구좌파의 모습이다.

안철수 국민의당 대표가 2018년 바른미래당을 창당해 서울시장 선거에 나설 때 지속적으로 '극중주의'를 강조했다. 극중주의는 좌우(左右) 어느 한 쪽에 치우치지 않은 마크롱노선을 벤치마킹한 것이고, '합리적 중도주의'라는 말이다. 하지만 이는 마크롱주의에 대한 이해부족 때문에 나온 발언이다. 특히 중도는 목표가 아니라 수단이다.

극중주의는 결코 이념이 될 수 없다. 전진당(En Marche!)은 국내에 "좌파도 우파도 아닌 미래를 향한 전진!"이라고 소개돼 있지만 사실 이는 레토릭이다. 기본적으로 빅텐트와 중도좌파적 입장을 견지한다. 대외적으로 표방하는 이데올로기는 사회자유주의(Social Liberalism)이며, 신자유주의적인 정책을 대거 받아들인 토니 블레어의 제3의 길과 상당부분 일치한다. 정치·사회·복지 부문에서는 보면 진보주의에 대한 포용을, 외교도 친 EU주의 국제연대가치로 역시 좌파에 가까운 성향을 보인다. 다만 공공부문개혁과 노동개혁 등을 강조한다는 측면에서 경제적으로는 신자유주의적 색채를 띤다.

따라서 마크롱노선은 좌파에서 중도좌파를 포괄하는 이념적 스펙트럼, 빅텐트 노선을 갖고 있다. 결국 끊임없이 변화와 개혁을 꾀하지 않으면 더 이상 좌파가 아니다. 그래서 좌파는 끊임없이 진화하며 미래의 가치를 추구한다. 그리고 용기 있는 좌파라면 다가올 선거를 결코 두려워하지 않으며, 일희일비 하며 여론을 의식하거나 인기에 연연해하지도 않는다. 더더욱 민중을 위한 길이라면 진보의 노선조차 수정하고 또 수정하기를 애써 외면하지도 않는다. 공동체의 가치를 우선하는 것, 바로 그것이 좌파가 우파와 가장 큰 차이를 보이는 점이기 때문이다.

마크롱은 2016년 4월 6일 정치운동 결사체 앙 마르슈를 창립하고 회장에 취임하면서 "아래로부터 프랑스를 개혁"하고자 하는 확신에 대한 모든 선의를 모아 좌파, 우파, 중도파, 지역사회운동가, 환경운동가 등 사회진보와 자유를 꾀하는 모든 세력의 연대를 천명한 바 있다. 그러므로 이 자체가 진보를 향한 도전이었다.

대선 승리 6주 후 총선을 맞이한 전진당은 대선에서 연대한 민주운동(MoDem)과 다시 총선승리연합을 구성하고 577개 선거구에서 총 525명의 후보를 냈다. 이들이 그전에 소속했던 정당별로 살펴보면 정당 경험이 전혀 없는 인물, 주로 사회운동가들이 248명으로 무려 47.2%이다. 나머지 당적을 보유했던 277명은 좌파가 116명(41.9%)로 압도적으로 많다. 다음으로 중도파(110명, 39.7%), 중도우파 및 우파(21명, 7.6%) 등 순이다. 특히 당선인을 기준으로 보면 전진당 소속 재선의원 24명은 100%가 사회당 출신이다. 이 선거에서 여당연합은 무려 350석(60.6%)을 확보했다. 특히 전진당은 145명(47%)의 여성의원을 배출해 5년 전보다 하원 전체 여성의원수가 무려 12% 증가하는 데 앞장선다. 20대 연령 국회의원도 평상시 5% 안팎에서 21.7%으로 급증하는데, 바로 전진당이 큰 역할을 했다. 이 때문에 2017년 출범한 하원은 직전보다 평균 7세가 낮은 48.6세가 됐다. 여성과 청년을 우대하는 건 사실상 좌파의 지향이다.

〈표 132〉 프랑스 전진당-민주운동 2017년 총선 후보의 출신 정당 (단위 : 명)

출신 정당	사회당	녹색당/생태당	급진당	급진좌파당	민주당
계 525	94	11	9	2	31
민주운동	프랑스민주연합	민주당·무소속연합	대중운동연합/공화당	공화당	무당적자
79	3	10	9	2	248

※ 출처 : 앙마르슈 홈페이지/총 525명 중 정당 경험자는 277명임

총선 승리 직후 마크롱은 2차 에두아르 필립Édouard Philippe 내각을 출범시켰다. 그런데 대선과 총선공약을 최대한 이행하기 위해 60% 의석조차 부족해 일부 야당과 무소속의원을 합류시켰다. 군소좌파 급진당(10석)과 공화당 이탈파 등(10석)으로 총 370석을 끌어 모아 의석의 64.1%까지 점유했다.

그 결과 총 30명으로 구성한 내각 구성원 가운데 마크롱은 내무·환경부총리와 국방장관 등 핵심 장관직을 야당 당적을 보유한 이들에게 맡겼으며, 총리를 비롯하여 법무·외무 등 주요 장관도 야당 출신 무소속 인사들에게 개방하였다. 특별히 환경 우선적 태도를 보이는 좌파를 껴안기 위해 세계적인 녹색운동가 니콜라 윌로Nicolas Hulot를 환경부총리로 삼고초려해 기어이 모셨다. 그는 이전 정부에서 두 번씩이나 입각을 거절한 바 있다. 그리고 출신정당으로부터 제명을 각오하고 내각에 참여한 공화당 중진들에게 경제 및 예산장관을 맡겼다. 10석에 불과한 사회당의 위성정당인 급진당에게도 2명의 장관을 배정했고, 노동개혁과 교육개혁을 위해 오랫동안 노동부와 교육부에서 근무한 친 좌파 및 친 우파 전문가를 발탁했다. 또한 전문가는 의사, 대학총장, 출판사CEO, 올림픽 금메달리스트, 직업외교관 등을 추가로 임명했다. 이어서 마크롱은 정치경험이 전혀 없는 장애인운동가, 지속가능국제운동가 등 시민사회 출신도 골고루 배치했다.

결국 이 내각은 사실상 대연정인 셈이다. 야당을 설득하기 위해, 야당과 시민사회 출신을 앞장세워 공공부문개혁·노동개혁·교육개혁 등 3대 개혁을 추진하겠다는 발상이다. 협치를 말이 아닌 실천으로 보여준 것이다.

그런데 필립 2차 내각의 구성원은 좌파(사회당, 급진당, 기타 좌파) 출신이 12명으로 가장 많다. 당적은 없지만 친사회당 사회운동가(3명)와 장애인운동가를 포함하면 5명이 추가로 친 좌파적 성향이다. 정치적 성향은 뚜렷하지 않으나 올랑드 전 대통령 시절 마크롱 장관과 호흡을 맞췄거나 올랑드 대통령이 임명해 정부고위직으로 일한 경우도 5명이나 포함돼 있다. 순수한 무소속은 올림픽 금메달리스트 출신인 로라 프레셀Laura Flessel 스포츠부 장관이 유일하다. 결국 좌파 및 친 좌파 성향은 22명으로 73.3%이다. 따라서 마크롱이 '극중주의'라는 표현을 사용하는 건 정치적 수사에 불과하다.

한편 우파인 공화당에서도 5명이 내각에 참여했다. 우선 1970년생인 필립

총리는 르아브르 시장과 공화당 하원의원(2012년) 등을 역임했다. 그는 20세 때 사회당 미셸 로카르Michel Rocard 전 총리의 선거운동에 참여했으며 그 후 2년간 사회당원으로 활동한 바 있다. 증조부가 공산당원이며 집안 자체가 좌파 성향이었다. 결과적으로 필립은 돌고 돌아 중도좌파 마크롱의 파트너가 됐으니 엄밀하게 말하면 온건성향 중도우파라고 할 수 있다.

경제장관은 베테랑 브뤼노 르메르Bruno Le Maire에게 돌아갔다. 사르코지 전 대통령시절 EU담당 국무장관과 농림수산장관 등을 역임한 그는 외교문제에도 능한 정치인 출신 경제 관료이다. 그는 피용 낙마 이후 마크롱으로부터 공공부문개혁 등 주요 개혁을 추진하기 위한 적임자로 낙점 받았다. 예산장관은 제랄드 다르마냉Gérald Darmanin 전 하원의원이다. 그 역시 약 20년간 공화당원으로 활동했으나 피용 스캔들 직후 모든 당직에서 물러났다. EU담당 정무장관 및 에너지담당 정무장관으로 각각 임명된 장-밥티스티 레모인Jean-Baptiste Lemoyne과 세바스티앙 르코르누Sébastien Lecornu는 둘 다 공화당 피용 후보의 선거캠프에서 일했으나, 피용이 가족스캔들 혐의로 기소되자 캠프 내 모든 직책을 사임하고 마크롱 지지를 선언했다.

마크롱 내각은 1차에 이어서 여성장관이 정확하게 절반(15명)인 성 평등 내각이다. 특히 법무, 국방, 노동, 고등연구부 등 주요부처를 여성에게 맡겼다. 국방부는 장관과 정무장관 두 자리 모두 여성이 차지하는 기염까지 토했다. 여당인 전진당 지도부도 사회당 출신 일색이다.

마크롱에 이어 2017년 8월 당대표직을 넘겨받은 크리스토프 캐스트너Christophe Castaner는 30년 이상 사회당원으로 활동해오며 지방의원과 하원의원(2012년)을 거쳤다. 2018년 12월 제3대 당대표 직에 오른 스타니슬라스 게리니Stanislas Guerini는 약관 36세(1982년생)로 초선 하원의원이다. 그 역시 고등학교 3학년 때 미셸 로카르 총리의 정치학교과정에 참여하며 사회당과 인연을 맺었다. 2006년에는 사회당 도미니크 스트로스칸Dominique

StraussKahn 대선후보 캠프에도 참여한 바 있다. 이처럼 전진당은 좌파와 밀접한 관련이 있다.

〈표 133〉 마크롱-에두아르 필립 2차 내각 출신정당 (단위 : 명)

계	좌 파	무소속				민주운동	공화당
		친 좌파	사회운동가	올랑드정부 참여	기타		
30	12	3	2	5	1	2	5

※ 출처 : 데이터정경연구원(2020)/좌파는 사회당. 녹색당. 급진당. 기타좌파임

　마크롱은 진짜 좌파, 용기 있는 진보정치인이라고 할 수 있다. 전통좌파는 여전히 국유화정책과 근로시간 단축정책을 고수하고 있다. 2015년부터 영국 노동당 대표를 맡고 있는 제레미 코빈Jeremy Corbyn이나 프랑스 극좌파 장뤽 멜랑숑이 대표적이다. 코빈은 보수당 데이비드 캐머런 정권이 2010년 이후 단행한 공공부문감축과 복지예산 삭감 되돌리기를 주장해왔다. 즉 철도, 전력, 가스 등 기간산업 재국유화와 대학등록금 폐지, 학생 보조금 재개, 긴축재정에 대한 대안인 기업의 세금회피 단속강화 등이다. 멜랑숑은 심지어 2017년 대선공약으로 주당 28시간 근로제까지 주장했다.

　하지만 마크롱은 토니 블레어가 걸었던 제3의 길을 넘어서서 공공부문의 절대숫자 감축과 노동시장개혁 등 이른바 신자유주의 경제정책을 근본적으로 받아들인 아주 유연한 좌파이다. 따라서 2012년 올랑드를 지지한 후 그가 실패한 정책을 반성한 중도파 바이루와 연대에 성공할 수 있었다. 그렇기 때문에 마크롱은 정권기조 자체를 바꾼 사실상 좌파의 재집권이라고 보아도 무방하다.

　토니 블레어는 제3의 길을 통해 민생난을 해결한다고 큰소리치고 나섰지만, 그가 속한 노동당은 집권 13년 동안 국민의료보험(NHS)을 중심으로 무려 82만 명이나 공공고용을 늘렸다. 결국 그것이 화근이 되어 국가재정은

파탄을 맞았고, 실업자는 급증했으며 노동당도 정권을 빼앗겼다. 이는 적당한 화장빨인 제3의 길로도 한계가 있음을 보여준다는 것이다.

마크롱이 추구하는 노선은 인적 구성으로 보면 명백하게 좌파를 넘어서서 급진개혁 좌파에 가깝다. 그는 토니 블레어보다 진화한 혁명적 좌파의 길, 즉 진보 4.0이라고 불러도 충분하다. 그의 동지들은 사회당을 비롯한 좌파 출신이 대부분이었으나 사회당 안에서도 다소 오른쪽에 가까운 우파, 그리고 동참한 일부 우파는 좌 클릭 한 비주류들이다. 이를 하나의 키워드로 표현하면 바로 '서민의 살림살이'이다.

〈표 134〉 마크롱-에두아르 필립 2차 내각 구성현황

직책	이름	소속정당	주요경력/비고
국무총리	에두아르 필립	공화당 → 제명	1995~97년 사회당원, 전 하원의원
내무부총리	제라드 콜롬	사회당	현직 리옹시장, 마크롱지지(2017)
환경부총리	니콜로 윌로	녹색당	환경운동가, 녹색당 대선경선참여(2012)
(장관)			
법무	니콜 벨루베	사회당 → 무소속	사회당추천 헌법위원회 위원(2013)
외무	장이브 르드리앙	사회당	올랑드정부 국방장관(2012~17)
국방	플로랑스 파를리	사회당	올랑드정부 국영철도(SNCF) 대표
국토개발	자크 메자르	급진당	상원 민주진보그룹 대표의원(2011~)
보건	아녜스 뷔쟁	무당적 → 전진당	의사, 국립고등보건대학 총장(2016.2)
재정경제	브뤼노 르메르	공화당 → 전진당	사르코지내각 농수산장관, 입각 후 제명
문화	프랑수아즈 니셍	친사회당	출판사CEO, 사회당 지지자
노동	뮈리엘 페니코	친사회당 → 전진당	프랑스국제투자청 총재(2014)
교육	장-미셸 블랑케	관료(무) → 전진당	사르코지 시절 교육부 국장(쥐페 내각)
농업	스테판 트라베	사회당 → 전진당	주의원, 전진당 창립멤버 겸 사무총장
예산	제랄드 다르마냉	공화당 → 전진당	하원의원(2012년), 필립내각 입각, 제명
고등연구	프레데리크 비달	무당적	佛집중연구대학협회(CURIF) 부회장(2013)
해외영토	아닉 지라댕	급진당	올랑드정부 공공서비스 국무장관

직책	이름	소속정당	주요경력/비고
스포츠	로라 프레셀	무당적	전 올림픽펜싱 금메달리스
(국무장관)			
내무	재클린 구로	UDF → 민주운동	상원 부의장(2014~), 마크롱지지(2017)
교통	엘리자베스 보른	친사회당 사회운동가	파리교통공사 대표(2015), 마크롱지지(2017)
유럽	나탈리 루아조	무당적	직업외교관, ENA총장(2012~17)
(정무장관)			
정부대변인	크리스토프 캐스트너	사회당 → 전진당	사회당 하원의원(2012년), 대선 마크롱 대변인
성평등담당	말렌 샤피아	기타좌파	올랑드시절 가족부장관의 고문, 마크롱지지
장애인담당	소피 클뤼젤	무당적	장애인엄마 사회운동가
디지털담당	무니르 마주비	사회당	올랑드정부 국립디지털위원장, 마크롱지지
에너지담당	세바스티앙 르코르느	공화당 → 전진당	피용후보 기소 후 마크롱지지, 제명
환경담당	브륀 프와르송	무당적 → 전진당	지속가능국제운동가, 2016년 전진당 합류
EU담당	장밥티스트 레모인	공화당 → 전진당	공화당 상원의원(2014~), 마크롱 지지
국방담당	즈느비에브 다리외세크	UDF → 민주운동	몽드마르상 시장(2008~17), 마크롱 지지
주택담당	쥘리앙 데노르망디	무당적 → 전진당	마크롱장관시절 부국장, 전진당 설립멤버
재정경제	뱅자맹 그리보	사회당 → 전진당	사회당 주의원(~2015), 전진당 설립멤버

※ 출처 : 데이터정경연구원(2020)

　　개혁은 기존 정치 체제를 유지하면서도 가죽을 벗겨낼 정도로 고통을 수반하는 과정이 따른다. 당연히 좌·우파 양쪽 모두에서 기득권을 가진 집단의 저항을 유발한다는 특징이 있다. 그러므로 마크롱은 "부를 창출하지도 못하면서 재분배할 수 있는 척 행동하는 건 가당치도 않은 일이다"고 주장한다. 이를 위해 그는 370석 대연정을 바탕으로 비효율의 상징 공공부문 인력의 조기 감축을 단행했다. 또한 기업 내 협약 우선권 부여와 노동자대표조직 단일화 및 노동쟁의 해고보상금 제한 등을 골자로 하는 노동시장개혁을 취임 1년 이내에 밀어붙였다. 그리고 80년간 숙제로 남겨진 철도노조 개혁까지 차근차근 밀어붙였다. 이어서 '노란조끼 항의 시위(Gilets Jaunes)'로 일부 수정은 했지만 불공평한 연금개혁과 세제개혁도 계속해서 추진하고 있다. 이는 그 방향도 명확한 경제 살리기, 일자리 만들기이다.

그러자 마크롱의 임기 절반을 넘기면서 비로소 실업률은 41분기 만에 최저인 8.5%를 기록했고, 청년실업률 역시 42분기 만에 최저이자 20% 미만 (19.4%)을 찍었다. 그런데 학력별 고용률을 살펴보면 양극화는 갈수록 심화되고 있다. 올랑드 전 대통령 집권 첫해인 2012년 대졸 이상 고용률은 84.4%였으나 오히려 2018년 평균 84.9%로 약간 늘었다. 그러나 고졸 미만의 경우 이와 반대로 55.9%에서 52.9%로 감소했다. 마크롱 자신이나 올랑드 전 대통령, 조스팽 전 실세총리 등 좌파출신 주요 정치인들조차 특권층만 입학하는 그랑제콜(Grandes Écoles)*을 졸업하고 탄탄대로를 걷는 프랑스 현실을 더 이상 방치할 수 없었다. 그래서 마크롱 대통령이 세 번째로 선택한 교육개혁 카드는 첫째, 자신의 모교인 귀족 국립행정학교(ENA) 폐지이다. 둘째, 프랑스 논술형 대입자격시험인 바칼로레아(Baccalaureate) 시스템의 전면개혁으로 대학에게 학생선발권 부여 및 누구나 대학을 가는 비효율을 제거하는 것이다. 그리고 셋째로 대학교육경쟁력 약화를 초래하는 국적불문, 사실상 무상 수준 대학등록금제도 폐지 등이다.

재삼 강조하지만 마크롱이 슬로건으로 내건 중도주의는 목표가 아니라 수단이다. 더더욱 극중주의는 이념이 될 수가 없다. 더 나은 민생 살리기, 서민의 삶 향상을 위한 끊임없는 고민이라는 측면에서 보자면 진짜 급진좌파가 따로 없다.

---

* 일반 종합대학과 달리 정치, 행정, 경영 등 한 분야만을 가르치며 소수 정예 엘리트를 양성하기 위한 교육기관이다. 최고의 인재들만을 엄격하게 선발한다는 이유에서 이른바 '대학 위의 대학'으로 불리기도 한다. 국립행정학교(ENA), 파리정치대학(Sciences Po), 파리경영대학(HEC Paris) 등이 여기에 속한다.

경제수도부터 선점하라

2012년 12월18일 박근혜 후보와 문재인 후보는 운명을 건 '경부선 유세'에 나선다. 박 후보는 경남 창원 → 부산 → 대전 → 서울 광화문으로 이어지는 상행선 유세를, 문 후보는 거꾸로 서울 → 천안아산 → 대전 → 대구 → 부산역으로 향하는 하행선 유세를 펼쳤다. 대선의 최대 승부처로 박근혜 후보는 서울을, 문재인 후보는 부산을 설정하고 막판 바람몰이를 노렸다. 개표 결과 야권 강세 지역인 수도권에서 박근혜 후보는 5만여 표 뒤지며 최대한 선방했다. 반면 부산·경남·울산(PK) 지역에서 문재인 후보는 111만 표 차이로 패배했다. 이는 우연히 전체 개표결과(108만 표)와 일치한다. 박근혜 후보가 자신 있게 경부선 상행선 유세를 펼칠 수 있었던 근거는 바로 이와 같이 철저히 계산된 수도권 득표 전략이 섰기 때문이었다. 1971년 대선 이후 41년 만에 맞이한 1 대 1 대결 구도였는데도 박 후보는 예상 외로 문 후보를 눌러버렸다.

"2012년 대선 당시, 나는 선대본부장으로 크게 세 가지 일에 반대했다. 그 중에 하나가 선거 전날 마지막 유세를 부산에서 하기로 한 계획이었다. 문재인 후보의 지역구가 부산이고 부산민심이 중요한 선거이기는 했지만, 그래도 마지막 날 유세는 서울에서 부산으로 하행선을 타기보다는 부산에서 서울로 치고 올라오는 상행선을 타야 한다는 것이 나의 생각이었다. 이 또한 수용되지 않았다." 박영선 의원이 『누가 지도자인가』에서 밝힌 이와 같은 내용을 보면 2012년 문재인 캠프의 기본적인 대선 전략이 읽힌다.

더불어민주당 혁신위원회가 2015년 9월 23일 4개월 동안의 활동을 마감하며 마지막 혁신안을 발표했다. 이 안의 주요내용을 살펴보면, 문재인 당시 대표에게는 "불출마 선언을 철회하고 부산에 출마할 것"과 정세균·이해찬·문희상·김한길·안철수 등 전직 대표들에게는 "적지 출마를 비롯한 살신성인을 촉구"했다. 외부인사 출신 혁신위원으로 왕성하게 활동해온 서울대 법학대학원 조국 교수는 SNS에 올린 글을 통해 "'문재인-안철수 쌍끌이'가 보고 싶다. 한번 몸을 던져 달라. 그래서 부산을 포함한 전국 진보개혁진영 사람들 마음에 불을 질러 달라"며 다시 한 번 문-안 부산 동시 출마를 피력했다. 그러자 심지어 지지자들 사이에서도 "문재인 대표가 새누리당 김무성金武星 대표와 영도에서 격돌하는 방안도 검토해야 한다"는 의견이 공공연하게 나돌기까지 했다. 자신의 지역구 선거에서는 지더라도 그만큼 대의명분이 중요하다는 뜻이다.

결과적으로 문재인 대통령은 2012년 총선에서 부산 사상구에 출마해 국회의원 배지는 달았으나, 부산·경남을 중심으로 발이 묶였다. 그 때문에 수도권 지원유세는 거의 불가능했다. 박영선 중소기업벤처부 장관 말처럼 태풍은 남에서 북으로 북상하지만, 민심은 북에서 남으로 내려가는 법이다. 1996년 자민련의 녹색바람도, 2016년 국민의당이 만들어낸 거센 돌풍도 각각 충청도와 전라도에서 북상한 것이 아니라 수도권 민심이 호남선과 장항선을 타고 남하했다는 사실이다. 이는 2016년 촛불집회 당시 광화문에 모인 군중들 숫자를 날마다 실시간으로 확인한 후 다음 날 '우리도 분발하자'는 지방민들의 다짐이 나온 데에서도 읽을 수 있다.

17대 총선 당시 열린우리당은 부산·울산·경남에서 처음으로 4석을 획득했다. 이와 함께 민주노동당도 2석을 얻었다. 그러므로 열린우리당이 획득한 이 4석은 영남 교두보로써 의미는 있겠으나 총선 승리의 결정타는 아니었다. 통합민주당이 81석으로 주저앉은 18대에도 부산·경남에서 통합민주당과 민주노동당은 각각 2석을 획득하는 데 그쳤다. 문재인·문성근文盛瑾 등 유력 후보를 투입하며 낙동강벨트 전략으로 사력을 다한 19대 총선에서 민주통합당은 가장 저조한 3석을 얻는 데 머물렀다. 따라서 민주당이 의석을 보다 많이 획득하기 위한 공격전술의 일환으로 '부산 올인'은 가능하지도 않을뿐더러 바람직하지도 않다. 2006년 부산정권론이나 2020년 총선을 앞두고 또 다시 터져 나오는 부산의석 확보론이 과연 전략적일까?

17대 열린우리당이 총선 과반수를 획득할 수 있었던 가장 큰 힘은 수도권 석권에 있다. 109석 중 무려 69.7%에 해당하는 76석을 휩쓸었다. 이로써 영남에서의 56석 열세를 대부분 만회했다. 19대 총선 당시 민주통합당은 127석, 통합진보당과 후보단일화를 통해 야권연합은 140석으로 야권으로는 사상 최대 의석을 획득했다. 하지만 의석률은 겨우 56.6%(69석)에 그쳤다. 수도권이 122석으로 대폭 늘었지만 선거연합까지 이뤄낸 야권성적표가 오히려 뒷걸음쳤기 때문이다.

그러나 20대 총선에서 겨우 123석에 머무른 더불어민주당이 1등으로 올라선 배경은 야권분열 속에서도 수도권 압승을 한 까닭이다. 122석 가운데 82석까지 늘렸으며 의석률은 67.2%이다. 이는 과반의석이었던 17대에 버금간다. 그 차이는 유력 대선후보의 유세지원 여부이다. 그중에서도 서울은 49석 중 35석(71.4%)을 쓸어 담았다. 이는 노무현 전 대통령에 대한 탄핵역풍으로 식은 죽 먹기였던 17대 총선보다 훨씬 더 좋은 승률이다. 당시는 48석 가운데 32석(66.7%)이었다. 이처럼 정치·경제, 교육·문화 등 대한민국의 80% 이상이 집중된 서울선거 성적표는 대선이든 총선이든 판세를 사실상 좌우한다.

헌정사상 최초의 여소야대를 만든 건 13대 총선이다. 당시 민정당은 서울 42석 가운데 가까스로 10석을 건져서 의석비율 41%에 턱걸이 했다. 1992년 14대 총선은 3당 합당에 대한 심판이었다. 한때 218석까지 달했던 민자당은 149석으로 과반수에도 미달하는데, 서울 44석 중 16석이 주된 까닭이었다. 김대중 총재가 불가피하게 자민련과 DJP연합을 통해 정권교체를 도모할 수밖에 없었던 결정적 이유도 바로 서울선거를 망쳤기 때문이다. 1996년 15대 총선에서 국민회의는 신한국당에게 17석 대 28석으로 크게 밀렸다.

이낙연 대 황교안 두 전직 총리가 정치생명을 걸고 겨루는 종로구도 이제 더 이상은 정치1번지가 아니다. 2020년 1월 MBC 「PD수첩」이 보도한 바에 따르면 20대 국회의원 300명 가운데 무려 90명이 강남3구에 아파트를 보유하고 있다. 해마다 재산공개를 하는 1급 이상 공직자의 4분의 1가량도 역시 강남3구에 아파트를 소유하고 있다. 이들이 결정하는 정책은 오로지 강남, 철저한 강남 중심이다. 세종로 1번지, 즉 청와대에서 근무를 하더라도 자신의 거주지인 강남3구를 위한 입법을 하는 건 어쩌면 당연할 지도 모르겠다.

2016년 4월 20대 총선이 실시됐다. 강남3구 8개 선거구에서 민주당은 전현희, 최명길崔明吉, 남인순南仁順 등 3명의 당선인을 냈다. 민주당 역대 최고의 성적표이다. 이듬해 문재인 후보는 최다 표차로 대통령에 당선됐음은 물론이다. 2012년 4월 19대 총선 당시 강남3구 7개 선거구에서 새누리당은 전승을 거뒀다. 사상 최초로 종로구를 민주당 정세균丁世均 후보에게 내어줬으나 강남3구 전승을 바탕으로 그해 대선에서 박근혜 후보는 무난한 승리를 낚았다.

1996년 4월 15대 총선에서는 강남3구 7개 선거구에서 야당 소속 홍사덕(무소속), 김병태金秉泰(국민회의) 두 명의 의원이 당선됐다. 그 힘으로 이듬해 DJ는 정권교체를 할 수 있었다.

국민의당이 원내교섭단체 구성에 성공한 20대 총선 투표율은 58%로 19대(54.2%)보다 상당히 증가했다. 당시 야당 강세지역인 서울은 더욱 높아서 59.8%이다. 그중 국민의당 후보가 승리한 선거구는 단 2곳이었으나 투표율은 무려 평균 62.5%이다. 당선 가능성이 매우 높았기 때문에 지지자들이 투표장으로 우르르 달려간 까닭이었다.

더불어민주당은 성북-강북-도봉-노원-중랑-동대문에 걸치는 이른바 강북벨트 13개 선거구에서 9석을 휩쓸었다. 물론 이 곳은 전통적 민주당 강세지역이라 사실 압승이고 자시고 할 것도 없었다. 서울 전체 민주당 후보가 승리한 35개 선거구의 평균투표율은 59.9%이었지만, 강북벨트에서 승리한 9곳(59.1%)은 오히려 더 낮았다. 이와 반대로 보수 강세인 강남벨트 7개 선거구 중 새누리당 후보가 승리한 5곳의 투표율은 평균 57.8%이다. 마찬가지로 새누리당이 서울에서 승리한 12개 선거구 평균(58.8%)보다 낮았다. 강북벨트나 강남벨트는 개표결과가 빤 할 빤 자이기 때문이었다.

역대 한국 대선을 되짚어보면 인천에서 승리한 후보가 예외 없이 승리했다. 총선의 경우에도 인천에서 선전한 정당이 승리하거나 과반수를 차지했다. 이것이 하나의 법칙으로 자리 잡고 있다. 그렇기 때문에 인천은 민심의 향배를 가늠할 수 있는 '표준 선거구'라고 봐도 무방하다. 13석 규모의 작은 싸움이지만 2020년 총선에서도 인천을 두고 벌이는 선거 전략이 중요한 까닭이다. 인천은 120년 전 처음으로 개항을 통해 서양문물을 받아들인 한국의 신도시이다. 1960년대 동남임해공단이 본격적으로 조성되기 이전, 인천은 서양인들이 쏟아져 들어오며 서울과 함께 공업의 중심이었다. 그 때문에 인천 하면 울산과 함께 자동차도시, 전통 제조업의 도시라는 이미지가 여전하다.

한편 안산은 1990년대 들어서며 개발된 신도시다. 1988년 반월공단이 지방공단으로 지정된 후 자동차부품 및 공작기계공장 등이 줄줄이 들어서며 수도권 중소제조업의 메카가 되었다. 13대 총선 당시만 해도 안산·옹진군을 합쳐서 겨우 하나의 국회의원 선거구를 만들 정도로 인구가 작았으나 이제는 4개 선거구, 65만 명에 이르고 있다. 이러한 수도권 전통 제조업의 핵심 기반인 인천과 안산이 지금 위기를 맞고 있다. 미국식으로 표현하면 러스트벨트 현상이다. 2016년 미국 대선에 나타난 러스트벨트의 교훈과 역대 한국 선거에서 안인(안산-인천)선 라인의 선택을 보면 결국은 "문제는 정치가 아니라 민생이 핵심"이다.

17대 열린우리당은 안인선에서만 13 대 3석으로 크게 앞서서 과반의석을 획득했으며, 20대 더불어민주당 역시 안인선에서의 3석 승리 때문에 1당을 차지할 수 있었다. 17대 이명박 대통령은 안인선에서 23.9%로 앞섰는데 전국 격차(22.5%)와 엇비슷했다. 18대 박근혜 대통령 또한 1 대 1 구도라는 적지 않게 불리한 여건이었음에도 불구하고 러스트벨트 안인선 라인에서 안간힘을 다해 1.8%를 승리했고, 이를 바탕으로 전국득표율에서는 3.5% 차이만큼 더 벌렸다.

이 책에서 필자는 우리나라 더불어민주당과 미래통합당, 미국 공화당과 민주당 및 프랑스 좌·우파선거연합 등 대통령제 국가의 주요 양대 당파 사례를 중심으로 서술했다. 이와 함께 내각제 국가 중에서도 독일 기민/기사 연합과 사민당, 그리고 영국 보수당 및 노동당, 일본 자민당 등 주로 집권경험이 있는 정당들이 등장한다. 물론 최근 돌풍을 일으키며 정권까지 차지한 프랑스 마크롱 대통령의 전진당을 비롯해 독일 대안당, 한국 국민의당 등 제3당의 일부 성공사례 또는 가능성을 보여준 선거역사들이 등장하지만 현실에 적용할 만큼 풍부하지는 않다. 기대했던 독자 여러분에게 송구스러운 마음 금할 길 없다. 미진한 부분은 수정판을 통해 차츰 보완하기로 약속드린다.

송양지인(宋襄之仁)이라는 중국의 옛 고사성어가 있다. 지나치게 대의명분에 얽매여 큰일을 그르친다는 말이다. 춘추전국시대에 송나라 양공襄公이 초(楚)나라와의 전투를 지휘하면서 군자의 도리만을 고집하다가 패전한 고사에서 비롯되었다. 초나라 군사가 강을 반쯤 건너오는 걸 보고 재상 목이目夷가 공격을 건의하자 양공은 "군자는 남이 어려울 때 괴롭히지 않는 법"이라고 일축했다. 송나라는 결국 이 전투에서 패배했고 양공 역시 부상의 후유증으로 1년 뒤 사망했다. 비정하더라도 살아남아 승리해야 함을 강조하는 고전의 한 토막이다.

송양지인의 고사가 특히 강조되는 곳이 바로 정치의 세계이다. 국회는 제도권이다. 순수한 뜻으로 재야운동 또는 시민운동을 하는 곳이 절대 아니다. 권력을 놓고 다툼을 하며 필요한 성과를 남기기 위해 네거티브나 유권자의 감성에 호소할 줄도 알아야 한다. 승리가 없으면 명분도 모두 허사가 되는 법이다. 선거라는 현실 제도권의 장에 나왔으면 유연한 전술로 금배지를 달아야 하고, 선거혁명을 주장한다면 이기기 위한 다수를 확보하는 전략을 세우는 것이 선행되어야 한다. 이 책을 읽는 여러분 모두에게 행운을 빈다.

인명

주요 문헌

「'2017년 대통령 선거와 한국 민주주의 미래' 학술회의」, 김보미·한정훈, 2017년 6월 1일

『김대중의 21세기 시민경제 이야기』, 김대중 지음, 산하, 1997년

《계간 정치리서치 Political Research Quarterly》 2015년 4월

「나라살림연구소」 2018년 1월

《네이처 신경과학 Nature Neuroscience》 2007년 9월

『누가 지도자인가』, 박영선 지음, 마음의숲, 2015년

〈더 엑스파일〉 2018년 1월

『마음의 지도』, 이인식 지음, 다산사이언스, 2019년

《미국 정치학회저널 AJPS》 2019년 7월

《미국정치학회지 APSA》 2007년 8월

『바보선거』, 최광웅 지음, 아카넷, 2015

《사회과학네트워크(SSRN) 전자저널》 2006년 1월

《서프라이즈》 2003년

영국 《왕립학회지 The Royal Society Publishing》 2015년 8월

『정치적 마음 The Political Mind』, 조지 레이코프 지음, Penguin Books, 2008년

《정치저널 The Journal of Politics》 2018년 7월

『정치적인 뇌 The Political Brain』, 드루 웨스턴 지음, Public Affairs, 2007년

《정치행동 Political Behavior》 2015년

《중국 사회과학원 변강사지邊疆史地 연구센터》 2006년 6월

『지방은 식민지다』, 강준만 지음, 개마고원, 2008년

『코끼리는 생각하지 마 Don't Think of An Elephant』, 조지 레이코프, Chelsea Green Publishing, 2004년

《퓨리서치센터 Pew Research Center》의 2016년 미국대선 각종 분석보고서

「차별화된 후보 프레임워크의 사회이념과 세금」 2014년

〈협동의회선거연구 CCES〉의 2010년 미국중간선거연구결과

《해리스버그펜실베이니언 Harrisburg Pennsyl vanian》 1824년

《행동유전학 Behavior Genetics》 2014년 2월

주요 용어

이기는 선거

빅 데이터로 유권자의 감성을 흔들어라

1판 1쇄 찍음 | 2020년 3월 17일
1판 1쇄 펴냄 | 2020년 3월 25일

지은이 | 최광웅
펴낸이 | 김정호
펴낸곳 | 아카넷

출판등록 2000년 1월 24일(제2-3009호)
10881 경기도 파주시 회동길 445-3
전화 | 031-955-9510(편집) · 031-955-9514(주문) / 팩스 | 031-955-9519
책임편집 | 김일수
www.acanet.co.kr/www.phildam.net

ⓒ 최광웅, 2020 Printed in Paju, Korea.

ISBN   978-89-5733-672-4 (03340)

이 도서의 국립중앙도서관 출판예정도서목록(CIP)은
서지정보유통지원시스템 홈페이지(http://seoji.nl.go.kr)와
국가자료공동목록시스템(http://www.nl.go.kr/kolisnet)에서 이용하실 수 있습니다.
(CIP제어번호: CIP2020010135)